Verhaltenstraining in der Grundschule

Ein Präventionsprogramm zur Förderung emotionaler und sozialer Kompetenzen

von

Franz Petermann, Ute Koglin, Heike Natzke und Nandoli von Marées

W0216682

HOGREFE
GÖTTINGEN · BERN · WIEN · PARIS · OXFORD · PRAG
TORONTO · CAMBRIDGE, MA · AMSTERDAM · KOPENHAGEN

Prof. Dr. Franz Petermann, geb. 1953. 1972-1975 Studium der Mathematik und Psychologie in Heidelberg. Seit 1996 Direktor des Zentrums für Klinische Psychologie und Rehabilitation an der Universität Bremen und seit 2007 Lehrstuhl für Psychologische Diagnostik.

Dr. Ute Koglin, geb. 1972. 1992-1998 Studium der Psychologie in Bremen. Seit 2003 Wissenschaftliche Mitarbeiterin am Zentrum für Klinische Psychologie und Rehabilitation der Universität Bremen.

Dipl.-Psych. Heike Natzke, geb. 1962. 1992-1997 Studium der Psychologie in Bremen. Seit 1999 Mitarbeiterin am Zentrum für Klinische Psychologie und Rehabilitation der Universität Bremen.

Dipl.-Psych. Nandoli von Marées, geb. 1980. 2000-2005 Studium der Psychologie in Bremen. Seit 2005 Wissenschaftliche Mitarbeiterin am Zentrum für Klinische Psychologie und Rehabilitation der Universität Bremen.

Bibliografische Information der Deutschen Nationalbibliothek
Die Deutsche Nationalbibliothek verzeichnet diese Publikation in der Deutschen Nationalbibliografie; detaillierte bibliografische Daten sind im Internet über http://dnb.d-nb.de abrufbar.

© 2007 Hogrefe Verlag GmbH & Co. KG
Göttingen • Bern • Wien • Paris • Oxford • Prag
Toronto • Cambridge, MA • Amsterdam • Kopenhagen
Rohnsweg 25, 37085 Göttingen

http://www.hogrefe.de
Aktuelle Informationen • Weitere Titel zum Thema • Ergänzende Materialien

Das Werk einschließlich aller seiner Teile ist urheberrechtlich geschützt. Jede Verwertung außerhalb der engen Grenzen des Urheberrechtsgesetzes ist ohne Zustimmung des Verlages unzulässig und strafbar. Das gilt insbesondere für Vervielfältigungen, Übersetzungen, Mikroverfilmungen und die Einspeicherung und Verarbeitung in elektronischen Systemen.

Umschlaggestaltung: Daniel Kleimenhagen, Designer AGD, Hildesheim
Umschlagabbildung: © Getty Images, München
Illustrationen: Irene Stetzka und Iris Walter
Produktion der Audiotracks: Tonstudio Palais aux Etoiles, Bremen
Satz: Grafik-Design Fischer, Weimar
Gesamtherstellung: AZ Druck und Datentechnik, Kempten
Printed in Germany
Auf säurefreiem Papier gedruckt

ISBN 978-3-8017-2017-9

Vorwort

Die Förderung der psychischen und körperlichen Gesundheit von Kindern ist eine der vordringlichen Aufgaben unserer Gesellschaft. Während der Erhalt und die Förderung der körperlichen Gesundheit von Geburt an, beispielsweise durch die kinderärztlichen Vorsorgeuntersuchungen, einer gewissen Systematik unterliegt, führt die rechtzeitige und systematische Förderung der psychischen Gesundheit von Kindern vielfach noch ein Schattendasein. In Anbetracht repräsentativer Studien, in denen Kinder und Jugendliche mit einer psychischen Störung einen Anteil von bis zu 20 % ausmachen, mutet die Vernachlässigung frühzeitiger und regelhafter Fördermaßnahmen für die seelische Gesundheit unserer Kinder fast fahrlässig an.

Man geht heute davon aus, dass eine nachhaltig wirksame Förderung der psychischen Gesundheit von Kindern bereits im Kindergartenalter einsetzen sollte. Kinder, die bereits in diesem Lebensalter Verhaltensauffälligkeiten aufweisen, tragen ein hohes Risiko, eine psychische Störung zu entwickeln.

Eine einmalig durchgeführte Fördermaßnahme greift jedoch oft zu kurz. So unterscheiden sich die sozialen und kognitiven Anforderungen an Kindergartenkinder deutlich von denen an Schulkinder. Es lag daher nahe, ein Angebot zur Förderung der psychischen Gesundheit von Kindern zu entwickeln, das dem geschilderten Bedarf Rechnung trägt.

In den letzten Jahren erstellten wir ein *Multikomponentenprogramm*, mit dem die sozialen und emotionalen Fertigkeiten von Kindern gezielt und regelmäßig vom Kindergartenalter bis zum Abschluss der Grundschulzeit gefördert werden. Die zentralen Bestandteile dieses Programms bilden *drei Verhaltenstrainings für Kinder:* Neben dem vorliegenden *Verhaltenstraining in der Grundschule*, das sich vor allem an Kinder der dritten und vierten Grundschulklassen wendet, wurden bislang das *Verhaltenstraining im Kindergarten* sowie das *Verhaltenstraining für Schulanfänger* für Kinder der ersten und zweiten Grundschulklassen entwickelt und bereits in dieser Reihe veröffentlicht; darüber hinaus liegt auch ein *Training mit Jugendlichen* vor, das in dieser Reihe im April 2007 erschienen ist.

Alle Verhaltenstrainings wurden so aufgebaut, dass sie mit der gesamten Gruppe/Klasse und vom Lehrer/Gruppenleiter in der Schule oder anderen pädagogischen Einrichtungen durchgeführt werden können. Die Trainings sind sowohl inhaltlich als auch im Hinblick auf die Materialien auf die jeweiligen Altersgruppen (Kindergartenalter, 1./2. Klasse; 3./4. Klasse) abgestimmt. Alle Programme sind praxiserprobt; das *Verhaltenstraining im Kindergarten* und das *Verhaltenstraining für Schulanfänger* konnten ihre Wirksamkeit bereits im Rahmen von wissenschaftlichen Studien nachweisen.

Im *Verhaltenstraining in der Grundschule* werden die Kinder in drei Kernbereichen gefördert: ihren emotionalen und sozialen Kompetenzen sowie ihrer moralischen Entwicklung. Das Programm umfasst insgesamt 26 Trainingseinheiten, die in einer Frequenz von zwei Einheiten pro Woche durchführbar sind, so dass das Training innerhalb eines Schulhalbjahres problemlos realisiert werden kann.

Im Grundlagenteil dieses Buchs werden Sie zunächst in das Thema Prävention eingeführt. Im Anschluss erhalten Sie Informationen zu den Trainingsbereichen emotionale und soziale Kompetenzen sowie zur moralischen Entwicklung von Kindern. Im Kapitel 5 werden Ihnen Materialien zur Zusammenarbeit mit den Eltern zur Verfügung gestellt. Der Grundlagenteil schließt mit dem Kapitel 6 ab, in dem Sie einen umfassenden Überblick über die Ziele, den Aufbau sowie die wichtigsten Materialien des Verhaltenstrainings erhalten. Im zweiten Teil dieses Buches werden alle 26 Trainingseinheiten im Detail erläutert, so dass eine problemlose Durchführung für den Lehrer (Gruppenleiter) möglich ist.

Dem vorliegenden Handbuch wurde zusätzlich eine *DVD* beigefügt (hintere Innenseite des Buchrückens). Auf dieser DVD finden Sie alle *Arbeitsblätter* und *Tonmaterialien* des Trainings. Um die Motivation der Kinder aufzubauen und über den Trainingsverlauf aufrechtzuerhalten, wurde jeder Trainingseinheit eine Sequenz des eigens für dieses Training entwickelten Hörspiels „Abenteuer auf Duesternbrook" vorangestellt. Neben dem Hörspiel und den Arbeitsblättern befindet sich auf der *DVD* noch ein Rap-Song, den die Kinder im Rahmen des Trainings bearbeiten.

Abschließend möchten wir uns noch einmal herzlich bei Frau Bastian und Frau Ramponi sowie ihren Schülern in Luxemburg bedanken, die uns mit ihren vielfältigen Anregungen in der Pilotphase sehr unterstützt haben. Ferner bedanken wir uns bei den Pädagoginnen und Kindern der Capel sowie des Internats St. Marie in Luxemburg-Limpertsberg, die uns mit ihrem Engagement für das Training und den vielen guten Ideen begeistert haben. Unser abschließender Dank gilt unseren Illustratorinnen Irene Stetzka und Iris Walter sowie dem Tonstudio Palais aux Etoiles, die uns bei der Gestaltung des Trainings sehr unterstützt haben.

Wir wünschen Ihnen und Ihren Schülern Freude und Erfolg bei der Durchführung dieses Programms. Über ein Feedback zum Training würden wir uns selbstverständlich sehr freuen (E-Mail: fpeterm@uni-bremen.de).

Bremen, im April 2007

Im Namen des Autorenteams
Prof. Dr. Franz Petermann

Inhaltsverzeichnis

1 Prävention von Verhaltensproblemen

Prävention verfolgt das Ziel, das Auftreten von Krankheiten oder psychischen Störungen zu verhindern oder abzumildern und folgt damit dem Gedanken „Vorbeugen ist besser als Heilen“ (Reinecker & Petermann, 2005). Dieses Ziel kann dadurch erreicht werden, dass Gesundheitsrisiken reduziert werden und Ressourcen und Kompetenzen aufgebaut werden, die gesundheitsförderlich sind.

In den letzten Jahren konnte besonders für die häufiger auftretenden Verhaltensstörungen im Kindesalter eine Reihe von Risiko- und Schutzfaktoren identifiziert werden (Deater-Deckard, Dodge, Bates & Pettit, 1998; Holmes, Slaughter & Kashani, 2001; Loeber, Green, Lahey, Frick & McBurnett, 2000). Unter einer Verhaltensstörung wird in der Klinischen Kinderpsychologie in der Regel ein wiederkehrendes Muster von Verhaltensproblemen verstanden, das dazu führt, dass ein Kind in seiner weiteren Entwicklung beeinträchtigt ist (Petermann, 2002). Der Störungsbegriff ist dabei ausdrücklich auf das Verhalten bezogen und nicht auf die Persönlichkeit des Kindes. Verhaltensstörungen werden grob in zwei Bereiche eingeteilt: Kinder mit externalisierenden Problemen, deren Verhalten ausagierend und wenig reguliert ist (wie aggressives oder hyperaktives Verhalten) und Kinder mit internalisierenden Verhaltensproblemen, wie ängstliches oder depressives Verhalten und sozial unsicheres Verhalten. Gemeinsam ist ihnen, dass es sich jeweils um ein Bündel von problematischen Verhaltensweisen handelt. Bezogen auf oppositionell-aggressives Verhalten reicht also gelegentlich auftretendes aggressives Verhalten, wie Auseinandersetzungen mit anderen Kindern oder Lügen, nicht zur Diagnose einer Störung im klinischen Sinne aus.

Die Kenntnis über Risiko- und Schutzfaktoren von Verhaltensstörungen ermöglicht es, dass in der Prävention genau die Bereiche gefördert werden können, die auch tatsächlich mit der zu verhindernden Störung im Zusammenhang stehen. Die Tabelle 1 gibt einen Überblick über Risikofaktoren für oppositionell-aggressives Verhalten im Kindesalter.

Allgemein wird bei der Entwicklung oppositionell-aggressiven Verhaltens von einem biopsychosozialen Modell ausgegangen (vgl. Scheithauer & Petermann, 2002). Kein einzelner Risikofaktor kann hinreichend eine Verhaltensstörung erklären. Dies bedeutet aber auch, dass zwei Kinder mit oppositionell-aggressivem Verhalten deutlich unterschiedliche Entwicklungen durchlaufen haben können, die dennoch zu einem ähnlichen Ergebnis (oppositionell-aggressives Verhalten) geführt haben. Generell steigt das Risiko für eine Verhaltensstörung an, je mehr Risikofaktoren vorliegen. Dabei sind die Risikofaktoren oftmals miteinander verknüpft (vgl. Appleyard, Egeland, van Dulmen & Sroufe, 2005), beispielsweise können Ehe- oder Partnerkonflikte dazu führen, dass das elterliche Erziehungsverhalten beeinträchtigt wird. Ebenso kann die Ablehnung eines Kindes durch Klassenkameraden dazu beitragen, dass es keine Lust mehr hat in die Schule zu gehen und in Folge dessen schlechte Noten erhält. Diese Verknüpfung von Risikofaktoren beinhaltet für die Prävention aber gleichzeitig die Chance, nicht nur einzelne Risikofaktoren abzusenken, sondern mehreren eine positive Richtung zu geben.

Tabelle 1: Risikofaktoren für oppositionell-aggressives Verhalten im Kindesalter

Kindbezogene Faktoren	Familiäres Umfeld	Soziales Umfeld
– Biologische Faktoren wie prä-, peri- und postnatale Faktoren (z. B. Frühgeburt, niedriges Geburtsgewicht)	– Beeinträchtigte Eltern-Kind-Beziehung; negatives Erziehungsverhalten (z. B. keine klaren Regeln, zu strenge und körperliche Bestrafung)	– Ablehnung durch Gleichaltrige – Schlechte soziale Integration in die Gleichaltrigengruppe
– Schwieriges Temperament (z. B. kann sich nur schwer neuen Situationen anpassen, häufige und starke negative Emotionen)	– Ehe- oder Partnerkonflikte	– Negative Schulerfahrung; geringe Anbindung an die Schule
– Negative Bindungserfahrungen des Kindes	– Psychische Störungen der Eltern (wie Depression der Mutter)	– Geringe Qualität der Nachbarschaft, Kriminalität und Gewalt in der Wohnumgebung
– Geringe emotionale Kompetenz (z. B. mangelnde Emotionsregulation)	– Geringes Bildungsniveau der Eltern	
– Defizite in der kognitiven Entwicklung sowie der sozial-kognitiven Informationsverarbeitung	– Finanzielle Probleme	

Ebenen der Prävention. Je nachdem, welche Zielgruppe durch eine Maßnahme angesprochen werden soll, werden verschiedene Ebenen präventiven Handelns unterschieden (Mrazek & Haggerty, 1994). Werden alle Personen einer Gruppe, wie zum Beispiel alle Schüler einer Klasse, durch eine Prävention angesprochen, handelt es sich um eine *universelle Prävention.* Ihr wesentliches Kennzeichen ist, dass alle Personen unabhängig von ihrer individuellen Risikobelastung einbezogen werden. Es wird also nicht berücksichtigt, ob einige Schüler, beispielsweise aufgrund einer familiären Belastung, ein größeres Risiko für Verhaltensstörungen haben als andere.

Bei dem vorliegenden Trainingsprogramm für Grundschüler handelt es sich um eine universelle Präventionsmaßnahme. Sie bietet den Vorteil, dass alle Kinder einer Klasse von dem Training profitieren. Mit dem vorliegenden Programm werden neue Regeln des täglichen Miteinanders für alle Schüler einer Klasse eingeführt werden. Das Training ist dadurch nicht ausschließlich auf die Übungsstunden begrenzt, sondern einige Elemente, wie vereinbarte Klassenregeln, gelten auch außerhalb der Trainingseinheiten. Dadurch wird die Nachhaltigkeit der Regeln erhöht. Ein solches Vorgehen ist nur möglich, wenn alle Schüler einer Klasse an der Prävention teilnehmen.

Von der universellen Prävention wird die *gezielte Prävention* abgegrenzt. Sie ist gezielt, weil sie sich an Gruppen von Personen richtet, die ein erhöhtes Risiko für zum Beispiel Verhaltensstörungen haben oder bereits erste Anzeichen einer Störung zeigen. Der Vorteil solcher Interventionen liegt darin, dass spezifische Risikofaktoren angesprochen werden können. Wann eine universelle und wann eine gezielte Prävention durchzuführen ist, hängt dabei von den erwünschten Zielen ab. Im Schulkontext würde eine gezielte Prävention jedoch das Risiko in sich tragen, dass einzelne Schüler stigmatisiert werden.

Neben der Unterscheidung präventiver Maßnahmen nach der Belastung der Zielgruppe, hat es sich zudem bewährt, Präventionsmaßnahmen auch danach zu unterscheiden, ob sie sich direkt an die zu fördernden Personen (wie die Schüler) oder an andere wichtige Personen, wie die Eltern oder die Lehrer wenden (vgl. Reinecker & Petermann, 2005). Besonders bei jüngeren Kindern ist es unerlässlich, die Eltern der Kinder einzubeziehen. Bewährt haben sich hier besonders Maßnahmen, die auf eine Förderung des Erziehungsverhaltens abzielen. Es gibt auch sogenannte Mehrebenenprogramme, die präventive Maßnahmen für Eltern, Schüler und Lehrer miteinander kombinieren. Damit werden alle wichtigen Lebensbereiche eines Kindes gleichermaßen angesprochen. Das vorliegende Programm ist jedoch ausdrücklich ein Programm, das sich an die Kinder richtet und von einer Bezugsperson der Kinder (wie z. B. dem Lehrer) durchgeführt werden soll. Maßnahmen, die die Eltern miteinbeziehen, sind in der Regel sehr aufwändig. Die praktische Erfahrung zeigt zudem, dass an solchen Maßnahmen oft nur engagierte Eltern teilnehmen, während die Eltern von gefährdeten Kindern fehlen. Obwohl Maßnahmen, die auch die Eltern einbeziehen, sehr wünschenswert sind, wird von uns aus praktischen Gründen darauf verzichtet. Empfohlen werden jedoch Elternabende und Elternbriefe, die über die Trainingsinhalte informieren (s. Kap. 5). Des Weiteren werden die Kinder aufgefordert, einige Hausaufgaben mit ihren Eltern durchzuführen. Dadurch sollen die Trainingsinhalte auch auf den häuslichen Lebensbereich übertragen werden.

Es gibt auch Maßnahmen, die sich an alle Beteiligten der Schule richten (wie z. B. das Bullying Prevention Programm von Olweus, 2006). Damit können schulweite Regeln eingeführt werden, auf deren Einhaltung alle Schüler und Lehrer verbindlich achten. Es können auch Richtlinien entwickelt werden, wie mit klassenübergreifendem aggressiven Verhalten zwischen Schülern umgegangen werden kann oder es können geschulte Ansprechpartner für Lehrer und Schüler im Sinne von Streitschlichtern gestellt werden.

Welche Art der Prävention (universell oder gezielt) auf welcher Ebene (Schüler, Lehrer/Eltern oder Schulebene) umgesetzt werden soll, ist im Einzelfall immer nach den gewünschten Zielen und nach den Ressourcen (persönliche Fähigkeiten, Arbeitszeit, finanzielle Möglichkeiten usw.) zu entscheiden. Mit dem *Verhaltenstraining in der Grundschule* werden alle Kinder einer Gruppe gefördert. Es werden unmittelbar Kompetenzen bei den Kindern aufgebaut, die problematisches Verhalten verringern und angemessenes Verhalten fördern. Darüber hinaus kann das Gruppen-/Klassenklima durch die Einführung verbindlicher Regeln positiv beeinflusst werden, aber auch dadurch, dass die Kinder während der Einheiten von den anderen erfahren, wie sie sich zum Beispiel in bestimmten Situationen fühlen, wovor sie Angst haben oder was sie besonders gerne mögen. Die Kinder können sich im Rahmen des Trainings intensiver kennenlernen.

Anforderungen an Präventionsprogramme. In den letzten Jahren sind auch im deutschen Sprachraum eine Reihe von Präventionsprogrammen entstanden. Dabei ist es wichtig, dass nicht nur der „gute Wille" Basis präventiven Handelns ist, sondern die zu vermittelnden Kompetenzen auch wissenschaftlich begründet mit dem Zielverhalten (z. B. Reduktion von Verhaltensstörungen und Aufbau sozialer Kompetenz) im Zusammenhang stehen. Ansonsten besteht die Gefahr, dass knappe Ressourcen (Geld) in Maßnahmen investiert werden, die keinen oder sogar einen gegenteiligen Effekt haben. Eine präventive Maßnahme sollte daher theoretisch begründet sein, es sollten Ergebnisse vorliegen, die zeigen, dass angezielte Förderbereiche tatsächlich mit bestimmten Verhaltensweisen (Stärken oder Schwächen) im Zusammenhang stehen und ein Präventionsprogramm sollte hinsichtlich seiner Wirksamkeit untersucht sein (Cicchetti & Hinshaw, 2002).

Das vorliegende Trainingsprogramm basiert besonders auf drei Hauptelementen:
- der Förderung emotionaler Kompetenzen,
- der Förderung sozialer Kompetenzen und
- der Förderung der Moralentwicklung.

Besonders für die ersten beiden Förderbereiche liegen international und national eine Reihe von Arbeiten vor, die aufzeigen, dass Defizite der emotionalen und der sozialen Kompetenz mit Verhaltensstörungen, Problemen mit Gleichaltrigen und mit Erwachsenen einhergehen (vgl. Kap. 2 und 3). Eine Förderung in diesen Bereichen wirkt sich positiv auf die soziale Entwicklung von Kindern aus. Die Wirksamkeit darauf basierender Präventionsmaßnahmen konnte durch verschiedene Studien festgestellt werden. In unserem Training haben wir darüber hinaus den Bereich der Moralentwicklung einbezogen, was bislang eher eine Ausnahme darstellt. Der Einbezug der Förderung der Moralentwicklung basiert auf der Ansicht, dass es nicht nur wichtig ist, Kindern dabei zu helfen, Regeln zu lernen und sie auch einzuhalten, sondern dass es auch wichtig ist, dass sie den Sinn dieser Regeln verstehen und positiv bewerten. Erst dadurch entsteht auch bei den Kindern die Überzeugung, dass eine Regel richtig und wichtig ist, sodass sie zum Beispiel auch dann eingehalten wird, wenn keine Erwachsenen anwesend sind. Darüber hinaus gibt es auch Situationen, für die es keine „expliziten" Regeln gibt, sondern in denen die Schüler eigenständig beurteilen müssen, ob sie etwas tun oder eben nicht tun. Im Rahmen des Trainings lernen sie, solche Situationen schrittweise zu überdenken und die Konsequenzen für alle Beteiligen zu bewerten. Die Fördermethode im Training richtet sich dabei nach den aktuellen wissenschaftlichen Ergebnissen zur Moralentwicklung (vgl. Kap. 4).

Wirksamkeit präventiver Maßnahmen. Mit Hilfe präventiver Maßnahmen können wir die soziale Entwicklung von Kindern fördern und ihre Entwicklung positiv beeinflussen. Besonders Maßnahmen, die auf die Förderung emotionaler Kompetenz und sozialer Problemlösefähigkeiten abzielten, schnitten in Analysen zur Wirksamkeit im Vergleich zu anderen Maßnahmen gut ab. Von Kindern, die an solchen Maßnahmen teilnehmen, werden nach dem Training geringere Verhaltensprobleme berichtet (Durlak & Wells, 1997). Das *Verhaltenstraining in der Grundschule* wurde begleitend zur Entwicklung in Grundschulklassen umgesetzt. Eine erste Wirksamkeitsstudie liegt in Kürze vor.

Die Wirksamkeit einer Maßnahme kann dadurch verstärkt werden, dass sie kein einmaliges Ereignis bleibt. Es sollte mit der Förderung früh begonnen werden und es sollten im Entwicklungsverlauf wiederholt Fördermaßnahmen angeboten werden, das heißt, zu unterschiedlichen Altersstufen wieder aufgegriffen bzw. vertieft werden. Dies ist besonders sinnvoll, da bei früh auftretenden Verhaltensauffälligkeiten ein besonderes Risiko der Verfestigung besteht (Loeber et al., 2000; Mannuzza, Klein, Abikoff & Moulton 2004). Die Kinder, die bereits vom Kindergarten bis zur Grundschule oppositionell-aggressives Verhalten zeigen, weisen ein besonders stabiles Problemverhalten auf. Vor diesem Hintergrund bietet es sich zum Beispiel an, zunächst das „Verhaltenstraining im Kindergarten“ (Koglin & Petermann, 2006), dann das „Verhaltenstraining für Schulanfänger“ (Petermann, Natzke, Gerken & Walter, 2006) und schließlich das vorliegende *Verhaltenstraining in der Grundschule* durchzuführen. Dadurch kann erreicht werden, dass die Auseinandersetzung mit eigenen Gefühlen und Gefühlen anderer, aber auch die angemessene Lösung von Konflikten zwischen Kindern selbstverständlich zum Alltag gehört.

2 Trainingsbereich: Emotionale Kompetenz

Emotionen werden als Gefühlszustände beschrieben, die mit physiologischen Reaktionen, wie etwa dem Erröten bei Scham, und Kognitionen, wie zum Beispiel dem Gedanken an ein eigenes Fehlverhalten, einhergehen (vgl. Dalgleish & Power, 1999; Petermann & Wiedebusch, 2003; Zins & Elias, 2006). Sie prägen unser Verhalten und spielen eine bedeutsame Rolle für unsere zwischenmenschlichen Beziehungen. So können uns Emotionen (Ängste) vor Gefahren warnen und geeignete Verhaltenweisen auslösen (z. B. Flucht bei der Begegnung mit einem Tiger) und damit unseren Fortbestand sichern.

Wir unterscheiden zwischen primären und selbstbezogenen, sekundären Emotionen (Petermann & Wiedebusch, 2003). Zu den primären Emotionen zählen Ekel, Überraschung, Freude, Angst, Trauer und Ärger. Diese Emotionen werden von Säuglingen bereits im Laufe des ersten Lebensjahrs gezeigt. Insbesondere der mimische Ausdruck dieser Emotionen gilt als universell und kulturübergreifend. Als selbstbezogene oder sekundäre Emotionen werden zum Beispiel Stolz, Scham und Schuld bezeichnet. Sekundäre Emotionen können bei Kindern frühestens ab der Mitte des zweiten Lebensjahres beobachtet werden, da das Erleben dieser Emotionen bestimmte kognitive Fertigkeiten voraussetzt, die sich erst im Laufe der Kindheit herausbilden. Bevor ein Kind beispielsweise ein Gefühl wie Scham erleben kann, muss es zumindest ein basales Bewusstsein über sich selbst entwickelt sowie soziale Normen und Verhaltensstandards verinnerlicht haben.

Wenngleich die grundsätzliche Bedeutsamkeit von Emotionen für unser Leben als unbestritten galt, wurde erst in jüngerer Zeit wieder der Umgang mit Emotionen und seine Beziehung zu Sozialverhalten oder etwa der psychischen Gesundheit genauer untersucht. In diesem Zusammenhang wurde der Begriff der emotionalen Kompetenz geprägt.

2.1 Was versteht man unter emotionaler Kompetenz?

Im Laufe der vergangenen Jahre wurden verschiedene Konzepte von emotionaler Kompetenz bei Kindern und Jugendlichen diskutiert. Ein vielfach beachtetes Konzept legte Saarni (1999; 2002) vor. In diesem Konzept werden emotionale Kompetenzen vor allem im Hinblick auf ihre Funktion im Rahmen sozialer Beziehungen betrachtet. Anhand ihres Ansatzes gelten Kinder als emotional kompetent, wenn sie emotionale Fertigkeiten in sozialen Beziehungen anwenden und sich dessen bewusst sind, welchen Nutzen die Verwendung emotionaler Fertigkeiten mit sich bringt (emotionale Selbstwirksamkeit). Man kann also von emotionaler Selbstwirksamkeit sprechen, wenn:

- Kinder sich dessen bewusst sind, dass ihr eigener Emotionsausdruck ihre Mitmenschen beeinflussen kann und
- sie gelernt haben, ihr emotionsbezogenes Verhalten zu steuern, um gewünschte Reaktionen bei anderen hervorzurufen.

Im Rahmen ihres Konzeptes zur emotionalen Kompetenz beschreibt Saarni acht emotionale Schlüsselfertigkeiten, die Kinder in sozialen Beziehungen erlernen und stark von familiären und kulturellen Einflüssen geprägt sind (s. Kasten 1).

Kasten 1: Acht Schlüsselfertigkeiten emotionaler Kompetenz (modifiziert nach Saarni, 2002)

1. Die eigenen Gefühle erkennen,
2. die Gefühle anderer erkennen und verstehen,
3. die Fähigkeit, altersangemessenes Emotionsvokabular verstehen und einsetzen zu können,
4. sich in andere einfühlen können,
5. wissen, dass Gefühlserleben und Gefühlsausdruck unterschiedlich sein können,
6. mit belastenden Emotionen und Problemsituationen angemessen umgehen können,
7. wissen, dass soziale Beziehungen durch emotionale Kommunikation mitgeprägt werden,
8. emotionales Selbstwirksamkeitserleben.

Die Zusammenstellung dieser Schlüsselfertigkeiten erfolgte anhand von empirischen Befunden, nicht nach einem theoretischen Erklärungsmodell, sodass es über die genannten emotionalen Fertigkeiten hinaus weitere geben mag, durch die Saarnis Konzept ergänzt werden kann. Die Entwicklung dieser Fertigkeiten kann nach Saarni nur in sozialen Beziehungen gelingen, das heißt, in den Beziehungen der Kinder zu ihren Eltern, zu Gleichaltrigen oder auch Lehrern.

Eltern, jedoch später auch anderen Bezugspersonen, kommt in der emotionalen Entwicklung von Kindern eine wichtige Funktion zu. Sie stellen sowohl im Hinblick auf die Darbietung als auch die Bewertung von Emotionen wichtige Vorbilder für ihre Kinder dar. Kinder imitieren die emotionalen Ausdrucksweisen und Bewertungen ihrer Eltern. Durch ihre Reaktionen auf kindliche Emotionsäußerungen verdeutlichen Eltern ihren Kindern, wie angemessen ein geäußertes Gefühl ist und helfen ihrem Kind dabei, Emotionen zu regulieren. So werden Eltern ihren Kindern im Grundschulalter beispielsweise verdeutlichen, dass ungezügelte Wutanfälle während des Unterrichts nicht geeignet sind, um mit Misserfolgen umzugehen. Darüber hinaus werden Eltern, die ihre Kinder kompetent im Umgang mit Emotionen „coachen“ nicht selbst bei jedem geringen Anlass in Wut ausbrechen, da sie wissen, dass Kinder ein solches Problemlöseverhalten sehr oft nachahmen. Anhand solcher Beispiele wird deutlich, dass Kinder emotionale Kompetenzen vor allem in sozialen Beziehungen erwerben.

Ein weiteres Konzept zur emotionalen Kompetenz wurde von Denham (1998) vorgelegt. Nach dieser Vorstellung besteht emotionale Kompetenz aus drei Hauptkomponenten: dem Emotionsausdruck, dem Emotionsverständnis und der Emotionsregulation. In diesem Konzept wird die Bedeutung eines gekonnten Umgangs mit der Darbietung von Emotionen (Emotionsausdruck) stärker betont (s. Kasten 2).

Kasten 2: Komponenten emotionaler Kompetenz nach Denham (1998)

Emotionsausdruck
– nonverbale emotionale Botschaften durch Gesten mitteilen können, – Einfühlungsvermögen in Bezug auf die Gefühle anderer zeigen können, – selbstbezogene Gefühle (wie etwa Scham) zeigen können, – sozial missbilligte Gefühle (wie zum Beispiel Neid oder Wut) kontrollieren können, indem Erleben und Ausdruck entkoppelt werden.
Emotionsverständnis
– eigene Gefühle unterscheiden können, – Gefühle anderer unterscheiden können, – Emotionsvokabular (zum Beispiel das korrekte Benennen von Gefühlen) beim Sprechen über Gefühle einsetzen können.
Emotionsregulation
– negative Gefühle bewältigen können, – positive Gefühle bewältigen können.

2.2 Wie regulieren Kinder ihre Emotionen?

Nach Hoeksma, Oosterlaan und Schipper (2004) umfasst die Emotionsregulation drei Komponenten:

1. Der Wahrnehmung einer Bedarfssituation, das heißt, die Notwendigkeit einer Regulation von Gefühlen muss klar erkannt werden, zum Beispiel, wenn das Kind eine massive Wut auf eine Autoritätsperson (etwa den Lehrer) wahrnimmt („Der ist so megafies! Jetzt habe ich *ab und zu* die Hausaufgaben nicht und schon will er sich bei den Eltern beschweren …“).
2. Die Festlegung eines Regulationsziels, im oben genannten Beispiel etwa mögliche Konsequenzen einer massiven Ärgerreaktion in Gegenwart des Lehrers verhindern („Ich könnte platzen, aber wenn ich ihn jetzt auch noch „anmache“, wird es womöglich noch schlimmer.“).
3. Veränderung des emotionalen Zustands in die gewünschte Richtung, zum Beispiel eine Neubewertung der Situation vornehmen („Na ja, wenn ich’s genau betrachte, hat der Lehrer nicht *so* unrecht. Ich war in letzter Zeit ein bisschen faul …“).

Emotionsregulation kann automatisiert oder willkürlich, also intentional ablaufen. Eine zentrale Rolle bei der erfolgreichen Regulation von Emotionen spielt jedoch die willkürliche Steuerung (vgl. Eisenberg, Smith, Sadovsky & Spinrad, 2004). Diese wird definiert als Fähigkeit, eine dominante Reaktion zugunsten einer weniger dominanten Reaktion zu unterdrücken. Die willkürliche Steuerung erfolgt offensichtlich vor allem mit Hilfe der Aufmerksamkeits- und Verhaltenssteuerung.

Kinder regulieren ihre Emotionen, indem sie diese vermeiden, hemmen, aufrecht erhalten oder verändern (vgl. Eisenberg et al., 2004; Eisenberg & Spinrad, 2004). Durch das Steuern von Emotionen wird das Auftreten, die Art, die Intensität oder die Dauer von Emotionen beeinflusst. Eine gelingende Emotionsregulation trägt dazu bei, körperliche oder soziale Anforderungen bewältigen zu können. So kann man Gefühle beispielsweise regulieren, indem man die Aufmerksamkeit umlenkt, Selbstberuhigungsstrategien einsetzt, Hilfe sucht oder das Verhalten in Abhängigkeit von der Situation hemmt oder aktiviert. Emotionsregulationsstrategien, die im Kindesalter häufig auftreten, fasst Kasten 3 zusammen.

Kasten 3: Emotionsregulationsstrategien in der Kindheit (modifiziert nach Petermann & Wiedebusch, 2003, S. 68)

- Interaktive Strategien (z. B. mit anderen reden, um Hilfe bitten),
- Aufmerksamkeitslenkung (z. B. die eigene Wut regulieren, indem man an was „Schönes“ denkt),
- Selbstberuhigungsstrategien (z. B. Selbstgespräche oder Verhaltensrituale),
- Rückzug aus der emotionsauslösenden Situation (z. B. Weggehen oder Abwenden),
- Manipulation/Veränderung der Situation (z. B. Gegenstand entfernen),
- kognitive Regulationsstrategien (z. B. Gefühle oder Situation herunterspielen, die Situation neu bewerten),
- externale Regulationsstrategien (z. B. Wut und Ärger körperlich ausagieren) und
- Einhalten von Darbietungsregeln wie Maskieren (z. B. eigene Emotionen verstecken oder andere vorspielen).

2.3 Welche Defizite im Bereich emotionaler Kompetenz zeigen Kinder mit problematischem Sozialverhalten?

Kinder mit aggressivem Verhalten. Solche zeigen Abweichungen in vielen der von Denham (1998) und Saarni (1999; 2002) definierten Bereiche emotionaler Kompetenz. Petermann und Wiedebusch (2003, S. 111) fassen die emotionalen Defizite von Kindern mit oppositionell-aggressivem Verhalten wie folgt zusammen:

- häufiges Erleben negativer Gefühle (besonders Ärger/Wut),
- eine mangelnde Emotionsregulation,
- eine eingeschränkte Fähigkeit, eigene Gefühle und die Gefühle anderer wahrzunehmen,
- ein mangelndes Emotionsverständnis und
- eine geringere Empathie.

Im Hinblick auf den Ausdruck von Emotionen wiesen Calkins und Dedmon (2000) darauf hin, dass Kleinkinder mit aggressivem Verhalten in Stresssituationen stärker zum Ausdruck negativer Emotionen neigten als Kinder ohne dieses Risiko. In einer weiteren Studie mit sieben- bis zehnjährigen Kindern waren aggressive Kinder weniger gut in der Lage, ihren Ärgerausdruck zu modulieren (Bohnert, Crnic & Linn, 2003). Insgesamt korrelierte das intensivere und häufigere Ausdrücken von Ärger mit stärkeren Ausprägungen aggressiven Verhaltens bei den untersuchten Kindern.

Probleme mit der Emotionsregulation sind ein wesentliches Merkmal aggressiver Kinder (Eisenberg et al., 2005b). Den Kindern mangelt es an Strategien, diese intensiv erlebten negativen Gefühle angemessen zu steuern. Die eingeschränkte Emotionsregulation bezieht sich sowohl auf die Intensität als auch auf die Dauer der Emotionen und auch darauf, gleichzeitig die begleitenden physiologischen Prozesse und Verhaltensweisen zu steuern (Eisenberg et al., 2005a; Petermann & Wiedebusch, 2003). Eine unzureichende Emotionsregulation geht mit weniger prosozialen und stärkeren aggressiven Verhaltensweisen einher. Diese Kinder werden stärker von Gleichaltrigen abgelehnt und zeigen zudem Defizite in der moralischen Entwicklung auf (Eisenberg et al., 2004).

Schließlich weisen Studien darauf hin, dass bei aggressiven Kindern ein geringeres Einfühlungsvermögen zu beobachten ist (De Wied, Goudena & Matthys, 2005). Die Fähigkeit, sich in eine traurige Person einzudenken, geht in der Regel mit der Motivation einher, dieser zu helfen. Kann ein solch belastender Zustand beim Gegenüber nicht wahrgenommen werden, unterbleibt auch Hilfeverhalten.

Kinder mit ängstlichem Verhalten. Bei diesen Kindern konnte ebenfalls vielfach ein Mangel an emotionalen Kompetenzen beobachtet werden. Petermann und Wiedebusch (2003, S. 108) stellen besonders folgende Schwierigkeiten bei Kindern mit Ängsten und emotionalen Problemen heraus:
- ein eingeschränkter mimischer Emotionsausdruck,
- eine geringere Fertigkeit, Emotionen bei anderen zu deuten (Ausdruck, Ursachen),
- eine mangelnde Emotionsregulation,
- eine selektive Aufmerksamkeit für bedrohliche Informationen und
- ein mangelndes Emotionsverständnis.

Nach Suveg und Zeman (2004) können ängstliche Kinder schlechter Sorgen, Trauer und Ärger regulieren. Die mangelnden Fertigkeiten drücken sich darin aus, dass die Gefühle sehr intensiv erlebt werden und die Kinder gleichzeitig wenig Vertrauen darin haben, mit diesen gut umzugehen. Sie setzen vermehrt hemmende Strategien ein, um solche Gefühle zu unterdrücken (Beispiel: „Ich bin traurig, aber ich zeige es keinem.“). Aus diesem Grund tendieren sie dazu, sich aus Situationen mit hoher emotionaler Erregung zurückzuziehen oder sie versuchen, solche Situationen zu vermeiden.

Ängstliche Kinder wenden sich verstärkt potentiell bedrohlichen Aspekten einer Situation zu, das heißt sie vernachlässigen positive („beruhigende“) Merkmale. Die Fertigkeit, sich von negativen Reizen abzuwenden, zum Beispiel durch Wegsehen, geht bereits bei Säuglingen mit einer besseren Emotionsregulation einher (Posner & Rothbart, 2000). Beim Emotionswissen liegen ebenfalls Hinweise dafür vor, dass ängstliche Kinder Probleme aufweisen. Southam und Kendall (2000) berichten, dass ängstliche Kinder weniger Strategien kennen, um eigene Gefühle zu regulieren.

Im *Verhaltenstraining in der Grundschule* werden emotionale Kompetenzen vor allem in der ersten Trainingsstufe behandelt. Es werden besonders folgende Aspekte aufgegriffen:

- Die eigenen Gefühle erkennen und verstehen,
- die Gefühle anderer erkennen und verstehen,
- altersangemessenes Emotionsvokabular verstehen und einsetzen können,
- sich in andere einfühlen können sowie
- mit belastenden Emotionen und Problemsituationen angemessen umgehen können.

3 Trainingsbereich: Soziale Kompetenz

Kinder müssen über eine Reihe von verschiedenen Fertigkeiten verfügen, um sozial kompetent handeln zu können. Nach Rose-Krasnor (1997) liegt soziale Kompetenz dann vor, wenn ein Kind in einer sozialen Situation effektiv handeln kann. Das Kind erreicht in einer Interaktion eigene Ziele und gleichzeitig erhält es positive Beziehungen über die Zeit und über verschiedene Situationen aufrecht. Kann es eigene Ziele durchsetzen, aber über die Zeit keine Freundschaften erhalten, liegt keine soziale Kompetenz vor. Umgekehrt gilt auch ein Kind, das nicht dazu in der Lage ist, eigene Ziele und Wünsche umzusetzen, als wenig kompetent, auch wenn es Freundschaften aufbauen konnte.

Weitere Aspekte sozialer Kompetenz wurden von Caldarella und Merrell (1997) erarbeitet. Demnach lassen sich fünf Bereiche sozialer Kompetenz unterscheiden:

- Fähigkeiten zur Bildung positiver Beziehungen zu Gleichaltrigen (u. a. soziale Perspektivenübernahme; anderen helfen oder andere loben),
- Selbstmanagementkompetenzen (wie Konflikte bewältigen oder die eigene Stimmung regulieren),
- schulbezogene Kompetenzen (auf die Anweisungen des Lehrers hören; um Hilfe bitten),
- kooperative Kompetenzen (Anerkennung sozialer Regeln; angemessene Reaktionen auf Kritik zeigen) und
- positive Selbstbehauptung und Durchsetzungsfähigkeiten (Gespräche oder Aktivitäten beginnen).

Kinder mit einer geringen sozialen Kompetenz werden von anderen Kindern häufiger als Spielpartner abgelehnt, sind schlecht in die Gleichaltrigengruppe integriert und zeigen vermehrt Verhaltensauffälligkeiten wie aggressives Verhalten oder Ängste (Fox & Boulton, 2006). Dabei wird von einer wechselseitigen Beziehung zwischen sozialer Kompetenz und Verhaltensproblemen ausgegangen. Kinder mit Verhaltensauffälligkeiten haben Schwierigkeiten, Freundschaften aufzubauen und mit anderen Kindern zurecht zu kommen. Dadurch haben sie seltener die Möglichkeit, sozial kompetentes Verhalten zu üben und weiterzuentwickeln. In Folge davon können sich Verhaltensprobleme verstärken. Allerdings kann ein Kind, das eine Verhaltensstörung aufweist, durchaus soziale Kompetenz besitzen und sich beispielsweise liebevoll um Jüngere oder Hilfsbedürftige kümmern, während es mit anderen Kindern häufig körperliche Auseinandersetzungen hat.

Neben den allgemeinen Definitionen sozialer Kompetenz durch Rose-Krasnor (1997) und Caldarella und Merrell (1997), soll im Folgendem noch das Modell der sozialen Informationsverarbeitung vorgestellt werden, deren Förderung einen wesentlichen Trainingsbereich bildet.

Die sozial-kognitive Problemlösung beschreibt einen Denkprozess, der in sozialen Situationen durchlaufen wird. Er geht der Ausführung einer Handlung unmittelbar voraus und bestimmt die Art der Handlung (z. B. sozial-kompetente oder aggressive Reaktion). Sehr weit verbreitet und empirisch gut belegt ist das Modell von Crick und Dodge (1994), die die sozial-kognitive Problemlösung in einem Stufenmodell darstellen (s. Abb. 1).

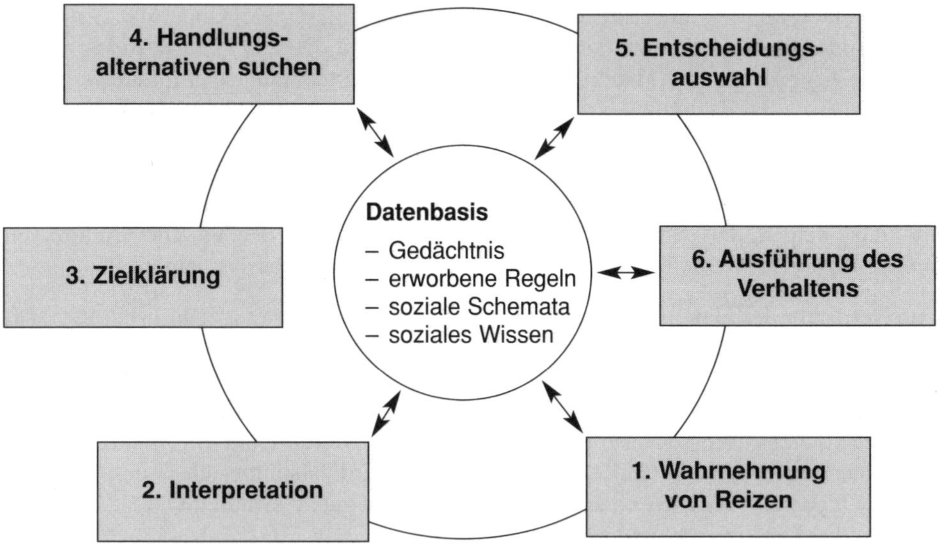

Abbildung 1: Vereinfachtes Modell der sozialen Informationsverarbeitung nach Crick und Dodge (1994)

Vereinfacht dargestellt, wird eine soziale Situation (wie z. B. durch ein anderes Kind angerempelt zu werden) zunächst wahrgenommen und interpretiert („Warum hat er mich angerempelt?"). Anschließend wird überlegt, welche Handlungsalternativen nun zur Verfügung stehen („Was kann ich jetzt tun?"). Im nächsten Schritt werden die Konsequenzen einer Handlung überdacht und bewertet („Ich remple zurück und dann weint er."). Zuletzt wird eine Handlungsmöglichkeit ausgewählt und ausgeführt. Dieser Urteilsprozess vollzieht sich oft recht unwillkürlich, er enthält Feedbackschleifen und es werden auch nicht immer alle Schritte gleichermaßen durchdacht. Das Modell ist dennoch geeignet, den grundlegenden Urteilsprozess darzustellen.

Besonders bei aggressiven Kindern konnte wiederholt aufgezeigt werden, dass diese auf jeder Stufe der Informationsverarbeitung, im Vergleich zu unauffälligen Kindern, typische Verzerrungen aufweisen. Dodge, Laird, Lochman und Zelli (2002) konnten beispielsweise signifikante Zusammenhänge zwischen der sozialen Informationsverarbeitung von Grundschülern und Verhaltenseinschätzungen ihrer Lehrer aufzeigen. Kinder mit einer verzerrten Informationsverarbeitung wurden von den Lehrern als aggressiver beurteilt. Aus diesem Grund hat die Förderung sozial-kognitiver Problemlösefähigkeiten auch oft Eingang in die pädagogisch-therapeutische Arbeit mit Kindern gefunden, die massiv aggressives Verhalten zeigen (z. B. das Training mit aggressiven Kindern; Petermann & Petermann, 2005).

Aggressive Kinder nehmen demnach soziale Situationen gehäuft falsch wahr und sie beachten weniger Reize als unauffällige Kinder. Gleichzeitig werden jedoch vermehrt Reize verarbeitet, die für die soziale Situation unerheblich sind (Coie & Dodge, 1998).

Bei der Interpretation einer sozialen Situation neigen aggressive Kinder dazu, anderen eher feindselige Absichten zu unterstellen (Burks, Laird, Dodge, Pettit & Bates, 1999). Diese Sichtweise engt den Handlungsspielraum eines Kindes ein, da es auf die vermeintlich aggressive Handlung eines anderen ebenfalls vermehrt mit aggressivem Verhalten reagieren wird. Eine wichtige Rolle spielen dabei die Erwartungen, die ein Kind gegenüber anderen hegt (Dodge et al., 2003). Hat ein Kind zum Beispiel erfahren, dass andere Kinder es ablehnen oder häufig ärgern, wird es bei der Interpretation einer Situation dazu neigen, den anderen eine bösartige Absicht zu unterstellen. Die Erfahrungen und Erwartungen werden in der Abbildung durch die „Datenbasis" dargestellt.

Auf der Stufe der Handlungssuche sind aggressive Kinder weniger in der Lage, sich verschiedene Handlungsalternativen auszudenken und ihnen fallen vermehrt aggressive Handlungen ein (vgl. Burks et al., 1999). Zudem werden die negativen Folgen einer aggressiven Handlung von den Kindern weniger beachtet als die kurzfristig positiven. So bewerten sie es beispielsweise eher positiv, einem anderen Kind ein Spielzeug wegzunehmen, weil sie dann damit spielen können. Es wird dabei übersehen, dass sie langfristig für dieses Verhalten noch eine negative Konsequenz erfahren (z. B. das andere Kind will zukünftig nicht mehr mit ihm spielen).

Bei der Bewertung der Lösungen fällt auf, dass aggressive Kinder eher denken, dass sie mit ihrer aggressiven Handlung auch tatsächlich Erfolg haben und diese auch umsetzen können (vgl. Webster-Stratton & Lindsay, 1999). Diese positive Bewertung aggressiver Handlungen trägt dazu bei, dass solche Handlungen auch zukünftig häufiger ausgeführt werden.

In Spielsituationen mit anderen haben aggressive Kinder oft Probleme, sich angemessen zu verhalten und können daher nur schwer in eine Gruppe eingebunden werden (Lochman & Dodge, 1998). Den Kindern ist aggressives Verhalten vertrauter als prosoziales Verhalten und die Kinder erfahren häufiger Ablehnung durch Gleichaltrige (Pettit, 1997). Dies bestätigt sie darin, dass andere häufig absichtlich aggressiv oder ablehnend ihnen gegenüber handeln, wodurch weitere unangemessene oder aggressive Handlungen begünstigt werden.

Im Entwicklungsverlauf kann sich die ungünstige soziale Informationsverarbeitung stabilisieren. Coy, Speltz, DeKlyen und Jones (2001) führten dazu eine Längsschnittuntersuchung mit Vorschülern über zwei Jahre durch. Dabei konnten sie über die Zeit eine hohe Stabilität der verzerrten Informationsverarbeitung und des aggressiven Verhaltens aufzeigen.

Das Modell der sozialen Informationsverarbeitung nach Crick und Dodge (1994) dient in dem vorliegenden Training als Basis für die Förderung der sozialen Kompetenz. Im Rahmen des Trainings wird ein „PIP"-Plan mit drei Stufen eingeführt, der sich inhaltlich jedoch auf alle Stufen der sozialen Informationsverarbeitung bezieht (vgl. Kap. 6 und 7.2.2). Diese wurden zu drei Stufen zusammengefasst, damit die Kinder sich die Schritte zum Lösen eines Problems leichter merken können.

4 Trainingsbereich: Moralische Entwicklung

4.1 Was versteht man unter Moral?

Moral bezieht sich auf Verhaltensnormen für all jenes Verhalten, das andere direkt oder indirekt beeinflusst (Gert, 2005). Diese, innerhalb einer Gesellschaft oder Gruppe aufgestellten Verhaltensnormen, werden als übergeordnet angesehen und dienen als Verhaltensrichtlinie für jedes ihrer Mitglieder. Moral verbietet Verhaltensweisen wie Töten, das Verursachen von Schmerz, Betrug und Wortbruch. Sie dient der Förderung des menschlichen Zusammenlebens sowie des gegenseitigen Hilfeverhaltens und soll verhindern, dass einander Schaden zugefügt wird.

4.2 Welche Rolle spielt Moral in sozialen Interaktionen?

Moralisches Verhalten wird von verschiedenen Faktoren beeinflusst. Soziale Erfahrungen werden kontinuierlich als verborgenes (= dem Kind noch nicht bewusstes) soziales Wissen im Gedächtnis gespeichert, durch neue Erfahrungen verändert oder ergänzt (Arsenio & Lemerise, 2004). Dieses Wissen bildet die Grundlage für alle sozialen Handlungen und Auseinandersetzungen und beeinflusst, wie ein Kind soziale Signale wahrnimmt und verarbeitet. Diese aktive Verarbeitung beeinflusst ihrerseits das soziale Verhalten. Eigenes und beobachtetes Sozialverhalten und dessen Konsequenzen werden laufend als Teil des allgemeinen sozialen Wissens gespeichert. Das soziale Wissen umfasst somit auch Bindungserfahrungen zu den primären Bezugspersonen, Erfahrungen mit sozialen Beziehungen, erlernte soziale Regeln, gesellschaftliche Konventionen und die eigenen erworbenen Moralvorstellungen.

Nach der sozial-kognitiven Informationsverarbeitungstheorie (Crick & Dodge, 1994) werden zur Problemlösung in sozialen Interaktionen verschiedene Stufen durchlaufen (u. a. selektive Aufmerksamkeit für soziale Hinweisreize, Ursachenzuschreibung, Lösungssuche, Entscheidungsauswahl, Handlungsausführung). Diese finden auf der Grundlage des sozialen Wissens statt und werden jeweils von Emotionen beeinflusst (Dodge & Rabiner, 2004).

Wie hängen Moral und Aggression zusammen? Aggressive Handlungen sind häufig moralische Überschreitungen. Umgekehrt beinhalten moralische Überschreitungen meistens physische oder verbale Aggression. Aggression wird definiert als ein Verhalten mit Schädigungsabsicht (Coie & Dodge, 1998). Moral wird ähnlich definiert, als dass sie eben jene Handlungen verbietet, die schädigende Konsequenzen für einen anderen haben können (Turiel, 1998). Moralische Überschreitungen und aggressives Verhalten überschneiden sich also insofern, als dass beide eine Schädigungsabsicht beinhalten.

4.3 Wie entwickelt sich moralisches Verhalten?

Zu wissen, was richtig und gut ist, reicht nicht immer aus jemanden zu motivieren, das Richtige zu tun (Nucci, 2001). Damit moralisch gehandelt wird, muss eine Person auch das tun wollen, was moralisch richtig wäre, statt andere Ziele mit ihrem Handeln zu verfolgen.

Für die Praxis bedeutet dies, dass es nicht ausreicht, Kindern angemessenes Verhalten zu vermitteln. Die Kinder sollen lernen, auch moralisch handeln zu wollen. Unter moralischem Verhalten verstehen wir eigen- und sozialverantwortliches Verhalten, das die Gefühle und Bedürfnisse anderer Menschen respektiert. Daher hat der dritte Teil dieses Trainings die Förderung der Eigen- und Sozialverantwortung zum Ziel.

Um die Frage, wie dieses Ziel erreicht werden kann, beantworten zu können, ist eine Auseinandersetzung mit der Entwicklung moralischer Vorstellungen und moralischen Verhaltens notwendig. Welche Faktoren tragen dazu bei, dass Kinder sich verantwortungsbewusst verhalten, andere fair behandeln und sich für andere einsetzen? Genauer, welche Emotionen und Kognitionen sind Voraussetzungen für moralisches Verhalten, und wie kann man diese Faktoren im Schulalltag fördern?

Welche Rolle spielen Schuld und Mitgefühl für moralisches Verhalten? Komplexe Emotionen wie Schuld und Mitgefühl scheinen moralisches Verhalten zu motivieren und eine wichtige Rolle bei der Entwicklung von Moral zu spielen (Eisenberg, 2000). Schuld ist eine als unangenehm erlebte Emotion oder ein schmerzliches Gefühl des Bedauerns. Dieses Gefühl kann entstehen, wenn eine Person ein unangenehmes oder schädigendes Ereignis verursacht, es zu verursachen glaubt oder mit einem solchen in Verbindung gebracht wird. Schuldempfinden setzt voraus, dass das eigene Verhalten verinnerlichte Normen verletzt oder einem anderen schadet und die Person Verantwortung für ihr Verhalten übernimmt. Daraus resultiert der Wunsch, den Schaden wiedergutzumachen oder sich dafür zu bestrafen. Es ist diese Art der Schuld, die für moralisches Handeln die wichtigste Rolle spielt.

Bei der Emotion Scham steht das eigene Empfinden im Vordergrund. Man fühlt sich als Person bloßgestellt, minderwertig oder herabgesetzt. Im Gegensatz dazu steht bei Schuld ein bestimmtes Verhalten im Vordergrund sowie die Sorge um die Gefühle eines anderen und das Bedürfnis nach Wiedergutmachung (Tangney, 1998). Um überhaupt Schuld empfinden zu können, ist ein Verständnis der Auswirkungen der eigenen Handlungen auf andere notwendig. Hierbei handelt es sich jedoch nicht nur um kognitives Verstehen, sondern auch um gefühlsmäßiges Nachempfinden, das heißt um Empathie (Eisenberg, 2000).

Mit Empathie ist gemeint, dass jemand die Emotionen eines anderen versteht und sie ähnlich selbst empfindet. Mit zunehmender kognitiver Reife kann aus Empathie Mitgefühl werden. Mitgefühl geht über Empathie insofern hinaus, als dass die Emotionen eines anderen nicht nur verstanden werden, sondern sich auch um den anderen gesorgt wird. Mitgefühl ist somit eine moralische Emotion, die Hilfeverhalten fördert (Eisenberg, 2000).

Schuldgefühle setzen also Empathie voraus und die Erkenntnis, dass man das Leiden eines anderen verursacht hat. Diese motivieren wiederum das Streben nach Wiedergutmachung. Zudem motivieren Empathie und Mitgefühl prosoziales Verhalten, auch wenn ein Kind das Leiden eines anderen nicht verursacht hat (Eisenberg & Morris, 2001; Hastings & Zahn-Wechsler, 1998). Empathie und Mitgefühl wurden mit geringen Ausprägungen von Aggression und externalisierenden Verhaltensstörungen in Zusammenhang gebracht (Kaukiainen et al., 1999; Strayer & Roberts, 2004).

Welche Rolle spielt Emotionsregulation für moralisches Verhalten? Die Fähigkeit zur Emotionsregulation beeinflusst das Mitgefühl und somit moralisches Verhalten (Eisenberg & Morris, 2001). Kinder, die in der Lage sind, ihre Emotionen zu regulieren, neigen weniger dazu, bei negativem Affektausdruck anderer selbst unangenehme Emotionen und übermäßige Erregung zu empfinden. Starke Emotionen, wie Wut, Angst oder Trauer, lenken die Konzentration auf die eigene Person. Mitgefühl wird dadurch eingeschränkt. Menschen, die ihre Emotionen regulieren können, empfinden somit eher Mitgefühl und sind so eher in der Verfassung, anderen zu helfen. Vor allem Kinder, die zu intensiven Emotionen neigen, sind nur dann in der Lage Mitgefühl zu empfinden, wenn sie ihr Emotionsempfinden gut regulieren können. Bei Kindern, die nicht zu intensivem Emotionserleben neigen, verstärkt die Fähigkeit, sich auf Ereignisse außerhalb ihrer Person konzentrieren zu können, das Mitgefühl, indem es die Aufnahme von Informationen über andere und – daraus folgend – die kognitive Perspektivenübernahme erleichtert.

Welche Rolle spielen Lernmechanismen für moralisches Verhalten? Betrachtet man die Mechanismen, die moralisches Verhalten motivieren, kommt man zu dem Schluss, dass dieses Verhalten – ebenso wie alle anderen Verhaltensweisen – weitestgehend über verschiedene Lernprozesse erworben wird. Dazu gehören das Lernen am Modell, positive und negative Verstärkung sowie Bestrafung.

Im Verlauf der moralischen Entwicklung nehmen Personen bestimmte Ansichten darüber an, was richtig und was falsch ist, die ihnen als Verhaltensrichtlinien dienen (Bandura, 2004). Diese Ansichten sind das Ergebnis eines selbstregulierenden Prozesses: Menschen beobachten ihr Verhalten und die Bedingungen unter denen es auftritt. Sie beurteilen ihr Verhalten in Bezug auf ihre – bis zu dem Zeitpunkt erworbenen – moralischen Prinzipien und die wahrgenommenen Umstände. Schließlich regulieren sie ihre Handlungen entsprechend der Konsequenzen, die aus dieser Beurteilung für sie resultieren. Menschen tun Dinge, die ihnen Zufriedenheit und ein Gefühl von Selbstwert geben (positive Verstärkung). Sie vermeiden Verhaltensweisen, die ihre moralischen Prinzipien verletzen, da solches Verhalten Selbstverurteilungen nach sich zieht (negative Verstärkung).

Nehmen wir zum Beispiel die Emotion Schuld: Wie oben dargestellt, fühlt ein Kind sich schuldig wenn es glaubt, für das Leid eines anderen verantwortlich zu sein. Dieses Schuldgefühl motiviert Wiedergutmachung, bzw. Linderung des Leids der anderen Person. Nach erfolgter Wiedergutmachung lässt die unangenehme Empfindung des Schuldgefühls nach, das Verhalten wird also belohnt (negative Verstärkung). Eine positive Verstärkung moralischen Verhaltens (wie zum Beispiel Hilfeverhaltens) kann zudem die Freude oder Dankbarkeit einer Hilfe bedürftigen Person darstellen. Diese löst positive Emotionen (zum Beispiel Stolz, Genugtuung, Freude) bei dem Helfenden aus. Erfährt das Kind Anerkennung seines Verhaltens von einer dritten Person (zum Beispiel ein Lob seiner Mutter) – folgt also eine positive Konsequenz auf sein Verhalten – stellt diese ebenfalls eine Belohnung dar (positive Verstärkung).

Moralische Prinzipien werden somit über verschiedene Lernmechanismen im Verlauf der Entwicklung erworben und sind die Voraussetzung für moralisches Verhalten. Ob eine Person sich moralisch „richtig" verhält, hängt jedoch immer auch von anderen Faktoren wie dem situativen Kontext, sozial-kognitiver Informationsverarbeitung, emotionalen Prozessen und ihrer aktuellen Motivation ab (Arsenio & Lemerise, 2004).

Moralentwicklung. Lawrence Kohlbergs (1996) Theorie der Moralentwicklung geht davon aus, dass sich das Moralbewusstsein beim Menschen stufenweise in Richtung einer jeweils höheren, bzw. „reiferen" moralischen Stufe entwickelt, wobei nicht alle Menschen die höchste Stufe moralischen Bewusstseins erreichen (vgl. Tab. 2). Diese Theorie ist nicht unumstritten, enthält aber sinnvolle Aspekte. Ergänzend muss berücksichtigt werden, dass Moralbewusstsein sowohl vom Kontext, in dem moralische Entscheidungen getroffen werden, als auch von der aktuellen Motivation der handelnden Person beeinflusst

Tabelle 2: Die Stufen der Moralentwicklung nach Kohlberg (1996)

Stufe	Beschreibung
Präkonventionelle Ebene (entspricht dem Niveau der meisten Kinder bis zum neunten Lebensjahr, einiger Jugendlicher und vieler jugendlicher und erwachsener Straftäter)	*1. Stufe:* Kind orientiert sich im Wesentlichen an wahrgenommenen Machtpotenzialen. Die von Autoritäten gesetzten Regeln werden nur befolgt, um Strafe zu vermeiden.
	2. Stufe: Kind erkennt die Gegenseitigkeit menschlichen Verhaltens. Es orientiert sich an dieser Gegenseitigkeit, reagiert also kooperativ auf kooperatives Verhalten, und übt Rache für zugefügtes Leid („Ich gebe, damit du gibst.").
Konventionelle Ebene (dieser ist der Großteil der Jugendlichen und Erwachsenen zuzuordnen)	*3. Stufe:* Moralische Erwartungen anderer werden erkannt und berücksichtigt. Das Kind orientiert sich an dem Prinzip: „Was du nicht willst, das man dir antut, das füge auch keinem anderen zu."
	4. Stufe: Kind erkennt die Wichtigkeit allgemeingültiger Rechte und Pflichten für das Funktionieren der Gesellschaft und urteilt nach diesen.
Postkonventionelle Ebene (nur eine Minderheit von Erwachsenen erreicht diese Ebene, meistens auch erst nach dem 20. Lebensjahr)	*5./6. Stufe:* Stufe des Sozialvertrags, des sozialen Nutzens und der individuellen Rechte. Aus Gedanken der Gerechtigkeit oder der Nützlichkeit für alle werden bestimmte Normen akzeptiert. Stufe der universellen ethischen Prinzipien (zwischenmenschliche Achtung, Vernunftstandpunkt der Moral). Das richtige Handeln wird mit selbst gewählten ethischen Prinzipien, die sich auf Universalität und Widerspruchslosigkeit berufen, in Einklang gebracht.

wird. Eine Person befindet sich demnach nicht zu jeder Zeit auf derselben moralischen Stufe, sondern diese kann je nach Situation und Motivation variieren (Walker, 2004).

Kriterien für die Moralentwicklung. Um von einer Stufe des Moralbewusstseins zu einer anderen zu gelangen, muss ein Mensch in drei Bereichen Fortschritte machen (Binfet, 2004):

1. Seine soziale Perspektive muss sich erweitern, das heißt, er muss von einer rein egozentrischen Perspektive dazu gelangen, die Ansprüche anderer Menschen in seinen Handlungen zu berücksichtigen.
2. Seine moralische Selbstbestimmung muss sich verbessern, das heißt, er muss moralische Normen hinterfragen und begründen lernen.
3. Die Begründung der Regeln seines Handels muss sich verbessern, das heißt, anstelle einer egozentrischen Begründung, die auf Lust oder Unlust basiert, muss er schrittweise Normbegründungen entwickeln, die auf für alle nützliche Regeln und zwischenmenschlicher Achtung basieren.

4.4 Wie fördert man die Moralentwicklung?

Moralförderung im Alltag mit Kindern. Disziplinierung, bei der auf die negativen Folgen für das Opfer der Normverletzung hingewiesen wird (induktive Disziplinierung), trägt positiv zur moralischen Entwicklung bei, während Machtdemonstrationen von Seiten der Bezugspersonen diese Entwicklung negativ beeinflussen (Hoffman, 2000). Empathie fördernde Disziplinierung beinhaltet, dass Lehrer (und andere Bezugspersonen) Kinder auf die Auswirkungen ihrer negativen Handlungen auf andere hinweisen und diese aktiv zu Perspektivenübernahme und Perspektivwechsel sowie zu Rücksichtnahme auffordern. Dies fördert die Entwicklung von Empathie, Mitgefühl und prosozialem Verhalten, welche wiederum die Voraussetzung für moralisches Verhalten sind. Häufige Anwendung von Machtdemonstrationen, wie unangemessene Bestrafung oder Strafandrohungen, und Liebesentzug (Strafen durch den Entzug von Liebe und Unterstützung) hingegen hemmen die moralische Entwicklung.

Moralförderung durch gezielte Intervention. Aufgrund der kognitiven Komponenten (darunter Perspektivenübernahme und Ursachenzuschreibung) von empathischem und moralischem Verhalten kann empathische Moral durch eine Intervention, die diese kognitiven Prozesse anspricht, gefördert werden. Interventionen, die Kinder ermuntern, über eine bestimmte Situation hinauszusehen und darüber nachzudenken, welche Auswirkungen ihre Handlungen auf andere und auf ihre Zukunft haben, sind nach dem bisherigen Stand der Forschung am wirksamsten zur Förderung von Empathie, Mitgefühl und der Moralentwicklung (Gibbs, Potter, Barriga & Liau, 1996; Hoffman, 2000).

Aus diesem Grund wurde das vorliegende Programm zur Förderung von emotionaler und sozialer Kompetenz um ein Modul zur Förderung der moralischen Entwicklung ergänzt, wobei der Schwerpunkt auf die Förderung von Eigen- und Sozialverantwortung gelegt wurde.

Moralische Dilemmata. Zur Förderung ihrer moralischen Entwicklung können Kinder mit moralischen Dilemmata konfrontiert werden. Moralische Dilemmata sind Situationen, die einen moralischen Konflikt beinhalten. Die handelnde Person steht zum Beispiel vor der Wahl, einen Konflikt zu ihrem eigenen Vorteil zu lösen und dabei die Rechte einer anderen Person zu verletzen oder eben diese Rechte zu achten, dafür aber selbst negative Konsequenzen zu erdulden.

Damit moralische Entwicklung stattfinden kann, muss eine intensive Auseinandersetzung mit dem moralischen Dilemma erreicht werden (Binfet, 2004). Dazu bearbeiten die Kinder das Dilemma zunächst in Zweiergruppen, angeleitet durch Fragen, welche sie dazu anregen, sich in die Situation und die handelnden Personen hineinzuversetzen. Sie sollen das Problem des Hauptcharakters verstehen und sich verschiedene Lösungen dafür ausdenken. Dabei sollen sie auch berücksichtigen, wie sie an Stelle der benachteiligten Person gerne behandelt würden. Anschließend setzen sie sich mit den möglichen positiven und negativen Konsequenzen der gefundenen Lösungen auseinander (Was spricht für, was gegen die gefundene Lösung?) und wägen ab, welches die beste oder gerechteste Lösung für dieses Problem wäre.

Das Ziel dieser ersten gemeinsamen Problembearbeitung ist es, gedankliche Konflikte dadurch zu schaffen, dass die Kinder sich über verschiedene, zum Teil widersprüchliche Argumente zu einer Lösung austauschen. Dieser gedankliche Konflikt führt zu einem Überdenken der eigenen Handlungsweisen, fördert dadurch die Selbstregulation und erweitert das eigene Handlungsrepertoire in Konfliktsituationen (Binfet, 2004).

Die zweite Stufe in der Auseinandersetzung mit den moralischen Dilemmata bildet die Methode der Problemdiskussion in der Großgruppe. Kinder lernen auf verschiedene Weise innerhalb eines sozialen Kontexts, was in diesen Methoden berücksichtigt wird. Dazu gehört das Lernen von Gleichaltrigen und kooperatives Lernen in Zusammenarbeit mit Gleichaltrigen.

Lernsituationen mit Gleichaltrigen setzen Kinder nicht nur neuen Arten des Denkens aus, sondern auch neuen Denkmustern. Zusammenarbeit mit Gleichaltrigen zwingt Kinder zur Kommunikation über Handlungsstrategien und Problemlösungen. Es stimuliert entdeckendes Lernen, setzt die Herausforderungen jedoch in einen Kontext der gegenseitigen Hilfe und Unterstützung. Es provoziert Einsichten in soziale Auseinandersetzungen und Entwicklungssprünge bei den Teilnehmern, da es das Experimentieren mit neuen und ungetesteten Ideen fördert und eine kritische Überprüfung der eigenen alten Annahmen fordert (Damon & Phelps, 1989).

Eine Auseinandersetzung mit Gleichaltrigen erfordert von einem Kind die Bewältigung verschiedener kognitiver Anforderungen:

- Zunächst stellt es fest, dass es andere Sichtweisen als die eigene gibt.
- Da seine eigene Sichtweise in Frage gestellt wird, muss das Kind diese überprüfen und neu bewerten.
- Schließlich muss es seine Meinung rechtfertigen, wozu es sich sprachlich verständlich mitteilen muss.

Zusammenarbeit mit Gleichaltrigen stimuliert somit die moralische Entwicklung, indem sie eine Auseinandersetzung mit verschiedenen Ansichten begünstigt (Binfet, 2004). Dabei ist nicht die Interaktion mit Gleichaltrigen an sich fördernd, sondern dass ein Kind sich mit Ansichten auseinandersetzen kann, die auf einer optimal höheren moralischen Stufe sind, dabei aber seine geistigen Fähigkeiten nicht übersteigen (Hoffman, 2000).

5 Kooperation mit den Eltern

Ein Verhaltenstraining ist dann besonders wirkungsvoll, wenn es gelingt, die Eltern einzubeziehen. Dies ist besonders wichtig, da längerfristige Lerneffekte bei den Kindern vor allem dann zu erwarten sind, wenn die Kinder die Möglichkeit haben, die Trainingsinhalte auch zu Hause zu vertiefen und die gelernten Handlungsstrategien auf ihren Alltag zu übertragen. Dazu ist es notwendig, die Eltern frühzeitig für das Thema zu sensibilisieren und über das Trainingsprogramm zu informieren. Im weiteren Verlauf sollten die Eltern in regelmäßigen Abständen über die bearbeiteten Inhalte in Kenntnis gesetzt werden und Anregungen erhalten, wie sie ihre Kinder beim Lernen unterstützen können. Die Kooperation mit Eltern wirft also unter anderem die folgenden Fragen auf:

- Wann und in welcher Weise sind Eltern für das Thema zu sensibilisieren?
- Wie sollen Eltern in die Arbeit eingebunden werden?
- Wie kann eine längerfristige Zusammenarbeit zwischen Eltern und Schule erreicht werden?

5.1 Öffentlichkeitsarbeit

Eine Vorstellung des Programms in der Schule steigert zum einen den Bekanntheitsgrad und fördert andererseits die Akzeptanz bei Kollegen, Schülern und Eltern. Die im Laufe des Trainings erarbeiteten Produkte (z. B. Wandbilder, Plakate, Rap-Song und andere) können den Eltern und Erziehungsberechtigten bei Elternsprechtagen auf Stellwänden präsentiert werden. Sinn und Zweck solch kleiner Ausstellungen kann den Eltern in einem Einladungs- und Informationsbrief mitgeteilt werden.

Schulgebundene Medien eignen sich sehr gut zur Veröffentlichung kurzer Beiträge zum Training, um auf Schülerebene (zum Beispiel über die Schülerzeitung) oder bei einer breiteren Öffentlichkeit (zum Beispiel im Jahrbuch der Schule) Aufmerksamkeit zu erzeugen. Es könnte auch werbewirksam sein, einen Artikel über das Trainingsprogramm von einer unabhängigen Person (zum Beispiel Schulpsychologe, Sozialpädagoge, örtliche Presse) zu erbitten. Vor dem Beginn des Trainings sollte auf jeden Fall in einem Elternbrief über dessen Inhalte, Methoden und Ziele informiert werden. Wir empfehlen, einen solchen Infobrief mit einer Einladung zu einem Elternabend zu kombinieren.

5.2 Elternabende und Elternbriefe

Um eine gewisse Nachhaltigkeit der innerhalb des Programms erlernten Strategien und Verhaltensweisen auch über den Klassen- bzw. Schulkontext hinaus zu gewährleisten, müssen die Planungen zur Durchführung eines Präventionsprogramms für alle Eltern offen gelegt werden und nachvollziehbar sein.

Regelmäßige Treffen der Eltern oder Elternvertreter und Lehrer sind ideal, vor allem um die Einbindung der Eltern in die Schularbeit zu verbessern und ihre Anteilnahme am

Einladung zum Elternabend

Liebe Eltern,

die Grundschule ist – neben dem Elternhaus – zentraler Lern- und Lebensort für unsere Kinder. Als Spiegel der Gesellschaft treffen in der Schule Kinder mit unterschiedlichsten Erfahrungen aufeinander und müssen sich in die oft komplexen sozialen Strukturen einfinden. Nicht alle Kinder sind diesen Anforderungen gewachsen. Das Ergebnis einer solchen Überforderung können Ängste und ein Rückzug aus der Gemeinschaft sein, aber auch übermäßige Unruhe im Unterricht sowie aufsässiges, störendes oder gar aggressives Verhalten. Diese Verhaltensweisen beeinträchtigen neben den betroffenen Kindern auch die Mitschüler und -schülerinnen, die Lehrer und Lehrerinnen und das gesamte Lernklima.

Einer solchen Entwicklung kann durch frühzeitige Unterstützung und Förderung vorgebeugt werden. Ich möchte in unserer Klasse so ein vorbeugendes Programm durchführen, das *Verhaltenstraining in der Grundschule*. Es handelt sich dabei um ein Trainingsprogramm, das speziell für Kinder der dritten und vierten Klassen entwickelt wurde. Während des Trainings werden wir uns im Schwerpunkt mit den folgenden Inhalten beschäftigen:
- Gefühle bei sich und anderen erkennen und verstehen lernen.
- Den Umgang mit eigenen Gefühlen lernen.
- Erarbeiten und Einüben von positiven Verhaltensweisen in Konfliktsituationen.
- Auseinandersetzung mit Regeln, Fairness, Eigenverantwortung und Zivilcourage.

Damit das Lernen den Kindern Spaß macht, ist das Training altersgerecht und motivierend gestaltet. Das Vorgehen ist in eine Abenteuergeschichte mit vier Freunden eingebunden, die gemeinsam die Burg „Duesternbrook“ erkunden.

Ich möchte Sie herzlich einladen, sich über das Programm genauer zu informieren und uns bei diesem Vorhaben zu unterstützen.

Wir laden Sie herzlich zu unserem Elternabend ein.

Datum: ______________________________

Zeit: ______________________________

Ort: ______________________________

Mit freundlichen Grüßen,

____

Schulgeschehen zu fördern. Verschiedene Studien belegen, dass eine gute Kooperation zwischen Schule und Elternhaus und eine aktive Einbindung der Eltern in das Schulgeschehen bedeutsame Schutzfaktoren sind zur Prävention von Aggression und Substanzkonsum (Kadzin, 2005; Minke, 2006). Gibt es keine solchen Treffen, so sind Elternsprecher geeignete Ansprechpartner zur Organisation von inoffiziellen Elternabenden (z. B. Elternstammtisch, „Elterntalk"). Hier können Eltern über die schulischen Lerninhalte auf dem Laufenden gehalten werden und sich nebenbei über Erziehungsfragen austauschen. Solche Elterntreffen können jedoch keine schulischen Elternbriefe und Elternabende ersetzen.

Es ist häufig ein Problem, die Eltern zur Teilnahme an Elternabenden zu motivieren. In der Vergangenheit wurden gute Erfahrungen gemacht mit einer Einbindung der Kinder bei der Gestaltung der Einladungen zu Elternabenden. Vor Beginn des Programms kündigt der Trainer den Kindern an, dass er bald einen spannenden Kurs mit ihnen durchführen wird. Dabei geht es um Abenteuer in einer alten verlassenen Burg. Jedes Kind soll sich überlegen, was ihm zu dem Thema einfällt und dazu ein Bild malen (im DIN A4 Format). Dieses Bild wird der Einladung zum ersten Elternabend beigelegt. So bekommen alle Eltern eine persönliche Einladung, die ihr Kind für sie gestaltet hat. Die Kinder sollen den Eltern die Einladung übergeben und können sie so natürlich noch zusätzlich motivieren, am Elternabend teilzunehmen.

Zur Motivation der Eltern zur Teilnahme an weiteren Elternabenden sind im Folgenden einige Ideen aufgelistet, die im Vorlauf überdacht werden sollten:
- *Geeignete Örtlichkeit:* Ein Elternabend muss nicht immer in der Schule stattfinden. Welcher Veranstaltungsort steigert eventuell das Interesse am Thema?
- *Hemmschwellen verringern:* Wurden tatsächlich alle Eltern über den Elternabend informiert, auch die Eltern, die möglicherweise nicht unsere Schriftsprache erlernt haben? Besteht für alle Eltern die Möglichkeit, zum Veranstaltungsort und anschließend wieder nach Hause zu gelangen? Können eventuell Fahrgemeinschaften organisiert werden? Kann für allein erziehende Eltern eine Kinderbetreuung vor Ort organisiert werden?
- *Inhaltliche Verknüpfung:* Ist es möglich, den Elternabend mit einem anderen Informationsabend zu kombinieren, an dem die Eltern allgemein interessiert sind (z. B. zum Thema „Schuldenfalle Handy bei Kindern", „Risiken und Chancen von Medienkonsum bei Kindern", „Lernsoftware für Kinder")?
- *Kooperation mit Externen:* Das Hinzuziehen von externen Fachkräften (Polizist, Erziehungsberater, Sozialpädagoge und andere) hat sich mehrfach bewährt, da an einem so organisierten Abend auch Themen außerhalb des Unterrichts angesprochen werden können, was für die Eltern häufig interessanter ist als ein Elternabend im herkömmlichen Sinne.

Bei einem Elternabend sollte der Teamgedanke im Vordergrund stehen, das heißt, es sollte ein partnerschaftliches Verhältnis zwischen Lehrer und Eltern vorherrschen. Während des Elternabends sollte über die wichtige Rolle der Eltern bei der Unterstützung und Festigung der Trainingsinhalte gesprochen werden. Mit den Eltern können schon hier die Möglichkeiten, wie sie das Training unterstützen können sowie eine Evaluation des Vorhabens diskutiert werden.

Die Durchführung eines solchen Elternabends kann auch durch die (unterstützende) Moderation eines Schulpsychologen sehr erleichtert werden. Dieser kann den Eltern aufgrund seiner Ausbildung außerdem wichtige Zusatzinformationen (zu Prävention im Allgemeinen) anbieten. Eine gemeinsame vorherige Absprache über die Trainingsinhalte und -ziele zwischen Lehrer und Psychologe ist selbstverständlich unerlässlich.

Im weiteren Verlauf des Trainings sollten die Eltern kurz vor Beginn der einzelnen Trainingsstufen Elternbriefe erhalten, die über die wichtigsten Komponenten der bevorstehenden Trainingseinheiten informieren und dazu anregen, bestimmte Inhalte mit den Kindern zu besprechen und zu vertiefen (siehe S. 33–36).

Am abschließenden Elternabend sollten sowohl die Kinder als auch deren Eltern (und Geschwister) teilnehmen. Bei dieser Veranstaltung wird zunächst mit den Eltern über die Ergebnisse des Verhaltenstrainings gesprochen. Anschließend werden verschiedene Produkte des Verhaltenstrainings von den Kindern präsentiert. So können die Kinder zum Beispiel eines der im Training eingeübten Rollenspiele vorführen sowie ihren komponierten Rap-Song und die Plakate für Zivilcourage vorstellen. Auch für die Abschlussveranstaltung sollten die Kinder wieder persönliche Einladungen für ihre Eltern gestalten. Um der Veranstaltung einen festlicheren Rahmen zu geben, können im Vorlauf Essen und Getränke mit den Eltern organisiert werden. Damit alle Eltern mit ihren Kindern an der Abschlussveranstaltung teilnehmen können, sollte für den vorausgehenden Elternabend eine Kinderbetreuung organisiert werden.

Verhaltenstraining in der Grundschule: Elternbrief zur ersten Stufe

Liebe Eltern,

am __________________________ beginnen wir in unserer Klasse/Gruppe mit dem *Verhaltenstraining in der Grundschule*, um die Kinder gezielt beim Erlernen positiven sozialen Verhaltens zu unterstützen. Jede Woche werden ein bis zwei Trainingseinheiten stattfinden. Sie erhalten während des Trainings insgesamt drei Elternbriefe, die Sie über den Verlauf und die Inhalte des Trainings informieren und Ihnen die Möglichkeit geben, die Inhalte mit Ihrem Kind zu Hause zu vertiefen.

Das Training besteht aus drei aufeinander aufbauenden Trainingsstufen. Im Verlauf der ersten Trainingstufe werden die Kinder mit den vier Freunden, Julie, Cedric, Mehmet und Irina, sowie der Burg Duesternbrook vertraut gemacht. Diese sind die Hauptfiguren in einem Hörspiel, das die Kinder zum Mitmachen beim Training motivieren soll. Damit sich das Mitmachen und ein angemessenes Verhalten in der Klasse auch lohnen, können die Kinder sich dafür in jeder Trainingseinheit Punkte verdienen.

Im Verlauf der ersten Trainingsstufe üben die Kinder vor allem, unterschiedliche Gefühle (Ärger, Angst, Freude, Trauer) bei sich und anderen zu erkennen und zu unterscheiden. Wir wissen heute, dass ein angemessenes soziales Verhalten und ein friedliches Miteinander nur möglich sind, wenn wir gelernt haben, mit Gefühlen umzugehen und diese zu verstehen.

Es wird den Kindern umso leichter fallen über Gefühle zu sprechen, je häufiger sie es tun und je eher Erwachsene bereit sind, ebenso über ihre Gefühle zu sprechen. Ihr Kind wird sie als „Gefühlsreporter" zu den Gefühlen Freude, Trauer, Wut und Angst befragen. Besprechen Sie mögliche Ursachen und Auswirkungen dieser Gefühle mit Ihrem Kind anhand der Arbeitsblätter, die es mitbringen wird.

An dem Gefühl Wut wird ab der siebten Trainingseinheit ein angemessener Umgang mit Gefühlen geübt. Die Kinder lernen „Wutstarter" und „Wutstopper" kennen und erstellen für sich selbst „Wutkontrollpläne". Als wichtigste Bezugsperson sind Sie in allem, was Sie tun, ein Vorbild für das Verhalten Ihres Kindes. Das bedeutet, dass Ihr Kind sich auch in dem Umgang und Ausdruck von Wut und Ärger an Ihrem Beispiel orientiert. Sie können Ihr Kind auch unterstützen, indem Sie mit ihm zum gegebenen Zeitpunkt einen eigenen „Wutkontrollplan" entwickeln und besprechen.

Viele Grüße,

Ihr(e) ____

Verhaltenstraining in der Grundschule: Elternbrief zur zweiten Stufe

Liebe Eltern,

das Verhaltenstraining geht nun in seine zweite Runde, die zweite Trainingsstufe beginnt. In den folgenden Sitzungen werden die Kinder üben, Konflikte und Probleme mit Gleichaltrigen angemessen zu lösen. Um für den Umgang mit solch schwierigen Situationen besser gerüstet zu sein, wird auf dieser Stufe mit den Kindern ein sogenannter *PIP-Plan zur Problemlösung,* ein 3-Stufen-Plan zur Problemlösung, eingeübt. Anhand dieses vereinfachten Plans üben die Kinder, Konflikte in folgenden Schritten zu bearbeiten:

1. *Problem verstehen* (Was ist passiert; worum geht es?)
2. *Ideen finden* (Was kann man tun oder sagen, um das Problem zu lösen?)
3. *Problem lösen* (Welcher Lösungsvorschlag ist am besten/gerechtesten für alle Beteiligten?)

Zunächst wird also die Wahrnehmung der Kinder in schwierigen Situationen geschärft, denn je aufmerksamer wir aufpassen und wahrnehmen, was in unserem Umfeld geschieht, desto kompetenter können wir darauf reagieren. Die Kinder üben, sich in ein anderes Kind hineinzuversetzen und das Problem aus dessen Sicht zu betrachten. Sie lernen, genau zu beschreiben, was in einer Situation geschehen ist.

Im nächsten Schritt üben wir, für ein Problem möglichst viele Handlungsmöglichkeiten zu finden und überlegen, welche positiven und negativen Folgen diese Handlungen haben könnten. Anschließend bewerten die Kinder die vorgeschlagenen Lösungen selbstständig und suchen eine aus, die für alle Beteiligten am besten und gerechtesten ist.

Sie können das Einfühlungsvermögen und ein angemessenes soziales Verhalten Ihres Kindes aktiv fördern, indem Sie es dazu ermutigen, Konflikte nach den drei Stufen des *PIP-Plans* zu bearbeiten. Fordern Sie Ihr Kind auf, sich in andere hineinzuversetzen und fragen Sie es nach deren Gefühlen. Lassen Sie es selbstständig Lösungsstrategien entwickeln und ermutigen Sie Ihr Kind, sich über mögliche Auswirkungen seiner Handlungen auf andere Gedanken zu machen. Zeigen Sie Ihrem Kind Anerkennung, wenn es rücksichtsvoll ist. Und, am wichtigsten: Seien Sie ein Vorbild für angemessenes soziales Verhalten in Ihrem Umgang mit anderen Menschen.

Viele Grüße,

Ihr(e) ______________________________

Verhaltenstraining in der Grundschule: Elternbrief zur dritten Stufe

Liebe Eltern,

mittlerweile haben die Kinder im *Verhaltenstraining in der Grundschule* die dritte und letzte Stufe erreicht. Diese Einheit dient der Förderung der sozialen Verantwortung der Kinder. Inhaltlich beschäftigen wir uns mit Regeln, Fairness, Eigenverantwortung und Zivilcourage.

Soziale Verantwortung fördert menschliches Zusammenleben sowie gegenseitiges Hilfeverhalten und verhindert, dass einander Schaden zugefügt wird. Zunächst werden wir uns mit dem Sinn und Zweck von Regeln für ein funktionierendes menschliches Zusammenleben befassen. Ihr Kind wird auch Sie zu Regeln in Ihrem Alltag befragen. Es wird Ihrem Kind leichter fallen, die Notwendigkeit von Regeln zu akzeptieren, wenn es versteht, dass jeder Mensch – auch Sie – sich an bestimmte Regeln halten muss.

Zu den Themen „Fairness", „Eigenverantwortung" und „Zivilcourage" werden mit den Kindern schwierige Situationen besprochen und nach *dem PIP-Plan zur Problemlösung* bearbeitet. Die wichtigsten Elemente dieser Themenbereiche sind:

- *Fairness:* Die Kinder üben, sich an der goldenen Regel „Ich behandle Dich so, wie ich selbst behandelt werden möchte" zu orientieren und danach zu handeln. Sprechen Sie mit Ihrem Kind über die Inhalte dieser Stunden. Unterstützen Sie es wenn möglich bei der Suche nach praktischen Beispielen für diese Regel aus seinem Alltag.
- *Eigenverantwortung erlernen:* Die Kinder lernen, Verantwortung für eigenes Fehlverhalten zu übernehmen, das heißt Fehlverhalten eingestehen, Verhalten erklären, sich angemessen dafür entschuldigen und – wenn möglich – Wiedergutmachung anstreben. Auch hier können Sie Ihr Kind unterstützen, indem Sie sich von ihm die *Methode der 4 E's (Eingestehen, Erklären, Entschuldigen, Entschädigen)* erklären lassen. Ihr Kind wird diese Strategie besonders gut verinnerlichen, wenn Sie sie auch bei sich zu Hause für alle Familienmitglieder einführen und konsequent umsetzen.
- *Zivilcourage (= Mut im täglichen Leben; sich für jemand anderen einsetzen, der Hilfe braucht):* Hier werden wir uns mit der Frage auseinandersetzen, warum Zivilcourage im alltäglichen Umgang miteinander wichtig ist. Abschließend werden die Kinder Poster zum Thema Zivilcourage entwerfen, um andere Kinder für das Thema zu sensibilisieren.

Viele Grüße,

Ihr(e) ________________________________

Einladung zum Elternabend und zur Abschlussveranstaltung

Liebe Eltern,

zum Abschluss des *Verhaltenstrainings in der Grundschule* möchte ich mit Ihnen über die Wirkungen des Trainings diskutieren. Es wird sicher interessant sein, Erfahrungen auszutauschen, Veränderungen wahrzunehmen und gemeinsam zu besprechen, an welchen Zielen weiterhin gearbeitet werden sollte. Um einige Anhaltspunkte über Veränderungen im Verhalten der Kinder zu gewinnen, werde ich Ihnen meine Beobachtungen vorstellen. Im Anschluss an den Elternabend werden die Kinder Ihnen einige Beispiele des im Verhaltenstraining Gelernten vorführen. So werden sie Ihnen zum Beispiel ein Rollenspiel vorführen, Lieder vortragen und ihre selbst gestalteten Plakate präsentieren. Ich würde mich freuen, wenn Sie auch an dem anschließenden gemütlichen Beisammensein mit Ihrer Familie teilnehmen könnten.

Wir treffen uns am

Zeit: ______________________________

Ort: ______________________________

Ich freue mich auf unseren Erfahrungsaustausch und eine nette Feier zum Trainingsabschluss mit Ihnen und Ihrer Familie.

Viele Grüße,

Ihr(e) ____

6 Konzeption und Aufbau

Das Verhaltentraining soll mit Gruppen wie etwa *gesamten* Schulklassen oder Kindergruppen in außerschulischen pädagogischen Institutionen durchgeführt werden. Die Methoden des Trainings orientieren sich an lerntheoretischen Konzepten, wie etwa dem Verstärkungslernen, der Selbstbeobachtung, dem Problemlöse- und dem Selbstinstruktionstraining. Diese vielfach erprobten Methoden zur Verhaltensänderung wurden so modifiziert, dass sie für neun- bis zehnjährige Kinder versteh- und durchführbar sind.

6.1 Zielgruppe

In erster Linie ist das Training für Kinder der dritten und vierten Grundschulklassen konzipiert. Es eignet sich jedoch auch für kleinere Kindergruppen, wie zum Beispiel die Kinder einer Arbeits- oder Hortgruppe. Das Material wurde zudem bereits mit Erfolg im therapeutischen Einzelsetting verwendet.

6.2 Durchführung des Trainings

Im schulischen Rahmen wird das Training vom Klassenlehrer durchgeführt. Außerhalb schulischer Zusammenhänge sollte die Gruppe von einem Gruppenleiter oder einer anderen, für die Kinder wichtigen, Bezugsperson geleitet werden. Dies hat folgende Vorteile:

- Die bereits vorhandene Beziehung zwischen Trainer und Gruppe soll durch das Training gestärkt werden. Der bei fremden Trainern notwendige und zeitraubende Beziehungsaufbau erübrigt sich damit.
- Der Klassenlehrer/Gruppenleiter kennt seine Kinder besser als eine Person, die nicht in den pädagogischen Kontext eingebunden ist. Er kennt die typischen Konflikt- und Problemsituationen in der Gruppe.
- Übernimmt der Klassenlehrer/Gruppenleiter die Trainingsdurchführung, gelingt es besser, die Trainingseffekte längerfristig zu stabilisieren. Nach Beendigung des Trainings können unter seiner Anleitung einzelne Trainingselemente in den Alltag der Kinder übernommen und integriert werden.

6.3 Trainingssetting

Das Training wird mit der gesamten Schulklasse/Gruppe durchgeführt. Das Lernen in der Gruppe bietet den Vorteil, dass soziale Lerninhalte oft leichter und ökonomischer vermittelt werden können als in Einzelmaßnahmen, da Vorschläge zur Problem- und

Konfliktlösung, die von den Kindern selbst stammen, bereitwilliger aufgenommen werden. Ferner kann bei der Trainingsarbeit mit der gesamten Kindergruppe das soziale Klima in der Gemeinschaft verbessert werden. Die in das Training integrierten Problem- und Konfliktsituationen lassen sich in einer Gruppe effektiv bearbeiten. Zum einen werden sie in gemeinsamen Rollenspielen realitätsnah dargestellt, zum anderen können verschiedene Kinder Lösungsmöglichkeiten vorschlagen, diese gemeinsam einüben und sich bei der Umsetzung gegenseitig unterstützen.

Das Verhaltenstraining wird im Klassenzimmer oder dem Gruppenraum durchgeführt. Im Klassenzimmer oder Gruppenraum werden Materialien des Trainings (wie z. B. die Trainingsregeln und Illustrationen) für die Kinder erkennbar angebracht.

Durchführung des Trainings mit Kindern mit Migrationshintergrund. Es ist darauf zu achten, dass die Durchführung des Trainings mit Kindern mit Migrationshintergrund einer differenzierten Vorbereitung und Durchführung bedarf. So ist besonders beim Einsatz des Hörspiels darauf zu achten, dass die Kinder die Texte gut verstehen können. Weisen die Kinder zu starke Verständnisprobleme auf, sollte der Trainer überdenken, in welcher Form er die Rahmengeschichte einsetzen kann. Sind es lediglich bestimmte Begriffe, die zu schwierig erscheinen, könnten diese durch eigene Vereinfachungen ersetzt werden. Der Trainer könnte den Text in dem Fall selbst vereinfachen und dann vorlesen. Sollten die Verständnisprobleme zu umfassend sein, müssen die Texte entweder vollständig übersetzt oder es muss ganz auf das Hörspiel verzichtet werden. Die Übungen des Trainings können im Prinzip auch ohne die einführenden Hörspiele durchgeführt werden.

Über die sprachlichen Aspekte hinaus ist bei der Arbeit mit Kindern mit Migrationshintergrund auf kulturelle Eigenheiten zu achten. So kann beispielsweise der offene Umgang mit Emotionen in verschiedenen Kulturkreisen unterschiedlich akzeptiert sein. Gemeinsamkeiten, aber auch Unterschiede zwischen Kulturen herauszuarbeiten, bildet daher einen wichtigen interkulturellen Lerninhalt für die Kinder und kann das Verständnis für kulturelle Vielfalt verstärken.

Durchführung des Trainings im therapeutischen Einzelsetting. Einige Therapeuten nutzen Material des Verhaltenstrainings bereits erfolgreich für die Durchführung von Einzelpsychotherapien mit Kindern im Alter zwischen neun und elf Jahren. Wird das Training in einem solchen Einzelsetting durchgeführt, müssen einige Übungen, die mehr als zwei Teilnehmer erfordern, modifiziert und angepasst werden. Dieses erfordert einige Vorbereitungszeit und sollte daher im Zeitplan vor Beginn des Trainings berücksichtigt werden.

6.4 Ziele des Verhaltenstrainings

Das Verhaltenstraining in der Grundschule ist ein präventives Förderprogramm und umfasst vor allem kindzentrierte Ziele. Für die Trainer und Eltern lassen sich jedoch zusätzliche Ziele formulieren:

Kindbezogene Ziele
– Verbesserung des Emotionswissens und -verständnisses, – Sensibilisierung für die Selbst- und Fremdwahrnehmung von Emotionen, – Vermittlung von Emotionsregulationsstrategien, insbesondere Ärgerkontrollstrategien, – Verbesserung der Selbstkontrolle und Selbststeuerung, – Förderung von Empathie, – Förderung der sozialen Wahrnehmung, – Sensibilisierung für soziale Interaktionsprozesse, – Förderung des Problemlöse- und Konfliktmanagements, – Förderung moralischer Wertmaßstäbe im Hinblick auf Fairness, Selbstverantwortung, Zivilcourage sowie – Aufbau prosozialen Verhaltens.

Trainerbezogene Ziele
– Vermittlung von Basiswissen über emotionale Kompetenzen, soziale Informationsverarbeitung und soziale Fertigkeiten, die moralische Entwicklung von Kindern sowie problematisches Sozialverhalten im Kindesalter, – Vermittlung von Methoden zur Förderung positiver Trainer-Kind-Interaktionen als Grundlage eines tragfähigen Arbeitsbündnisses, – Vermittlung lernpsychologischer Grundlagen und der sich daraus ableitenden Interventionsstrategien zur Prävention und zum Abbau von Problemverhalten und zum Aufbau eines angemessenen Sozial- und Lernklimas in der Gruppe sowie – Vermittlung der Inhalte und Methoden des Verhaltenstrainings in der Grundschule.

Elternbezogene Ziele
– Sensibilisierung für die Inhalte des Trainings, – Verstärkung der Trainingseffekte durch vertiefende Übungen für zu Hause und Elternbriefe sowie – Förderung von Nachhaltigkeit und Generalisierung der Trainingseffekte auf Situationen zu Hause und in der Freizeit der Kinder.

6.5 Aufbau des Trainings

Zeitliche Struktur: Das Verhaltenstraining umfasst maximal 26 Trainingseinheiten. Die Trainingseinheiten dauern jeweils 45 bis 90 Minuten und sollten in einer Frequenz von zwei Trainingseinheiten pro Woche durchgeführt werden. Das Training kann somit im Rahmen eines Schulhalbjahres abgeschlossen werden. Es ist empfehlenswert, die Trainingseinheiten in die ersten Schulstunden des Tages zu legen. In diesen Stunden sind viele Kinder noch aufmerksam und konzentriert, während diese Fähigkeiten im Laufe des Schultages oft abnehmen.

Die Trainingseinheiten sollten nicht direkt aufeinander folgen. Eine Trainingseinheit beinhaltet viele neue Aspekte, so dass zwei aufeinander folgende Trainingseinheiten zu einer Überforderung der Kinder führen könnte. Unsere Erfahrungen haben gezeigt, dass eine eintägige Trainingspause zwischen den Trainingseinheiten dazu beiträgt, dass sich die Trainingsinhalte bei den Kindern besser verfestigen, da sie so Zeit haben, die erlernten Strategien im Alltag anzuwenden.

Inhaltliche Struktur. Die Tabelle 3 zeigt den Aufbau des Trainings und stellt kurz die zugrunde liegenden lernpsychologischen Methoden und Inhalte dar. Die Inhalte des Trainings lassen sich in drei Bereiche gliedern, wobei in jeder Trainingseinheit ein Thema schwerpunktmäßig bearbeitet wird.

Tabelle 3: Aufbau des Verhaltenstrainings

1. Trainingsbereich: Vermittlung von Trainingsgrundlagen und Übungen zum Thema emotionale Kompetenz	**1. Trainingseinheit**	– Einführung in das Training, seine Rahmenhandlung (Hörspiel) und Vorstellung der Leitfiguren; Einführung in die Rahmengeschichte des Trainings: „Abenteuer auf Duesternbrook“
	2. Trainingseinheit	– Einführung des Verstärkerplans
	3. Trainingseinheit	– Diskriminieren zwischen unterschiedlichen Erlebensebenen bei den Gefühlen Ärger, Angst, Freude, Trauer, Scham, Schuld
	4. Trainingseinheit	– Emotionsstärken wahrnehmen, einschätzen und benennen I (Freude und Trauer)
	5. Trainingseinheit	– Emotionsstärken wahrnehmen, einschätzen und benennen II (Angst und Ärger)
	6. Trainingseinheit	– Wahrnehmung, Einschätzung und Benennung von Emotionsstärken vertiefen
	7. Trainingseinheit	– Sammlung von Wutkontrollstrategien; Unterscheiden zwischen angemessenem und unangemessenem Verhalten bei Ärger
	8. Trainingseinheit	– Erstellen eines Wutkontrollplans
	9. Trainingseinheit	– Sensibilisierung der Ärgerwahrnehmung
	10. Trainingseinheit	– Einüben von Wutkontrollstrategien

Tabelle 3: Aufbau des Verhaltenstrainings (Fortsetzung)

2. Trainingsbereich: Übungen zum Thema soziale Kompetenz	**11. Trainingseinheit**	– Üben von Ärgerwahrnehmung und Vertiefung von Wutkontrolle – Üben einer differenzierten Wahrnehmung in sozialen Situationen
	12. Trainingseinheit	– Üben einer differenzierten Wahrnehmung in sozialen Situationen – Wiederholung der Ärgerwahrnehmung und -kontrolle
	13. Trainingseinheit	– Vertiefung von Empathie – Finden von alternativen Konfliktlösungen (Wiedergutmachung/Hilfeverhalten)
	14. Trainingseinheit	– Finden von alternativen Konfliktlösungen (Streit um Gegenstand)
	15. Trainingseinheit	– Finden von alternativen Konfliktlösungen (Kontakt zu einem anderen Kind aufbauen; Selbstbehauptung)
	16. Trainingseinheit	– Vorwegnahme und Bewertung von Konsequenzen
	17. Trainingseinheit	– Vorwegnahme und Bewertung von Konsequenzen
	18. Trainingseinheit	– Integration der Stufen der sozialen Informationsverarbeitung
3. Trainingsbereich: Übungen zum Thema Eigen- und Sozialverantwortung	**19. Trainingseinheit**	– Einsicht in die Notwendigkeit von Regeln und Gesetzen, die für alle gültig sind – Akzeptanz von Regeln
	20. Trainingseinheit	– Einüben eines gerechten Umgangs miteinander (Prinzip: Fairness) – Lernen, andere so zu behandeln, wie man seinerseits gerne behandelt werden möchte
	21. Trainingseinheit	– Vertiefung: gerechter Umgang miteinander
	22. Trainingseinheit	– Eigenverantwortung erlernen: Verantwortung für eigenes Fehlverhalten übernehmen, das heißt Fehlverhalten eingestehen, Verhalten erklären, sich angemessen dafür entschuldigen und wenn möglich Wiedergutmachung anstreben.

Tabelle 3: Aufbau des Verhaltenstrainings (Fortsetzung)

	23. Trainings-einheit	– Vertiefung: Eigenverantwortung
	24. Trainings-einheit	– Förderung von Zivilcourage: lernen, sich angemessen für andere einzusetzen und anderen, wenn nötig, beizustehen
	25. Trainings-einheit	– Vertiefung: Zivilcourage
	26. Trainings-einheit	– Positiver Abschluss des Trainings – Planung und Organisation der Abschlussparty

1. Trainingsbereich

Wie Tabelle 3 zeigt, beginnt das Training mit einer zweistündigen *Einführungsphase*, in der den Kindern die Rahmenbedingungen und lernpsychologisch fundierte Basiselemente vermittelt werden, die positive soziale Prozesse zwischen den Kindern verstärken sollen. In der ersten Trainingseinheit werden sie in die Rahmenhandlung des Trainings, das Hörspiel „Abenteuer auf Duesternbrook“, eingeführt. Sie lernen zunächst die Hörspielleitfiguren Julie, Cedric, Mehmet und Irina kennen. Die Leitfiguren des Hörspiels bilden eine Gruppe von Freunden unschiedlicher kultureller Herkunft und ergründen im Laufe des Trainings die Geheimnisse der Burg Duesternbrook. Sie stellen wichtige Identifikationsfiguren für die Kinder dar. Die Hörspielgeschichten sind spannend gestaltet und dienen dazu, zu Beginn jeder Trainingseinheit ein ruhiges Lernklima herzustellen und in das jeweilige Thema der Trainingseinheit überzuleiten.

Im zweiten Teil der Einführungsphase werden Trainingsregeln und ein Verstärkerplan eingeführt, um den Kindern die Mitarbeit am Vorhaben zu erleichtern. Von der dritten bis zur zehnten Trainingseinheit wenden die Kinder sich dann dem Thema „Emotionen“ zu. Schwerpunkte dieses Themenbereichs bilden die Vertiefung von Emotionswissen, Stärkung der Selbstwahrnehmung grundlegender Gefühle, Vertiefung der Selbstwahrnehmung unterschiedlicher Gefühlsintensitäten in bestimmten Situationen sowie Einüben von Strategien zur bewussten Steuerung von Gefühlen und Verhalten.

2. Trainingsbereich

Während die Kinder sich im ersten Bereich des Trainings vor allem mit Selbstwahrnehmungs- und Selbstregulationsprozessen beschäftigen, rückt im zweiten Bereich die soziale Interaktion stärker in den Vordergrund. Die Kinder lernen verschiedene Schritte der Verarbeitung sozialer Informationen kennen, wie etwa eine differenzierte Wahrnehmung von sozialen Situationen, die Bedeutung von Einfühlungsvermögen für ein friedliches Miteinander, das Finden vieler geeigneter Handlungsalternativen und das vorausschauende Einbeziehen möglicher Konsequenzen in die eigene Handlungsplanung.

Motivierend sollen dabei die Hörspielgeschichten wirken, in denen die „vier Freunde" ein altes Buch mit einem zerbrochenen Siegel von Burg Duesternbrook finden. Die Freunde versuchen, das Siegel wieder zusammenzusetzen. Dafür müssen sie verschiedene Aufgaben lösen, die im Bereich sozialer Problemsituationen anzusiedeln sind.

3. Trainingsbereich

Im dritten Bereich des Trainings sollen die Kinder in ihrer moralischen Entwicklung gestärkt werden. Im Prinzip erweitert sich hier der Blick von der Mikroebene konkreter zwischenmenschlicher Interaktionen auf die Makroebene von Normen und Werten als Fundament sozialen Handelns. Konkret werden die Kinder in diesen Trainingseinheiten motiviert, sich anhand verschiedener Beispielsituationen, in denen moralische Dilemmata skizziert werden, mit den Themen Gerechtigkeit, eigenverantwortliches Handeln und Zivilcourage auseinanderzusetzen. Schwerpunkt des Themas „Gerechtigkeit" bildet der Grundsatz: Behandle andere stets so, wie Du selbst behandelt werden willst. Zur altersgerechten Vertiefung texten und singen die Kinder dazu selbst ein Lied.

Das eigenverantwortliche Handeln wird durch die „Vier E's" geschult. Anhand von eingängig formulierten Selbstinstruktionen *(Eingestehen, Erklären, Entschuldigen, Entschädigen)* und unterstützt durch bebilderte Selbstinstruktionskärtchen, soll den Kindern das Eingestehen und Wiedergutmachen von eigenem Fehlverhalten erleichtert werden.

Schließlich setzen sich die Kinder mit dem schwierigen Thema „Zivilcourage" auseinander. In der Auseinandersetzung mit einem moralischen Dilemma erschließen die Kinder die Bedeutsamkeit des Muts, sich für andere einzusetzen, auch auf Kosten des eigenen (kurzfristigen) Vorteils.

Im Hörspiel haben die „vier Freunde" es mit ähnlichen Themen zu tun. Auf Duesternbrook folgen sie dem Plan eines alten Grundrisses, der sie schließlich nach vielen zu lösenden Rätseln zur Siegelkammer führt, in der zum Abschluss alle Geheimnisse der Burg gelüftet werden.

6.6 Das Hörspiel „Abenteuer auf Duesternbrook" als Rahmen des Trainings

Um die Trainingsmotivation bei den Kindern aufzubauen und während des gesamten Trainings aufrechtzuerhalten, bedarf es eines spannenden und altersgerechten Rahmens. Das Hörspiel erfüllt diesen Zweck und führt darüber hinaus in die jeweiligen Themen der Trainingseinheiten ein. Schließlich soll das Hörspiel dazu beitragen, zu Beginn jeder Trainingseinheit eine ruhige Lernatmosphäre herzustellen. Es besteht aus insgesamt *26 Sequenzen* und ist der *beiliegenden DVD* zu entnehmen. Die einzelnen Hörspielsequenzen dauern nur wenige Minuten, so dass sie lediglich als „Warming-Up“ für die folgende Unterrichtseinheit wirken. Die Geschichten sollten nicht ausschweifend bearbeitet werden, da dieses auf die Kinder erfahrungsgemäß ermüdend wirkt. Zudem besteht die Gefahr, dass die Kinder, mit denen das Training in der Schule durchgeführt wird, das Training als „Deutschstunde“ erleben, so dass das eigentliche Ziel der Trainingseinheiten verfehlt wird.

Sollten die Hörspieltexte für die Kinder zu schwierig sein, kann der Text vom Trainer selbstständig vereinfacht und dann selbst vorgelesen werden.

Die Leitfiguren des Hörspiels

Als Protagonisten wurde eine Gruppe von zwei Mädchen und zwei Jungen im Alter von neun Jahren erdacht. Diese „vier Freunde“ entstammen unterschiedlichen kulturellen Zusammenhängen und sozialer Herkunft: Julie stammt aus der deutschen Mittelschicht und hat einen harmonischen familiären Hintergrund. Sie ist das „Superhirn“ der Gruppe und sehr freundlich. Allerdings hat sie ein leichtes Gewichtsproblem und wird deshalb von manchen Mitschülern gehänselt.

Cedric ist ebenfalls deutscher Herkunft. Er lebt in einem Kinderheim und kann sich an seine Familie kaum noch erinnern. Er ist mit den Folgen einer Fremdunterbringung vertraut: Die quälende Einsamkeit unter Vielen, das fehlende Gefühl von Zugehörigkeit, die Ablehnung durch Gleichaltrige.

Irina und Mehmet vertreten in dem Hörspiel Kinder aus anderen kulturellen Zusammenhängen: Irina stammt aus der ehemaligen Sowjetunion und lebt mit ihrer alleinerziehenden Mutter zusammen, die nur selten Zeit für sie hat. Mehmets Eltern stammen aus der Türkei, er selbst ist in Deutschland geboren. Seine Eltern arbeiten hart und sind um gesellschaftlichen Aufstieg bemüht. Die Beziehung zwischen Eltern und Sohn leidet zunehmend unter dem Erwartungsdruck der Eltern.

Die „vier Freunde“ versinnbildlichen das Modell gelingender kulturübergreifender persönlicher Beziehungen unter Kindern vor dem Hintergrund sehr unterschiedlicher gesellschaftlicher Lebensbedingungen.

6.7 Aufbau der Trainingseinheiten

Jede Trainingseinheit folgt einer festgelegten Struktur (vgl. Kasten 4).

Kasten 4: Aufbau der Trainingseinheiten.

- Hörspiel „Abenteuer auf Duesternbrook“ in der gesamten Gruppe anhören.
- Einführung und Bearbeitung der Trainingsaufgabe.
- Reflexion der wichtigsten Trainingsinhalte und Verteilen der Tokens im Rahmen des Verstärkerplans.

Das festgelegte und immer wiederkehrende Muster der Trainingseinheiten bietet den Vorteil, dass dadurch die Kinder klare Erwartungen an das Training entwickeln. Die Kinder gewinnen so Sicherheit und Orientierung. Ein klar strukturierter und vorhersehbarer Rahmen ist für Kinder dieser Alterstufe und besonders für Kinder mit problematischem Verhalten eine notwendige Voraussetzung, um Lernstoff aufnehmen und verarbeiten zu können.

6.8 Umgang mit den Materialien

Der Verstärkerplan

Ziel eines Verstärkerplans ist es, angemessenes Verhalten systematisch zu belohnen und so die Auftretenswahrscheinlichkeit dieses Zielverhaltens zu erhöhen (Kazdin, 2005; Petermann & Petermann, 2006).

Im *Verhaltenstraining in der Grundschule* werden die Kinder während der Trainingseinheiten in Zweiergruppen eingeteilt, damit sie sich gegenseitig dabei unterstützen können, gut beim Training mitzumachen und kooperative, unterstützende Zusammenarbeit zu erlernen. Bei dieser Zweiergruppenbildung geht es außerdem darum, dass sich zwei Kinder während der Trainingseinheiten sowie außerhalb der Trainingseinheiten beim Üben angemessenen Sozialverhaltens unterstützen.

Die Einteilung soll so erfolgen, dass jeweils ein eher sozial kompetentes einem sozial nicht so kompetenten Kind zugeordnet wird. Dabei sollte selbstverständlich darauf geachtet werden, dass nicht Kinder in ein Team gelangen, die sich überhaupt nicht verstehen. Die Einteilung muss daher *vor der zweiten Trainingseinheit* gut vorbereitet werden!

Die Kinder setzen sich dementsprechend während der Trainingseinheiten nebeneinander. Danach schlägt der Trainer vor, in den künftigen Trainingseinheiten die Zusammenarbeit der Teams im Hinblick auf deren Sozialverhalten zu bewerten. Die Teams werden am Ende jeder Trainingseinheit vom Trainer für zwei Regeln mit je einem Punkt verstärkt:

- Regel 1: Wir haben uns bemüht, gut beim Training mitzumachen = 1 Punkt.
  Beispiele: Aufgaben begonnen und zu Ende gemacht, ohne zu trödeln, ohne zu diskutieren mit dem Trainer; bei Problemen gemeldet; nicht dazwischen gerufen; Hausaufgaben gemacht; zusammen gearbeitet.
- Regel 2: Wir haben uns so verhalten, dass die gesamte Gruppe gut arbeiten konnte = 1 Punkt.
  Beispiele: im Training auf dem Platz sitzen geblieben, außer der Trainer fordert zum Aufstehen auf; auf die eigene Arbeit konzentriert, nicht geschwatzt; dazwischen geredet; andere unterbrochen oder geärgert.

Die Kinder bekommen keine Punkte, wenn die obengenannten Regeln nicht eingehalten werden, das heißt:

- Regel 1: Wir haben uns so verhalten, dass die gesamte Gruppe nicht gut arbeiten konnte = kein Punkt.
  Beispiele: ohne Aufforderung im Raum herumgelaufen; geschwatzt; dazwischen geredet; andere unterbrochen; andere geärgert.

- Regel 2: Wir haben uns nicht bemüht, gut beim Training mitzumachen = kein Punkt. *Beispiele: Aufgaben erst nach mehrmaligem Auffordern begonnen; bei den Aufgaben getrödelt und diese nicht beendet; Hausaufgaben nicht gemacht.*

Beide Kinder eines Teams werden ausschließlich für *Teamleistungen im Hinblick auf Sozialverhalten* (siehe oben) in den Trainingseinheiten verstärkt. Hiermit sind *nicht schulische Leistungen* (Qualität der inhaltlichen Beiträge der Kinder) gemeint!

Beide Kinder eines Teams erhalten demnach jeweils die gleiche Punktzahl pro Trainingseinheit, also beide 0, beide 1 oder beide 2 Punkte. Die Bewertungskriterien werden den Kindern mit dem Arbeitsblatt „Gemeinsam sind wir stark!" (vgl. S. 68) vermittelt. Die Kinder können die Beispiele zu den Regeln ergänzen. Das Arbeitsblatt sollte (im Format A3) im Raum aufgehängt werden. Die erreichten Punkte werden für jedes Kind in einem Verstärkerplan eingetragen. Der Verstärkerplan (s. Kap. 7.1.2, Trainingseinheit 2) wird ebenfalls in der Klasse ausgehängt, so dass das Vorgehen für die Kinder transparent bleibt und gleichzeitig ein positiver Wettbewerb zwischen den Kindern geschaffen wird. Eine Vorlage für den Verstärkerplan findet sich im Anhang des Buches (vgl. „Gemeinsam sind wir stark!" Mitmach-Plan beim Duesternbrook Kurs, S. 228–237) sowie auf der DVD. Als Verstärker (Punkte) im Verstärkerplan eignen sich zum Beispiel Stempel oder Klebepunkte.

Der Verstärkerplan gilt ab der dritten Trainingseinheit. Insgesamt kann jedes Kind bei einer weiteren Anzahl von 23 bewerteten Trainingseinheiten insgesamt 46 Punkte erwerben. Diese Punkte sollten zum Abschluss des Trainings in einem Zertifikat für jedes Kind dokumentiert werden. Über die kurzfristigen Verstärker (Punkte) hinaus wird am Ende des Trainings zur Belohnung eine Burggespensterparty veranstaltet (siehe letzte Trainingseinheit, Kap. 7.3.8).

Die Gefühlskegel und der Wutkontrollplan

Um eigene Gefühle situationsangemessen regulieren zu können, ist es notwendig, diese in ihren unterschiedlichen Stärken und Schattierungen sensibel wahrzunehmen. Insbesondere niedrigere Gefühlsintensitäten werden oft „übersehen" und ungenügend wahrgenommen. Vor allem Kinder, die häufig (heftige) negative Emotionen und oft Kontrollverluste erleben (z. B. starke Wutanfälle), blenden negativ getönte Gefühle aus, solange es geht. Überschreiten die Gefühle dann eine bestimmte Intensitätsschwelle, werden sie als überwältigend und unkontrollierbar erlebt. In der Folge setzt ein unkontrollierter Verhaltensautomatismus ein, der das Ausblenden von unangenehmen Gefühlen wiederum verstärkt.

Um diesen, sich selbst verstärkenden, Teufelkreis zu durchbrechen, ist es notwendig, die Kinder in der Selbstwahrnehmung verschiedener Gefühlsschattierungen und deren Situationsbezug zu trainieren. Im Verhaltenstraining in der Grundschule lernen die Kinder im *ersten Trainingsbereich*, primäre Gefühle wie Freude, Angst, Trauer und Ärger in verschiedene Intensitätsstufen zu gliedern und sich zu überlegen, in welchen Situationen sie die Gefühle in den unterschiedlichen Stärken erleben.

Die primären Gefühle werden zu diesem Zweck in einer „Kegelform" mit unterschiedlichen Farben (Levels) vermittelt (s. Kap. 7.1.4). Die den verschiedenen Gefühlsintensitäten zugeordneten Ampelfarben (Levels) sollen den Kindern den Lernprozess erleichtern (vgl. Materialien zu den Trainingseinheiten 4 und 5 auf der DVD). Es ist wichtig, diesen Lernprozess durch möglichst viele und häufige Übungen „wachzuhalten". Letztlich werden nur die Kinder zu „Emotionsregulationsexperten" werden, deren Selbstwahrnehmung eigener Gefühle sehr geschult ist. Daher sind die Trainer, aber auch die Eltern, gehalten, mit gutem Beispiel voranzugehen und selbst häufiger über Gefühle und deren Bewältigung zu sprechen.

Die Kinder erhalten darüber hinaus die Aufgabe, sich mit individuellen Wutauslösern und geeigneten Wutkontrollstrategien für sich selbst auseinanderzusetzen. Sie erhalten dafür das Arbeitsblatt „Wutkontrollplan" (s. Kap. 7.1.8). Die Kinder sollten die persönliche Zuordnung anhand ihrer bisherigen Erfahrungen vornehmen. Die Metapher für Wut ist eine „Rakete", die ungesteuert in den Himmel rast. Die Selbstkontrollmetapher ist die Möglichkeit eines Piloten die „Wut"-Rakete (wieder) selbst zu steuern. Diese Metaphern sollen den Kindern das Wesen der Emotionskontrolle auf einem altersgerechten Niveau verständlich machen und Aufforderungscharakter besitzen.

Rollenspiele

Ein Rollenspiel bietet vielerlei Lernmöglichkeiten. Es beinhaltet sowohl operante Lernmethoden als auch Modelllernen zum Aufbau neuen Verhaltens sowie zum Erwerb neuer Erfahrungen (vgl. Petermann & Petermann, 2005). Ein Rollenspiel ermöglicht, in einem geschützten Rahmen neue Verhaltensweisen auszuprobieren. In einer Gesprächssituation sind viele Kinder – gerade auch diejenigen mit Problemverhalten – in der Lage, angemessene Konfliktlösungen zu benennen. Sind sie aber in eine schwierige Situation verwickelt und sei es nur in einem Rollenspiel, fällt die Umsetzung der vorher besprochenen angemessenen Problemlösestrategien mitunter sehr schwer. Aus diesem Grund sind konkrete Verhaltensübungen von großer Wichtigkeit und in *jede Trainingsstufe* des Verhaltenstrainings eingearbeitet.

Bitte achten Sie darauf, dass die Kinder nur erwünschte, angemessene Verhaltensweisen trainieren. *Unangemessene Konfliktlösungen* sollten Sie im Rahmen eines Gruppentrainings *nie* mit (aggressiven) Kindern im Rollenspiel trainieren, da die Gefahr besteht, dass das unerwünschte Verhalten so verstärkt wird. Gerade Kinder, die bereits durch aggressives Verhalten auffallen, beherrschen unangemessene Verhaltensweisen perfekt und müssen sie nicht noch weiter vertiefen. Verstärken Sie diese Verhaltensweisen nicht, indem Sie die Kinder ihr „Können" vor einem breiten Publikum präsentieren und Applaus dafür ernten lassen.

Rollenspiele bieten darüber hinaus gehemmteren, schüchternen Kindern die Möglichkeit, Hemmschwellen im sozialen Miteinander abzubauen. Durch die Beteiligung an Rollenspielen erfahren Kinder Handlungskompetenz und Zutrauen in das eigene Können.

Der PIP-Plan zur Problemlösung

Um den Kindern den Transfer der Trainingsinhalte in den Alltag zu erleichtern, wird ihnen im *zweiten Trainingsbereich* der sogenannte PIP-Plan zur Problemlösung vermittelt. Anhand dieses vereinfachten Plans üben die Kinder, Konflikte in drei Schritten zu bearbeiten:

1. Problem verstehen (Was ist passiert; worum geht es?)
2. Ideen finden (Was kann man tun oder sagen, um das Problem zu lösen?)
3. Problem lösen (Welcher Lösungsvorschlag ist am besten/gerechtesten für alle Beteiligten?)

Zunächst wird also die Wahrnehmung der Kinder in schwierigen Situationen geschärft, denn je aufmerksamer wir aufpassen und wahrnehmen was in unserem Umfeld geschieht, desto kompetenter können wir darauf reagieren. Die Kinder üben, sich in ein anderes Kind hineinzuversetzen und das Problem aus dessen Sicht zu betrachten. Sie lernen, genau zu beschreiben, was in einer Situation geschehen ist.

Im nächsten Schritt üben sie, für ein Problem möglichst viele Handlungsmöglichkeiten zu finden und überlegen, welche positiven und negativen Folgen diese Handlungen haben könnten. Anschließend lernen die Kinder, vorgeschlagene Lösungen selbstständig zu bewerten und diejenige auszusuchen, die für alle Beteiligten am besten und gerechtesten ist.

Um eine Generalisierung dieses Problemlöseschemas in den Alltag der Kinder zu unterstützen, sollte der PIP-Plan (Vorlage auf der DVD) nach Abschluss der Trainingseinheit 18 auf die Größe einer Kreditkarte verkleinert, ausgedruckt und für jedes Kind laminiert werden. So können ihn die Kinder zur Erinnerung ständig bei sich tragen.

Die Selbstinstruktionskärtchen: „Die vier E's"

Im *dritten Trainingsbereich* zur Förderung der moralischen Entwicklung wird mit den Kindern der Umgang mit eigenem Fehlverhalten erarbeitet. Sie sollen lernen, Fehlverhalten zuzugeben, es wenn nötig zu erklären, sich zu entschuldigen und Wiedergutmachung anzubieten. Dazu erhalten sie ein Arbeitsblatt mit den sogenannten 4 E's: Eingestehen, Erklären, Entschuldigen, Entschädigen.

Mit der „4 E"-Strategie sollen die Kinder üben, Verantwortung für eigenes Fehlverhalten zu übernehmen und sich angemessen zu entschuldigen. Bei einer Entschuldigung müssen sie folgende Aspekte berücksichtigten:

- Ohne zu beschönigen erzählen, was passiert ist,
- verstehen, welchen Schaden, welche psychischen Verletzungen oder welchen Ärger man durch sein Verhalten verursacht hat,
- sich aufrichtig dafür entschuldigen und
- gemeinsam mit allen Betroffenen eine angemessene Wiedergutmachung vereinbaren.

Die Kinder sollen lernen, dass den Menschen, die *Verantwortung* für ihr Fehlverhalten *übernehmen* und die sich dafür entschuldigen eher vergeben wird, als solchen Menschen, die ihr Fehlverhalten abstreiten oder bagatellisieren.

Diese Strategie der „4 E's" fördert bei konsequenter Anwendung die Bereitschaft und Fähigkeit eines jeden Kindes zur Eigenverantwortung. Die Angst vor Strafe unterdrückt Fehlverhalten meist nur und kann dazu führen, dass Kinder sich nur so lange angemessen verhalten, wie eine Autoritätsperson anwesend ist. Eine *Wiedergutmachung* des angerichteten Schadens hingegen verlangt eine aktive Auseinandersetzung mit den Auswirkungen des eigenen Verhaltens auf den Betroffenen und fördert so die *Empathiefähigkeit*. Dies wiederum ist eine notwendige Voraussetzung für prosoziales und moralisches Verhalten.

Wichtig für ein Gelingen und eine Generalisierung der erlernten Strategie ist die Unterstützung dieser durch das soziale Umfeld, vor allem durch den Trainer. Da ein Fehlverhalten nicht auf Befehl geschieht, sondern eher situationsgebunden, ist es wichtig, die Strategie bei Bedarf im (Schul-)Alltag immer wieder aufzugreifen. Dazu wird das betroffene Kind (wenn nötig) an die Strategie der „4 E's" erinnert und der Trainer sollte auf die angemessene Anwendung dieser achten. Zudem muss die Anwendung der „4 E's" durch die Umwelt *anerkannt* und honoriert werden, damit sich ein solches Verhalten für ein Kind lohnt und wieder gezeigt wird. So ist es vor allem zu Anfang wichtig, ein Kind besonders zu *loben*, wenn es die Strategie anwendet. Zudem ist es wünschenswert, dass auch andere Autoritätspersonen die Verwendung dieser Strategie unterstützen und fördern, um eine kontinuierliche *Verstärkung durch das Umfeld* zu erreichen.

Der Generalisierungprozess kann für die Kinder schließlich dadurch erleichtert werden, dass die Darstellungen der „4 E's" ausgeschnitten, laminiert, gelocht und in der korrekten Reihenfolge an eine kleine Kordel geheftet werden. So kann jedes Kind seine „persönlichen 4 E's" auch im Alltag bei sich tragen.

Der Rapsong

Im *dritten Trainingsbereich* sollen sich die Kinder jeweils zwei Textzeilen (Reime) für einen Rapsong zum Thema Fairness (Stichwort: Ich bin zu dir, wie ich will, dass du zu mir bist.) ausdenken. Die erste Strophe sowie der Refrain sind auf dem Arbeitsblatt „Rapsong" abgebildet (s. Kap. 7.3.2). Es kann aber auch ein ganz eigener Rap mit den Kindern zu dem Thema komponiert werden. Um den Kindern das Verständnis der Aufgabe zu erleichtern, sollen mit ihnen gemeinsam in der Gruppe praktische Beispiele für das Prinzip „Fairness" gefunden werden, wie zum Beispiel:
- Ich will, dass andere nett zu mir sind. Also bin ich auch nett zu anderen.
- Ich finde es unfair, wenn andere hinter meinem Rücken gemeine Sachen über mich sagen. Also sage ich auch keine gemeinen Sachen über jemand anderen.
- Ich will, dass andere mich mitspielen lassen. Also lasse ich andere auch mitspielen.

Songtext:

Ich will, dass du nicht einfach wegschaust,
mir hilfst, wenn ich deine Hilfe brauch'.
Streiten wir uns, will ich nicht, dass du mich schlägst,
hey lass uns drüber reden bis du dich mit mir verträgst.

Deshalb seh' ich genau hin
und versuche zu verstehn.
Wenn du mal Schwierigkeiten hast,
lass' uns sie zusammen angehn.

Refrain (2 x): Ich bin zu dir,
wie ich will,
dass du zu mir bist …

Die Textzeilen der Kinder, die sie im Rahmen einer Trainingsaufgabe erarbeiten sollen, werden in der folgenden Trainingseinheit gemeinsam in der Gruppe zu einem kompletten Liedtext zusammengefügt. So entsteht ein gesamter Rap-Song zum Thema Fairness, zu dem jedes Kind etwas beigetragen hat. Es kann zum Beispiel ein Rap mit zwei bis drei Strophen, bestehend aus den Zeilen der Kinder, sowie einem gesungenen Refrain komponiert werden. Um den Kindern diese Aufgabe zu erleichtern, befindet sich auf der *beiliegenden DVD* die erste Strophe und der Rhythmus des Songs (vgl. Track 28 und 29).

Für die Zusammenstellung und Komposition des Rapsongs ist eine volle Trainingseinheit zu veranschlagen. Der Rapsong kann auch in Kooperation mit dem Musiklehrer im Musikunterricht zusammengestellt werden. Neben fachübergreifendem Austausch und fachlicher Unterstützung bietet dies auch den Vorteil, dass die Kinder mehr Zeit haben, den Rap zu üben.

Zum Schluss wird der Song gemeinsam geübt und gesungen. Hierzu sollte eine Video- oder Tonbandaufnahme erstellt werden.

Umgang mit Übungen und Trainingsaufgaben

Übungen und Trainingsaufgaben bieten die Möglichkeit, die Trainingsinhalte stärker in den Alltag zu übertragen. Daher sollte der Trainer die Trainingsinhalte so häufig wie möglich außerhalb der Trainingseinheiten üben und vertiefen lassen! Geeignete Übungsfelder bilden hier sowohl andere Schulstunden, die Schulpausen als auch Freizeitsituationen aller Art.

Die Erfahrungen in der Verhaltenstherapie mit Kindern und Jugendlichen haben gezeigt, dass Kinder beispielsweise mit Hilfe von Selbstbeobachtungsaufgaben gut zu motivieren sind, neue Verhaltensweisen einzuüben. Dabei erhalten die Kinder den Auftrag, sich selbst genau dabei zu beobachten, wie oft sie das neue Verhalten anwenden und mit welchen Konsequenzen es verbunden ist. In der folgenden Trainingseinheit sollen die Kinder dann berichten, zu welchen Ergebnissen sie bei ihren Beobachtungen gekommen sind. Ziel dieser Übungen ist es, den Fokus auf das eigene neuerlernte Verhalten zu lenken. Durch diese Schritte der Selbstbeobachtung fällt es den Kindern oft leichter, ihr Problemverhalten zu modifizieren.

7 Trainingseinheiten

Im Folgenden wird jede Trainingseinheit in ihrem Ablauf und Inhalt dargestellt. Jedem Trainingsbereich ist eine Übersichtstabelle vorangestellt, die die Kernziele der einzelnen Trainingseinheiten wiedergibt. Die Anleitungen der jeweiligen Trainingseinheiten beginnen ebenfalls mit einer Übersichtstabelle, in der die wesentlichen Ziele, das praktische Vorgehen und die für die Einheit benötigten Materialien aufgelistet sind. Die erforderlichen Arbeitsblätter sind im Anhang jeder Trainingseinheit als Kopiervorlage abgedruckt und liegen zudem als PDF-Datei auf DVD vor.

7.1 Trainingsbereich: Emotionale Kompetenz

Tabelle 4: Übersicht über die Ziele des Trainingsbereiches zur emotionalen Kompetenz

Einheit	Kernziel
1	– Einführung in die Rahmenhandlung (Hörspiel) und Vorstellung der Leitfiguren – Einführung in die Rahmengeschichte des Trainings: „Abenteuer auf Duesternbrook“
2	– Einführung des Verstärkerplans
3	– Diskriminieren zwischen unterschiedlichen Erlebensebenen bei den Gefühlen Ärger, Angst, Freude, Trauer, Scham, Schuld
4	– Emotionsstärken wahrnehmen, einschätzen und benennen I (Freude und Trauer)
5	– Emotionsstärken wahrnehmen, einschätzen und benennen II (Angst und Ärger)
6	– Wahrnehmung, Einschätzung und Benennung von Emotionsstärken vertiefen
7	– Sammlung von Wutkontrollstrategien; Diskriminieren zwischen angemessenem und unangemessenem Verhalten bei Ärger
8	– Erstellen eines Wutkontrollplans
9	– Sensibilisierung der Ärgerwahrnehmung
10	– Einüben von Wutkontrollstrategien

7.1.1 Erste Trainingseinheit: Vorstellung der Protagonisten

Tabelle 5: Ziele, praktisches Vorgehen und Materialien der Trainingseinheit

Ziele	Praktisches Vorgehen	Material
Einführung in die Rahmenhandlung (Hörspiel) und Vorstellung der Leitfiguren, Motivierung der Kinder, Herstellung eines ruhigen Lernklimas	Austeilen der Projektmappen gemeinsames Hören der Einführungssequenz „Abenteuer auf Duesternbrook", Teil 1a	Projektmappen für jedes Kind – DVD-Player[1] – DVD mit Hörspiel: „Abenteuer auf Duesternbrook", Teil 1a (Track 1 auf der DVD)
Vertiefung der inhaltlichen Kerninformationen	Zuordnung der Textinformationen zu den Bildern der Leitfiguren in Zweiergruppen	Arbeitsblätter: – Fragen zum Hörspiel, S. 60 und DVD
Einführung in die Rahmengeschichte des Trainings: „Abenteuer auf Duesternbrook"	gemeinsames Hören von „Abenteuer auf Duesternbrook", Teil 1b	– DVD-Player – DVD mit Hörspiel „Abenteuer auf Duesternbrook", Teil 1b (Track 2 auf der DVD)
Vertiefung der inhaltlichen Kerninformationen	Zuordnung der Textinformationen zu den Bildern der Leitfiguren in Zweiergruppen	Arbeitsblätter: – Fragen zum Hörspiel, S. 61 und DVD
Förderung von kooperativem Verhalten	Bemalen der „Starschnitte"	– Vorlagen der 4 Leitfiguren („Starschnitte") auf der DVD

Der Trainer[2] informiert die Kinder über das neue Unterrichtsprojekt, das die Gruppe in den kommenden Monaten beschäftigen wird. Er verteilt die Projektmappen, welche bereits die Arbeitsbögen für die kommende Einheit enthalten.

Die Kinder erhalten die Aufgabe, der nun folgenden Hörspieleinheit aktiv zuzuhören.

1 Alternativ kann die DVD natürlich auch über einen PC/Laptop mit Lautsprecher abgespielt werden.

2 Aus Gründen der besseren Lesbarkeit wurde auf geschlechtsdifferenzierende Formulierungen verzichtet. Selbstverständlich sind an den gegebenen Textstellen sowohl männliche als auch weibliche Personen gemeint.

Hörspiel: „Abenteuer auf Duesternbrook“, Teil 1a

Die Sonne hatte das Klassenzimmer so stark erwärmt, dass *Cedric* sich nicht mehr konzentrieren konnte. Der *blonde Junge* blinzelte gegen das grelle Sonnenlicht an. Er fragte sich, ob die anderen nachmittags Zeit haben würden, sich mit ihm zum Schwimmen zu treffen – trotz des Diktats, das sie übermorgen schreiben mussten.

Die anderen, das waren *seine Freunde Mehmet, Irina und Julie*. Sie alle kannten sich seit der Vorschulzeit. Nun waren sie *Schüler der dritten Klasse in der Victor-Hugo Grundschule.* Julie und er waren in der Klasse von *Frau Thill,* Mehmet und Irina in der Parallelklasse von *Frau Fabian.* Er beneidete die beiden sehr darum, in der Klasse von Frau Fabian zu sein, da sie eine sehr faire und freundliche Lehrerin war. Vor allem war sie nicht so streng wie seine Klassenlehrerin. Zum Glück hatte er Julie in seiner Klasse. Er hatte leider *keine sehr guten Noten* und war wohl nur deshalb noch nicht sitzen geblieben, weil Julie ihm immer bei den Hausaufgaben half und vor den Klassenarbeiten mit ihm lernte.

Julie war superschlau und – im Gegensatz zu ihm – supergut in der Schule. Sie hatte ein Gedächtnis wie ein Elefant und es gab fast nichts, was sie nicht wusste. Ihre Freunde nannten sie das „wandelnde Lexikon“. Nicht, dass sie eine Streberin war. Cedric wollte mit echten Strebern natürlich nichts zu tun haben. Julie war anders, sie war *freundlich, immer hilfsbereit,* eben ein echt „guter Kumpel“. Sie war zwar *ein bisschen dick,* aber trotzdem hübsch und nicht so eingebildet wie die anderen guten Schülerinnen. Manchmal redeten die anderen schlecht über sie. Cedric protestierte dann lautstark und verteidigte sie mit „Zähnen und Klauen.“

„Cedric, hättest du die Güte, wieder beim Unterricht mitzumachen oder können wir heute nicht mehr mit dir rechnen?“

Die Stimme von Frau Thill war so laut, dass er vor Schreck beinahe von seinem Stuhl gefallen wäre. Sie stand genau neben ihm und hatte schon gesehen, dass er nicht mitgearbeitet hatte. Stattdessen hatte er kleine Papierkügelchen gebastelt, mit denen er den Kunstunterricht ein wenig „lustiger“ machen wollte. Frau Thill sammelte die Kügelchen ein.

„Cedric, wenn du so weiter machst, bleibst du heute länger und arbeitest die Schulaufgaben nach!“, ermahnte die Klassenlehrerin ihn streng. Das hörte sich so an, als ob es ein sehr anstrengender Schultag werden würde. Um das zu verhindern, beschloss Cedric, noch einmal alles zu geben und zumindest bis zur ersten großen Pause mitzuarbeiten.

In der Pause trafen sich Cedric und Julie mit ihren beiden Freunden aus der Parallelklasse. *Mehmet* war der *Mädchenschwarm* der ganzen Schule. Er hatte *dunkle Haare, eine „coole“ Brille und war stets toppmodisch* gekleidet. Seine Mutter arbeitete in einer Boutique in der Innenstadt und versorgte ihren Sohn regelmäßig mit „angesagten Klamotten“. *Irina* dagegen waren Klamotten egal. Ihre Mutter neckte sie oft damit, dass sie wie ein Junge wirkte. Mit ihr konnte man „Pferde stehlen“. Sie war sehr groß, hatte dunkle Haare und war aus Kasachstan.

„Kommt ihr heute mit zum Schwimmen?“, fragte Cedric die anderen.

„Och nein, nicht schon wieder ins Schwimmbad! Das wird langweilig auf die Dauer! Außerdem schreiben wir doch übermorgen ein Diktat!“, erwiderte Julie.

„Spielverderberin“, entgegnete Cedric schon leicht enttäuscht.

Doch er wollte noch nicht aufgeben. Er überlegte, was er statt des Schwimmens vorschlagen sollte, um sich vor dem Üben des Diktates zu drücken. Dann hatte er plötzlich eine glänzende Idee. Duesternbrook. Das war es. Er schlug einen Ausflug nach Duesternbrook vor.

Abbildung 2: Duesternbrook

„Du meinst ... *d a s Duesternbrook*?“, die anderen starrten ihn ungläubig an.

Er hatte gewagt, es auszusprechen. Nun gab es kein Zurück mehr, der Bann war gebrochen. Von Cedrics Idee fasziniert, sagten die anderen zu und sie verabredeten sich für den Nachmittag.

Nach dem Hörspiel werden die Informationen zu den Leitfiguren in einem Unterrichtsgespräch zwischen Kindern und Trainer gesammelt. Die Kinder ordnen die Informationen den Fragen und Bildern auf dem Arbeitsblatt zu.

Arbeitsblatt: Fragen zum Hörspiel, Teil 1a (vgl. S. 60).

Hörspiel: „Abenteuer auf Duesternbrook", Teil 1b

Die vier Freunde radelten am Nachmittag in Richtung Duesternbrook. *Burg Duesternbrook* – bereits der Name klang unheimlich spannend. Die Burg war *schon Jahrhunderte alt und seit langem unbewohnt.* Man erzählte sich finstere Geschichten über Duesternbrook. Manche behaupteten sogar, dort lebten Vampire … Jedenfalls schien niemand genau zu wissen, was dort vor sich ging und – bei aller Neugier – noch niemand hatte die Burg genauer erkundet. Allerdings erschienen immer kurz vor den Sommerferien neue abenteuerliche Geschichten über Duesternbrook. Die wurden dann im *Duesternfelder Tageblatt* veröffentlicht. Natürlich glaubte keiner von den Vieren wirklich an Geister oder Vampire, das war ja auch „Kinderkram". Doch wenn die Erwachsenen wieder einmal von seltsamen Lichtern und Geräuschen in der Burg erzählten, liefen ihnen insgeheim schon Schauer über den Rücken. Vielleicht war ja doch etwas daran … Genau das wollten sie nun herausfinden.

Cedric fuhr voraus, wie üblich. Er galt als *großartiger Sportler*. In der Schule war er in allen Sportdisziplinen der Beste. In den anderen Schulfächern hatte er allerdings Probleme. Seine Freunde mussten ihm daher oft bei den Schulaufgaben helfen.

Nach Duesternbrook radelte man ungefähr eine Viertelstunde. Bei dem Tempo, das Cedric vorlegte, waren sie jedoch schon nach zehn Minuten am Burgtor. Plötzlich bremste Mehmet so stark, dass Irina, die direkt hinter ihm fuhr, fast in seinem Hinterrad landete.

„Meine Güte, Mehmet," brauste Irina auf, „kannst du nicht aufpassen? Ich wäre fast hingeflogen!"

Irina war *sehr temperamentvoll*. Wenn sie einen Wutanfall bekam, war es besser, schnell zu verschwinden … Heute aber beruhigte sie sich schnell wieder. Es ging ja um Duesternbrook – und es ging um Mehmet und der war wegen seines Aussehens bei den Mädchen sehr beliebt.

Sie stellten ihre Fahrräder neben dem *riesigen Tor* ab und schauten hinauf. Das Tor war endlos hoch, mindestens *drei Meter*. Es war aus *massivem Holz* und war mit schwarzem Eisen beschlagen. Sie hatten schon oft vor dem Tor gestanden und waren sich einig darüber, dass man unmöglich hinüberkommen konnte.

Heute aber hatte Julie einen Plan, wie man über die Burgmauer gelangen konnte. Julie liebte es, Pläne zu schmieden. Sie war überzeugt, dass es irgendwo eine Möglichkeit geben musste, über die Mauer zu klettern. Die Mauer war ebenfalls ungefähr drei Meter hoch und oben drauf noch dazu *mit eisernen Spitzen gesichert*. Julie war jedoch überzeugt, dass man ein Seil an den Spitzen befestigen könnte, um sich daran hoch zu ziehen und die Mauer zu überwinden.

„Hast du das Seil dabei, Mehmet?", fragte Julie.

„Klaro!", antwortete Mehmet. „Lasst uns eine gute Stelle suchen."

Sie gingen links vom Tor an der Mauer entlang. Hier war das Gras sehr hoch und überall wuchsen große Büsche und Sträucher. Es schien so, als ob schon sehr, sehr lange Zeit niemand mehr hier entlang gegangen war.

„Wartet mal!“, flüsterte Cedric, obwohl es dafür eigentlich keinen Grund gab. „Hier ist ein kleines Loch in der Mauer!“

„Tatsächlich!“, brach es aus den anderen fast im Chor heraus. Cedric war der erste, der einen Blick durch das Loch werfen konnte.

„Was siehst du? Los sag schon!“, drängelte Mehmet leise.

„Nicht wirklich viel. Ein großer Busch steht direkt hinter dem Loch. Die Burg kann ich nur zum Teil sehen, sie muss wirklich groß sein. Manche Fenster sind kaputt. Sieht nicht so aus, als ob da jemand wohnt. Davor ist Wasser, sieht aus wie ein Burggraben. Hey, da bewegt sich was … Wow, da schwimmt ein schwarzer Schwan im Graben. Nein, da kommen noch welche, es sind drei. Sieht ziemlich gruselig aus, ungelogen“.

„Lass mich auch mal gucken!“, Mehmet drängelte Cedric beiseite und spähte durch das Loch in der Mauer.

„Wirklich, drei schwarze Schwäne. Hab ich noch nie gesehen!“

Nachdem die anderen ebenfalls durch das Loch gesehen hatten, entschieden die vier Freunde, hier über die Mauer zu klettern. Irina versuchte, das Seil so hoch zu werfen, dass es an einer der Spitzen hängen blieb. Sie schaffte es beim zweiten Versuch. Sie war auch die erste, die versuchte, die Mauer zu erklimmen. Es war schwierig, weil es kaum Stellen gab, an denen man sich mit den Füßen abstützen konnte. Oben angekommen, hielt sie sich an den Metallspitzen fest und blickte in den Burggarten. „Oh nein, Mist!“, schimpfte sie leise.

„Was ist denn los?“, fragte Julie.

„Auf der Mauer sind *nach innen hin Stacheldrähte gespannt, mindestens in einem Meter Breite*. Da kommen wir niemals drüber! Das darf nicht wahr sein …“

Enttäuscht ließ sie sich wieder hinab. Traurig setzten sich die vier Freunde ins Gras. Damit hatten sie nicht gerechnet. Der Plan hatte nicht funktioniert.

Die Vier überlegten gemeinsam, was nun zu tun sei. Sie wollten einfach nicht unverrichteter Dinge gehen.

Plötzlich schrie Mehmet auf: „Hey, seht mal, was da ist!“

„Wo?“, fragten die anderen.

Sie schauten in die von Mehmet angedeutete Richtung und glaubten, ihren Augen nicht zu trauen.

„Ein *grünes Männchen*“, jauchzte Julie, „wie süß! Seit wann gibt es in Duesternfeld Marsmännchen?“

„Egal, lass uns mal hingehen“, sagte Cedric und sprang auf.

Die anderen schlichen hinterher. Langsam pirschten sie sich an das kleine Männchen heran. Er war *sehr klein, höchstens 50 cm groß, war grün und hatte eine Art Helm mit*

Spitzen darauf auf dem Kopf. Als sie sich näherten, begann es fortzulaufen. Die vier Freunde liefen hinterher. Es war nicht einfach, dem flinken Männchen zu folgen. Es kletterte ein paar Felsen hoch und verschwand plötzlich hinter Efeupflanzen. Außer Atem gelangten sie zu der Stelle, an der das Männchen verschwunden war. Julie schob das Efeu zur Seite. Sie trauten ihren Augen nicht: Zwischen den Felsen vor ihnen lag der Eingang zu einer *Höhle*!

Aufgabe

In Stillarbeit erarbeiten die Kinder, was sie in diesem Teil des Hörspiels über die vier Freunde, das Männchen und über Duesternbrook erfahren haben. Dazu erhalten sie ein Arbeitsblatt zur Beantwortung der Fragen.

Arbeitsblatt: Fragen zum Hörspiel, Teil 1b (vgl. S. 61).

Kooperations- und Trainingsaufgabe:
Die vier Freunde und Duesternbrook lebensgroß – „Starschnitte"

Die acht Teile der Abbildungen der vier Freunde (siehe DVD: Starschnitte) werden vom Trainer jeweils im DIN A4-Format ausgedruckt (vgl. Abb. 3). Jedes Kind erhält so einen Teil eines „Starschnittes", zum Bemalen.

Abbildung 3: „Starschnitte" der Leitfiguren

Die Kinder werden in Zweierteams eingeteilt. Jedes Zweierteam bearbeitet also zwei DIN A4-Teile eines „Starschnittes", z. B. von Cedric oder Julie. Die Teams sollten stets Starschnittteile erhalten, die nebeneinander liegen.

Die Teams erhalten die Aufgabe, die Bilder auszumalen und sich auf die farbliche Gestaltung gemeinsam noch in der Einheit zu einigen, ohne sich zu streiten. Jedes Kind soll zu Hause sein Bild ausmalen. Dazu sollen sie jedes Feld ihres Bildes bereits in dieser Trainingseinheit farblich markieren, damit sie sich daheim an die Farben erinnern, auf die sie sich mit ihrem Teampartner geeinigt haben.

Nach dem Ausmalen der Bilder sollen die Kinder das Bild in der kommenden Einheit zu einem Ganzen zusammenkleben. Der Trainer sollte im Vorfeld der Einheit die Kinderteams zusammenstellen. Es ist genau zu überdenken, welche Kinder in Teams kooperieren sollen. Es sollte möglichst ein sozial kompetenter mit einem weniger kompetenten Kind zu einem Team zusammengestellt werden.

Diese Übung gilt als Test für die Zusammenstellung der Kooperationsteams in der folgenden Einheit.

Das Bild der Burg Duesternbrook (vgl. Abb. 2) sollte ebenfalls ausgedruckt und möglichst auf A3-Format vergrößert werden, um es in der Klasse aufzuhängen.

Arbeitsblatt: Fragen zum Hörspiel „Abenteuer auf Duesternbrook", Teil 1a

Wo gehen die vier Freunde zur Schule?

___

Wie heißen die Kinder?

___

In welche Klassenstufe gehen die Kinder?

___

Wie sind die Namen der Lehrerinnen?

___

Wer ist wer?

Das ist	Das ist	Das ist	Das ist
___	___	___	___
___	___	___	___

Arbeitsblatt: Fragen zum Hörspiel „Abenteuer auf Duesternbrook“, Teil 1b

Was bedeutet Duesternbrook?

____

Wie alt ist Duesternbrook ungefähr?

____

Wie weit ist Duesternbrook von Duesternfeld entfernt?

____

Wie lange brauchen die vier Freunde nach Duesternfeld?

____

Was schwimmt im Burggraben?

____

Warum können die vier Freunde nicht über die Mauer klettern?

____

Welches Wesen sehen sie außerhalb der Burgmauern?

____

Wohin führt das Wesen die vier Freunde?

____

7.1.2 Zweite Trainingseinheit: Einführung des Verstärkerplans

Tabelle 6: Ziele, praktisches Vorgehen und Materialien der Trainingseinheit

Ziele	Praktisches Vorgehen	Material
Förderung von kooperativem Verhalten	Zusammenkleben der „Starschnitte" zu den vier Freunden	Tesafilm oder Ähnliches, um die Bilder zusammenzukleben und an den Wänden anzubringen Projektmappen für jedes Kind
Motivierung der Kinder, Herstellung eines ruhigen Lernklimas	gemeinsames Hören von „Abenteuer auf Duesternbrook", Teil 2	– DVD-Player – DVD mit Hörspiel „Abenteuer auf Duesternbrook", Teil 2 (Track 3 auf der DVD) Arbeitsblätter: – Fragen zum Hörspiel, S. 67 und DVD
Einführung des Verstärkerplans	Festlegen von Zweierteams, die im Rahmen des Verstärkerplans bewertet werden	– Regeln der Zusammenarbeit, S. 68 und DVD Verstärkerplan, vgl. Vorlage im Anhang und auf der DVD Beispiel s. Abb. 5

Wiederholung der Inhalte aus der letzten Einheit und Aufhängen der „Starschnitte" (Hausaufgabe)

Der Trainer wiederholt mit den Kindern in einem Trainingsdialog die Kerninformationen der vergangenen Einheit (siehe Arbeitsblatt S. 60 und S. 61 der vergangenen Einheit). Die Kinder werden gebeten, die Bilder, die sie daheim ausgemalt haben, zusammenzukleben und an die Wände des Gruppenraums anzubringen. Dazu ist ihnen gegebenenfalls Tesafilm oder Ähnliches bereitzustellen.

Danach hören die Kinder die nächste Hörspielsequenz.

Hörspiel: „Abenteuer auf Duesternbrook", Teil 2

Die vier Freunde standen am *Eingang der Höhle.*

„Wow! Eine Höhle", brach es aus Julie heraus. „Seht mal. Da hinten sitzt das Männchen! Wollen wir hineingehen?"

Sie zögerten. Sie alle waren aufgeregt und neugierig, wohin der Höhlengang sie führen würde. Gleichzeitig hatten sie *Angst* hineinzugehen, aber *keiner von ihnen traute sich, es offen zuzugeben.* Julie brach das Schweigen.

„Kommt wir gehen hinein, nur bis dahin, wo das Männchen sitzt. Seht mal, wie süß es mit seinem Helm aussieht. Wie ein Sternmännchen …"

Sie ging voraus. Langsam gingen die anderen hinterher. Es war ziemlich dunkel. Ein wenig gruselte ihnen dabei.

„Wir brauchen eine Taschenlampe."

„Warte, ich habe eine in meinem Rucksack", sagte Irina und fing an, in ihrem Rucksack zu kramen. Nach kurzem Suchen fand sie die Lampe und gab sie Julie. Diese leuchtete ihnen den Weg aus. *Die Höhle war voller Tropfsteingebilde.* Es sah gespenstisch und faszinierend zugleich aus.

Abbildung 4: Turm

Das Sternmännchen lief weiter. Der Weg schien sie immer weiter in den Felsen hinein zu führen. Sie waren schon viel weiter gelaufen als sie geplant hatten, doch ihre Neugier war stärker als die Angst. Selbst Mehmet hielt erfolgreich seine Spinnenangst in

Schach und tat so, als ob es ihm nichts ausmachte. Plötzlich merkte Julie, dass es heller wurde. Und richtig: Sie sah das Ende der Höhle.

„Ich glaube, wir haben den Ausgang erreicht“, flüsterte Julie und fühlte sich sehr erleichtert. Die Gruppe ging schneller und sah am Ende des Weges einen großen grünen Busch. Er versperrte ihnen die Sicht. Das Sternmännchen hüpfte nach links. Die Kinder mussten sich nacheinander zwischen Fels und Busch hindurch quetschen, um nach draußen zu kommen. Schließlich hatten es alle geschafft. Sie trauten ihren Augen nicht: *Der Höhlenpfad hatte sie in den Burggarten hinein geführt!* Welch eine Freude! Doch gleichzeitig hatten sie ein wenig Angst und es war ihnen mulmig zumute …

Sie waren nun ganz in der Nähe der Burg. Langsam wurde es dunkel. In der Dämmerung sah die Burg noch gespenstischer aus als bei vollem Tageslicht. Fast lautlos sahen sie die drei Schwäne vorbeischwimmen. Doch das Sternmännchen war fort.

„Also los“, sagte Mehmet. „Wir versuchen hineinzukommen!“.

„Warte“, Irina zögerte. „Ich traue mich nicht so richtig …“

„Okay, ich gebe zu mir ist auch etwas mulmig“, gab Julie zu. Die beiden Jungen schwiegen, hatten aber beide ähnliche Angst wie die Mädchen.

„Was haltet ihr davon, *wenn wir Zweiergruppen bilden.* Wir können uns dann besser helfen und verlieren uns nicht auf dem Weg durch die Burg. Was meint ihr?“, Mehmet schaute fragend in die Runde.

„Die Idee ist gut. Wenn es ganz dunkel wird, können wir uns an die Hände nehmen. Das geht zu viert nicht so gut. Okay, aber wer geht mit wem?“, fragte Cedric.

„Wollen wir unsere Lehrer entscheiden lassen?“, entgegnete Julie. Cedric fiel nach dieser Frage fast in Ohnmacht.

„Das kann nicht dein Ernst sein, Julie …“, brach es aus ihm heraus und im Geiste sah er die strenge Miene von Frau Thill vor sich.

„Mann, Cedric. Ich meine, wir verteilen uns so wie die Lehrer uns eingeteilt haben! Das bedeutet: Ich gehe mit dir und Mehmet geht mit Irina!“, unterbrach ihn Julie beruhigend. Die vier Freunde waren sich einig. Sie bildeten die Zweiergruppen wie verabredet und gingen in Richtung Burg.

Vertiefung des Hörspielinhalts

Im Anschluss an das Hörspiel werden vom Trainer Vertiefungsfragen zum Text gestellt. Dazu erhalten die Kinder ein Arbeitsblatt.

Arbeitsblatt: Fragen zum Hörspiel, Teil 2 (vgl. S. 67).

Aufgabe

Der Trainer teilt den Kindern mit, dass er sie während der Trainingseinheiten ebenfalls in Zweiergruppen einteilen wird, damit sich die Kinder besser gegenseitig dabei unterstützen können, gut beim Training mitzumachen und sich kooperativ zu verhalten. Es soll dabei darum gehen, dass sich die beiden Kinder bei einem angemessenem Sozialverhalten während der Trainingseinheiten sowie beim Üben angemessenen Sozialverhaltens außerhalb der Trainingseinheiten unterstützen.

Die Einteilung soll so erfolgen, dass jeweils ein eher sozial kompetenter einem sozial nicht so kompetenten Kind zugeordnet wird. Dabei sollte selbstverständlich darauf geachtet werden, dass nicht Kinder in ein Team kommen, die sich überhaupt nicht verstehen.

Merke:
Die Einteilung muss daher im Vorfeld der Einheit gut vorbereitet werden! Hier können die Teams aus der vergangenen Einheit, aber auch neue Teams gebildet werden.

Der Trainer verliest die Namen der Teams und die Kinder setzen sich dementsprechend nebeneinander. Danach schlägt der Trainer vor, in den künftigen Trainingseinheiten die Zusammenarbeit der Teams im Hinblick auf kooperatives Verhalten zu bewerten. Die Teams werden am Ende jeder Einheit vom Trainer wie in Kapitel 6.8 (vgl. S. 45–46) beschrieben verstärkt (vgl. auch die Arbeitsregeln „Gemeinsam sind wir stark" auf S. 68). Beide Kinder eines Teams werden ausschließlich für *Teamleistungen* in den Trainingseinheiten verstärkt. Hiermit sind *keine Schulleistungen* (Qualität der inhaltlichen Beiträge der Kinder) gemeint!

Beide Kinder eines Teams erhalten demnach jeweils die gleiche Punktzahl pro Trainingseinheit, also beide 0, beide 1 oder beide 2 Punkte. Nach Ablauf der Hälfte des Trainings, kann der Trainer neue Teams nach dem gleichen Prinzip zusammenstellen. Durch den Wechsel soll der Transfer sozial erwünschten Verhaltens stabilisiert werden. Zudem werden sie dann nicht gezwungen, die gesamte Trainingszeit zusammen zu bleiben. Da alle erreichten Punkte für jedes Kind, trotz Teambewertung, individuell auf dem Verstärkerplan abgetragen werden, bleiben die vor einem Teamwechsel gesammelten Punkte erkennbar. Der Verstärkerplan wird nämlich im Gruppenraum ausgehängt, so dass das Vorgehen für die Kinder transparent bleibt und gleichzeitig ein positiver Wettbewerb zwischen den Kindern hervorgerufen wird. Das Bild der Burg Duesternbrook kann von der DVD ausgedruckt und (im DIN A3 Format) über dem Verstärkerplan aufgehängt werden (vgl. Abb. 5).

Der Verstärkerplan gilt ab der dritten Trainingseinheit. Insgesamt kann jedes Kind bei einer weiteren Einheitsanzahl von 23 insgesamt 46 Punkte erwerben. Diese Punkte sollten zum Abschluss des Trainings in einem Zertifikat für jedes Kind dokumentiert werden (siehe Kap. 7.3.8). Über die kurzfristigen Verstärker (Punkte) hinaus, wird am Ende des Trainings zur Belohnung eine Burggespensterparty veranstaltet (siehe 26. Trainingseinheit).

Name	3. Sit.	4. Sit.	5. Sit.	6. Sit.	7. Sit.	...	23. Sit.	24. Sit.	25. Sit.
Vincent Meyer	☺☺	☺	☺	☺☺	☺				
Wally Lurs	☺☺	☺	☺	☺☺	☺				
...									

Abbildung 5: Beispiel – Verstärkerplan

Arbeitsblatt: Fragen zum Hörspiel „Abenteuer auf Duesternbrook", Teil 2

Wo befinden sich die vier Freunde zu Anfang?

____

____

Wie fühlen sich die vier Freunde?

____

____

Warum traut sich keiner, über seine Gefühle zu sprechen?

____

____

Wie sieht es in der Höhle aus?

____

____

Wo endet die Höhle?

____

____

Was beschließen die vier Freunde zum Schluss, bevor sie zur Burg gehen?

____

____

„Gemeinsam sind wir stark!"

Unsere Arbeitsregeln für das Duesternbrooktraining

Regel 1:

- **Wir haben uns bemüht, gut beim Training mitzumachen = 1 Punkt**

  Beispiele: Die Aufgaben begonnen und zu Ende gemacht, ohne zu trödeln und ohne mit dem Trainer zu diskutieren; bei Problemen gemeldet, nicht dazwischen gerufen; Hausaufgaben gemacht; zusammen gearbeitet.

  Weitere Beispiele: ______________________

  ____

Regel 2:

- **Wir haben uns so verhalten, dass die gesamte Gruppe gut arbeiten konnte = 1 Punkt**

  Beispiele: im Training auf dem Platz sitzen geblieben, außer der Trainer fordert zum Aufstehen auf; auf die eigene Arbeit konzentriert, nicht geschwatzt, dazwischen geredet, andere unterbrochen oder geärgert.

  Weitere Beispiele: ______________________

  ____

Werden die Regeln nicht eingehalten, gibt es keine Punkte.

- **Wir haben uns so verhalten, dass die gesamte Gruppe nicht gut arbeiten konnte = kein Punkt**

  Beispiele: ohne Aufforderung in der Gruppe herumgelaufen; geschwatzt, dazwischen geredet, andere unterbrochen, andere geärgert.

  Weitere Beispiele: ______________________

  ____

- **Wir haben uns nicht bemüht, gut beim Training mitzumachen = kein Punkt**

  Beispiele: Aufgaben erst nach mehrmaligem Auffordern begonnen; bei den Aufgaben getrödelt und diese nicht beendet; Hausaufgaben nicht gemacht.

  Weitere Beispiele: ______________________

  ____

7.1.3 Dritte Trainingseinheit: Emotionswissen vertiefen

Tabelle 7: Ziele, praktisches Vorgehen und Materialien der Trainingseinheit

Ziele	Praktisches Vorgehen	Material
		Projektmappen für jedes Kind
Motivierung der Kinder, Herstellung eines ruhigen Lernklimas	gemeinsames Hören von „Abenteuer auf Duesternbrook“, Teil 3	– DVD-Player – DVD mit Hörspiel „Abenteuer auf Duesternbrook“, Teil 3 (Track 4 auf der DVD)
Unterscheiden zwischen unterschiedlichen Erlebensebenen bei den Gefühlen Ärger, Angst, Freude, Trauer, Scham, Schuld	Bearbeitung der Fragen in Zweiergruppen; anschließend gemeinsame Auswertung in der Gruppe; Vervollständigung der Arbeitsblätter	Arbeitsblätter: – Fragen zum Hörspiel, S. 74 und DVD – Arbeitskärtchen Gefühle & Verhalten“, S. 75 und DVD – Ergebnisse, s. Abb. 6
Erkennen des Emotionsausdrucks bei sich selbst und anderen	Spiegelübung	– Spiegel für jedes zweite Kind – präparierter Würfel
Erkennen des Zusammenhangs zwischen Verhalten und Konsequenzen	Beurteilung des Kinderverhaltens anhand zuvor vereinbarter Verhaltensziele	Verstärkerplan

Wiederholung der Inhalte aus der letzten Einheit

Der Trainer wiederholt mit den Kindern in einem Unterrichtsdialog die Kerninformationen der vergangenen Einheit. Danach hören die Kinder die nächste Hörspielsequenz.

Hörspiel: „Abenteuer auf Duesternbrook“, Teil 3

Sie näherten sich langsam der Burg. In der Dämmerung und aus der Nähe sah die Burg noch mächtiger und abweisender aus. Das Mauerwerk war sehr dick, dunkelgrau und roch modrig. Es gab nicht besonders viele Fenster. Die, die man sehen konnte, waren klein, ein paar waren kaputt. Julie, Cedric, Mehmet und Irina suchten nach einem Eingang. Die Gruppe beschloss, sich in zwei Gruppen aufzuteilen und getrennt nach einem Zugang zur Burg zu suchen, um Zeit zu sparen. Cedric und Julie wandten sich nach links, die anderen beiden gingen rechts herum. Sie hatten abgemacht, dass sie sich in 30 Minuten am Ausgangspunkt wieder treffen wollten.

„Autsch, Mist, Mist, Mist!“, schrie Irina plötzlich auf. Sie versuchte, leiser zu sein – allerdings mit wenig Erfolg. Sie war über einen Ast gestolpert, den sie in der Dämmerung übersehen hatte und war auf den Knien gelandet.

„Meine neue Hose! Warum liegt hier auch ein Ast herum. Haben die keinen Gärtner?“, schimpfte sie weiter und stieß wütend den Ast aus dem Weg.

„Hast du dich verletzt?“, fragte Mehmet leicht besorgt. Er ahnte aber bereits, dass es weniger schlimm war. Irina konnte in wenigen Sekunden sehr wütend werden und tobte dann wie eine Furie. Mehmet war das genaue Gegenteil, er hatte Nerven wie Drahtseile. Nichts konnte ihn so leicht aus der Ruhe bringen. Während Irina immer noch wütend vor sich hin schimpfte, gingen sie weiter. Jetzt ging Mehmet voran.

Plötzlich blieben sie beide abrupt stehen. Die Erde unter ihnen vibrierte! Die Vibrationen wurden stärker und wurden von einem dumpfen Brummton begleitet. Der Brummton wurde immer lauter.

„Oh Gott, ein Erdbeben! Was zum Teufel passiert hier, Mehmet?“, schrie Irina in einer Mischung aus *Angst* und *Ärger*.

„Keine Ahnung“, rief er. Auch ihm war nun *mulmig* zumute, auch wenn man ihm seine Angst nicht ansah. Mittlerweile war die Sonne untergegangen und es war so dunkel, dass man kaum noch etwas sehen konnte.

Nach wenigen Minuten ließen die Vibrationen und das Brummen nach.

„Was war das bloß? Hoffentlich ist den anderen nichts passiert! Komm, lass uns zurückgehen!“, forderte Mehmet Irina auf. Sie liefen so schnell es ging zum Ausgangspunkt zurück, wo Julie und Cedric bereits auf sie warteten.

„Gut, dass ihr da seid! Habt ihr das Vibrieren und Brummen auch mitbekommen?“, fragte Julie aufgeregt. Die beiden anderen hatten Ähnliches erlebt wie Mehmet und Irina. Keiner von ihnen konnte sich das erklären.

„Aber das Beste ist: Wir haben das Sternmännchen wieder gesehen. Und stellt euch vor, als wir ihm folgten, führte es uns direkt zu einem Eingang!“, berichtete Cedric aufgeregt und ganz kurzatmig vor *Freude*.

„Na, dann los, lasst uns hingehen!“, forderte Cedric seine Freunde auf.

„Halt, sagt mal: Sollten wir nicht langsam zurück? Ich habe schon ein ganz *schlechtes Gewissen*, weil ich schon viel zu spät nach Hause komme. Meine Eltern werden ziemlich *böse* auf mich sein“, sagte Julie zögernd.

„Julie, ehrlich, du erlebst gerade das Abenteuer deines Lebens und willst nach Hause? Es ist doch nicht so schlimm, wenn du einmal Ärger mit deinen Eltern bekommst, oder?“, Irina sah Julie genervt an. Julies Wangen liefen rot an, was zum Glück keiner der anderen sehen konnte, da es so dunkel war. Es war ihr sehr *peinlich*, dass Irina sie daran erinnerte, dass sie immer versuchte, es ihren Eltern Recht zu machen.

„Irina, das war gemein!", verteidigte Cedric Julie. „Du hast nur deshalb keine Probleme, weil deine Mutter abends arbeitet und nicht kontrollieren kann, wann du nach Hause kommst!"

Irina wurde nachdenklich. Cedric hatte Recht, sie war abends oft allein zu Hause. Ihre Mutter war Architektin und ständig unter Zeitdruck. Seit ihre Eltern geschieden waren, musste ihre Mutter abends meistens länger arbeiten. Irina fühlte sich deshalb oft einsam und *traurig*.

„Ja stimmt", räumte Irina ein. Es tat ihr leid, dass sie so gemein zu Julie gewesen war.

„Entschuldigung Julie. Komm, wir gehen jetzt und kommen morgen wieder, okay?" Sie schaute in die Runde. Die anderen waren einverstanden. Gemeinsam machten sie sich auf den Weg nach Hause. Sie hatten heute viel erlebt. Doch eine Frage war offen geblieben: Was bedeutete das seltsame Vibrieren und Brummen in Burg Duesternbrook?

Vertiefung des Hörspielinhalts

Im Anschluss an das Hörspiel werden vom Trainer Vertiefungsfragen zum Text gestellt. Dazu erhalten die Kinder ein Arbeitsblatt. Die Fragen führen die Kinder bereits zu dem thematischen Schwerpunkt der Unterrichtseinheit hin.

Arbeitsblatt: Fragen zum Hörspiel, Teil 3 (vgl. S. 74).

Kooperationsaufgabe: Gefühlsinterviews

Nach den Vertiefungsfragen zum Hörspiel bearbeiten die Kinder in Zweiergruppen die folgenden Arbeitsblätter zu den sechs Emotionen Ärger, Traurigkeit, Angst, Freude, Scham und Schuld. Jedes Kind erhält die Aufgabe, Auslöser für zwei Emotionen herauszuarbeiten. Zudem sollen die Kinder Handlungsweisen zusammentragen, die mit dem Erleben der jeweiligen Gefühle zusammenhängen können. Zu diesem Zweck erhalten sie Arbeitskärtchen, die vom Trainer vor der Einheit ausgeschnitten werden sollten. Die Kinder befragen sich in den Teams gegenseitig zu den angegebenen Gefühlen. Jeder Teampartner erhält dabei ein Kärtchen mit anderen Gefühlen.

Arbeitskärtchen (vgl. S. 75).

Anschließend werden die Arbeitsergebnisse an der Tafel zusammengetragen. Die Kinder werden aufgefordert, ihre Arbeitsergebnisse der gesamten Gruppe vorzustellen (vgl. Abb. 6). Der Trainer sollte dabei die Arbeitsergebnisse an der Tafel schriftlich fixieren.

Ärger		Traurigkeit		Angst	
Wann wir uns ärgern	Was wir dann sagen oder machen	Wann wir traurig sind	Was wir dann sagen oder machen	Wann wir Angst haben	Was wir dann sagen oder machen
Freude		**Scham**		**Schuld**	
Wann wir uns freuen	Was wir dann sagen oder machen	Wann wir uns schämen	Was wir dann sagen oder machen	Wann wir ein schlechtes Gewissen haben	Was wir dann sagen oder machen

Abbildung 6: Tafelbild – Ergebnisse der Gruppenarbeit

Beim abschließenden Resümee der Übung sollen die Kinder erkannt haben, dass das Erleben von Gefühlen subjektiv ist und sie sich in den gleichen Situationen durchaus unterschiedlich fühlen können.

Abschlussübung zur Förderung der Selbst- und Fremdwahrnehmung des Emotionsausdrucks

„Spieglein, Spieglein an der Wand …"

Zum Abschluss werden die Kinder wieder in Zweiergruppen eingeteilt. Jede Gruppe erhält einen Spiegel, den ein Kind so hält, dass das andere Kind sich ansehen kann. Die Spiegel sollten daher nicht zu klein ausfallen. Der Trainer hat einen Würfel so vorbereitet, dass seine sechs Seiten jeweils für eine der sechs in der Unterrichtseinheit behandelten Emotionen stehen. Er würfelt, und die Kinder werden aufgefordert, die gewürfelte Emotion vor dem Spiegel darzustellen. Nach 30 Sekunden wird gewechselt. Alle sechs Emotionen werden durchgegangen.

Verstärkerplan

Der Trainer schätzt die Gruppen anhand der vereinbarten Verhaltensziele während der Trainingseinheit ein und trägt die erreichten Punkte auf dem Verstärkerplan ein, der im Gruppenraum ausgehängt ist.

Arbeitsblatt: Fragen zum Hörspiel „Abenteuer auf Duesternbrook“ Teil 3

Welche Gefühle werden im Text genannt?

Wer hat sich geärgert und warum?

Wer war traurig und warum?

Wer hatte Angst und warum?

Wer hat sich geschämt und warum?

Wer hatte Schuldgefühle und warum?

Wer hat sich gefreut und warum?

Arbeitskärtchen

„Gefühle und Verhalten"

Beispiele dafür, wann wir Gefühle empfinden und was wir dann tun.

Ärger

Ich ärgere mich, wenn ______________________________

Was ich dann sage oder mache: ______________________________

Traurigkeit

Ich bin traurig, wenn ______________________________

Was ich dann sage oder mache: ______________________________

„Gefühle und Verhalten"

Beispiele dafür, wann wir Gefühle empfinden und was wir dann tun.

Angst

Ich habe Angst, wenn ______________________________

Was ich dann sage oder mache: ______________________________

Freude

Ich freue mich, wenn ______________________________

Was ich dann sage oder mache: ______________________________

„Gefühle und Verhalten"

Beispiele dafür, wann wir Gefühle empfinden und was wir dann tun.

Scham

Ich schäme mich, wenn ______________________________

Was ich dann sage oder mache: ______________________________

Schuld

Ich habe ein schlechtes Gewissen, wenn ______________________________

Was ich dann sage oder mache: ______________________________

7.1.4 Vierte Trainingseinheit: Emotionsstärken wahrnehmen, einschätzen und benennen I

Tabelle 8: Ziele, praktisches Vorgehen und Materialien der Trainingseinheit

Ziele	Praktisches Vorgehen	Material
		Projektmappen für jedes Kind
Motivierung der Kinder, Herstellung eines ruhigen Lernklimas	gemeinsames Hören von „Abenteuer auf Duesternbrook“, Teil 4	– DVD-Player – DVD mit Hörspiel „Abenteuer auf Duesternbrook“, Teil 4 (Track 5 auf der DVD)
Erkennen, dass Gefühle in unterschiedlichen Stärken auftreten können Erkennen, dass unterschiedliche Emotionsstärken verschiedene Verhaltensweisen auslösen Erkennen, dass unterschiedliche Emotionsstärken verschiedene Benennungen haben	Vervollständigung der Arbeitsblätter in Einzelarbeit; anschließendes Zusammentragen der Ergebnisse	Arbeitsblätter: – Fragen zum Hörspiel, S. 83 und DVD – Gefühlslevels I, S. 84 und DVD – Beispielworte, S. 85 und DVD – Gefühlslevels II, S. 86 und DVD
Erkennen des Zusammenhangs zwischen Verhalten und Konsequenzen	Beurteilung des Kinderverhaltens anhand zuvor vereinbarter Verhaltensziele	Verstärkerplan

Wiederholung der Inhalte aus der letzten Einheit

Der Trainer wiederholt mit den Kindern in einem Unterrichtsdialog die Kerninformationen der vergangenen Einheit. Danach hören die Kinder die nächste Hörspielsequenz.

Hörspiel: „Abenteuer auf Duesternbrook“, Teil 4

In der Nacht hatte niemand von ihnen gut schlafen können. Sie waren alle viel zu aufgeregt und voller Fragen. Warum hatte die Erde vibriert? Was hatte der Brummton zu bedeuten? Erst hatten sie gedacht, dass Duesternfeld sein erstes Erdbeben erlebt hatte. Aber wen sie abends auch gefragt hatten: Niemand außer ihnen hatte das Vibrieren und Brummen bemerkt! Leider konnten sie niemandem von ihrem Abenteuer und den ungeheuren Vorgängen in Duesternbrook erzählen. Es war ihr gemeinsames Geheimnis. Vor allem ihren Eltern konnten sie nichts davon erzählen. Die hätten es sicher sofort verboten.

Nachmittags radelten sie geradewegs in die Nähe des Höhleneingangs und versteckten ihre Fahrräder hinter einem Busch. Mit Hilfe ihrer Taschenlampen legten sie den Weg durch den Höhlengang dieses Mal schneller zurück als beim letzten Mal. Nachdem sie auf der anderen Seite angekommen waren, blieben sie kurz stehen. Nachdem sie sich vergewissert hatten, dass alles ruhig war, ging dieses Mal Julie voran. Sie zeigte den anderen den Weg zum Eingang in die Burg, den sie am Abend zuvor entdeckt hatten. Der Eingang lag auf der Rückseite der Burg hinter einer kleinen Mauer. Es war wohl der Eingang zu den Kellergewölben, da man zur Tür einige Stufen hinunter gehen musste.

„Wie sollen wir denn da reinkommen?“, fragte Mehmet zweifelnd. „Die Tür ist doch bestimmt abgeschlossen ...“

„Probieren geht über Studieren“, fiel ihm Julie ins Wort und bemerkte in diesem Augenblick, dass dieser Satz für sie ziemlich ungewöhnlich war, denn ihre Welt war die Welt der Bücher. Sie drückte auf die Türklinke. Es war nicht einfach, die Klinke hinunter zu drücken, sie musste viel Kraft aufwenden, um sie nach unten zu bewegen. Doch schließlich gab die Tür ruckartig nach und sie sprang auf. Julie wäre vor Schreck fast hingefallen. Auch die anderen waren völlig überrascht und erschrocken. Sie hatten nicht ernstlich damit gerechnet, dass die Tür wirklich zu öffnen war. Julie sprang in einem Reflex zurück und schaute die anderen fragend an. Allen lief ein Schauer über den Rücken. Was mochte sich hinter der Tür verbergen?

Alle vier starrten wie gebannt in das Dunkel hinter der Burgtür, die nun offen stand. Einladend war es nicht gerade. Doch alle fühlten, dass sie jetzt nicht umkehren konnten.

„Es scheint so, als ob der Gang in das Innere der Burg führt. Gehen wir?“, fragte Irina.

Die anderen nickten zustimmend und die beiden Taschenlampen wurden eingeschaltet. Irina leuchtete die Wände an. Sie waren rissig und feucht. Es roch modrig.

In der Ferne hörten sie ein regelmäßiges Tropfgeräusch, das durch die Kellergewölbe hallte. Je weiter sie in den Keller hineingingen, desto unheimlicher wurde es. Nun sahen sie überall Spinnenweben in den Ecken der Decke. In der feuchten Kälte des *Kellers* begannen die Freunde schnell zu frieren. Irina leuchtete den Boden ab. Überall lag Geröll herum.

‚Wow‘, dachte Irina, ‚ich kann nicht glauben, dass ich dieses Abenteuer erlebe. Es ist toll, das wir es geschafft haben hier hineinzukommen.‘ In diesem Moment fühlte sie sich glücklich und ohne es zu merken, ging sie gleich einen Schritt schneller.

Schließlich kamen sie an das Ende des Gewölbegangs. Hier gabelte sich der Gang und führte sowohl nach links als auch nach rechts weiter.

„In welche Richtung sollen wir nun gehen?", fragte Irina ratlos die drei anderen. „Keine Ahnung. Wie wäre es, wenn wir uns aufteilen?", entgegnete Cedric.

Doch auch er konnte seine Unsicherheit nicht verbergen.

„Hm, na gut, Cedric. Bilden wir Zweiergruppen wie immer. Wir beide gehen nach links, Mehmet und Irina rechts herum. Einverstanden?", schlug Julie vor.

„In einer Stunde treffen wir uns hier wieder, okay?", fügte sie hinzu und ging gemeinsam mit Cedric los.

Mehmet war froh, dass man in der Dunkelheit sein Gesicht nicht sehen konnte. Er fürchtete sich sehr. Nein, er war in Panik! Am liebsten wäre er auf der Stelle aus dem dunklen Keller geflüchtet. Er musste ständig an die Spinnenweben denken. Manchmal hatte er den Eindruck, eine *Spinne* krabbele mit ihren langen Beinen auf seinem Kopf und den Armen herum. Er schüttelte sich. Doch er sagte nichts, er wollte seine Angst vor den anderen nicht eingestehen. Er befürchtete, deswegen ausgelacht zu werden. Eigentlich hatten die anderen Recht. Spinnen waren klein und in der Gegend von Duesternfeld nicht giftig. Und dennoch: Bereits der Gedanke an Spinnen ließ ihn erschaudern.

„Mehmet?", Irina leuchtete ihn an. „Kommst du?"

Das Licht der Taschenlampe blendete seine Augen.

„Ja", seine Stimme klang gereizt. „Nimm mal die Taschenlampe herunter. Du blendest mich fürchterlich."

Irina richtete die Taschenlampe augenblicklich nach unten.

„Warte, ich kann nichts sehen. Meine Augen müssen sich erst wieder an die Dunkelheit gewöhnen", Mehmet wartete einen Moment bis sich seine Augen wieder an die Dunkelheit gewöhnt hatten.

Seine Panik war nun einer nicht mehr ganz so schlimmen Angst gewichen.

‚Level Orange, schon besser', sagte er sich in Gedanken.

Mehmet hatte gelernt, die Stärke seiner Gefühle, besonders seiner Angstgefühle, in unterschiedliche Levels einzuteilen. Levels kannte er aus Playstationspielen.

Level Rot war die höchste Stufe. Die nannte er *„Panik-Level"*. Dann konnte er kaum noch klar denken. *Level Orange nannte er „Angst-Level"*. Dann konnte er wieder normaler denken.

Level Gelb war „Schiss". Dann fühlte er sich ein bisschen ängstlich, aber mit Level Gelb kam er gut klar. Beispiele für Level Gelb waren bevorstehende Mathearbeiten oder Diktate.

Level Grün war „Entwarnung" absolut keine Angst mehr in Sicht. Dann fühlte er sich locker, entspannt und mutig.

‚Wenn es doch nur immer so sein könnte,' wünschte er sich insgeheim. Er prüfte seine Angststärke noch einmal und sie war nun bei Level Gelb.

‚Okay', dachte er. ‚Jetzt geht's weiter.'

Langsam gingen sie weiter. Wenig später gabelte der Gang sich wieder.

„Wo lang gehen wir?", fragte Irina.

Mehmet schlug vor, den rechten Gang zu nehmen. Da sie keinen besseren Vorschlag hatte, war Irina einverstanden. Mittlerweile waren sie mehrmals in andere Gänge abgebogen, so dass Irina langsam die Orientierung verloren hatte. Sie hoffte darauf, dass Mehmet die Übersicht behalten hatte und beide sicher wieder an den Ausgangspunkt zurückführen konnte.

Zur gleichen Zeit irrten Julie und Cedric durch andere Teile des Kellergewölbes. Auch sie waren einige Male in andere Gänge abgebogen, doch hatten diese beiden bei jeder Gabelung den Rückweg mit Kreide markiert. Die Kreide hatte Julie für alle Fälle dabei gehabt.

„Weißt du was, Cedric, ich glaube, es hat keinen Zweck weiterzugehen. Wir müssen zurück zum Ausgangspunkt, sonst kommen wir zu spät."

Etwas enttäuscht kehrten beide wieder um und folgten den Kreidezeichen zurück zum Ausgangspunkt. Sie erreichten den Treffpunkt pünktlich und begannen, auf Mehmet und Irina zu warten. Die Minuten verrannen, doch niemand kam. *Mittlerweile waren bereits mehr als 45 Minuten verstrichen.*

„Was ist bloß los mit denen? Gucken die nicht auf die Uhr? Langsam nervt mich die Warterei." Cedric schaute noch einmal zur Uhr.

„Ich weiß es auch nicht. Hoffentlich ist nichts …" Julie wurde von einem fürchterlich *lauten Knall* unterbrochen.

Beide erschraken und schrien vor Schreck. Was war passiert?

Vertiefung des Hörspielinhalts

Bevor mit der Übung Gefühlskegel begonnen wird, beantworten die Kinder die Fragen zum Hörspiel mit Hilfe des Arbeitsblatts.

Arbeitsblatt: Fragen zum Hörspiel, Teil 4 (vgl. S. 83).

Übung: Gefühlskegel

Um für die Wahrnehmung unterschiedlicher Emotionsstärken sensibilisiert zu werden, erhalten die Kinder in dieser und der nächsten Einheit insgesamt vier Gefühlskegel zu den primären Emotionen Freude, Angst, Ärger und Traurigkeit. Sie bekommen die Aufgabe, sprachliche Bezeichnungen für unterschiedliche Emotionsintensitäten herauszusuchen sowie Beispielsituationen zu finden, in denen sie unterschiedliche Stärken der jeweiligen Emotionen verspüren.

Mit den Kegeln werden vier unterschiedliche Emotionsstärken durch unterschiedliche Farbabstufungen innerhalb der Kegel verdeutlicht. Je mehr sich die Farbe von grün nach rot verändert, desto stärker beziehungsweise intensiver das Gefühl. Um den Kindern den Zugang zu dieser Aufgabe zu erleichtern, werden die unterschiedlichen Emotionsstärken als „Levels" bezeichnet. Diese englische Bezeichnung kennen nahezu alle Kinder dieser Altergruppe aus Gameboy-, Nintendo-, Playstation- und Computer-Spielen. Der Begriff „Level" wird von den Kindern in der Regel positiv assoziiert, da das Erreichen eines neuen Spiel-Levels ein erfolgreiches Fortkommen innerhalb dieser Spiele signalisiert, das heißt das Erreichen einer „höheren Ebene".

Arbeitsblatt: Gefühlslevels I (vgl. S. 84).

Um den Kindern die Aufgabe zu erleichtern, erhalten sie Begriffsbeispiele auf den Arbeitsblättern S. 85 und S. 92. In dieser Unterrichtseinheit werden zunächst nur zwei Kegel bearbeitet, die der Gefühle Freude und Trauer. Die Kinder bearbeiten die Kegel individuell. Sollten die Kinder andere, persönliche Bezeichnungen für die jeweiligen Emotionsstärken verwenden, sollten sie diese zusätzlich eintragen. Ebenso sollten ausländische Kinder versuchen, passende Begriffe ihrer Muttersprachen zu finden. Die Ergebnisse werden zum Schluss zusammengetragen. Um die Übung zu erleichtern, sind in Abbildung 7 und 8 beispielhafte Arbeitsblätter mit den Gefühlskegeln für den Trainer dargestellt.

Arbeitsblätter: Beispielworte für verschiedene Gefühlslevels (vgl. S. 85 und S. 92).

Arbeitsblatt: Gefühlslevels II (vgl. S. 86).

Einführung der Übung

Der Trainer fordert die Kinder auf, sich in einen Sitzkreis auf den Boden zu setzen. Die Tische und Stühle werden vorher beiseite gestellt. Der Trainer greift die Arbeitsergebnisse der vergangenen Einheit auf und setzt sie zu Mehmets Schilderungen zu den verschiedenen Gefühlsstärken in Beziehung. Er fragt die Kinder, ob es – beispielsweise in Bezug auf Freude – Anlässe gibt, über die sie sich sehr stark freuen, wie zum Beispiel ein lang ersehntes Geschenk zu bekommen und ob sie Situationen kennen, in denen ihre Freude nicht ganz so stark ausfällt. Im Prinzip gilt es, die Arbeitsergebnisse in die Kategorien schwache, mittlere und starke Ausprägung des jeweiligen Gefühls zu gliedern (grünes, gelbes und rotes Level). Um den Kindern die Übung zu erleichtern, werden ihnen in den Übungen nur drei statt vier Gefühlsstärken (wie im Hörspiel) präsentiert.

Bei der Einführung werden zunächst einmal nur die Gefühle Freude und Trauer berücksichtigt.

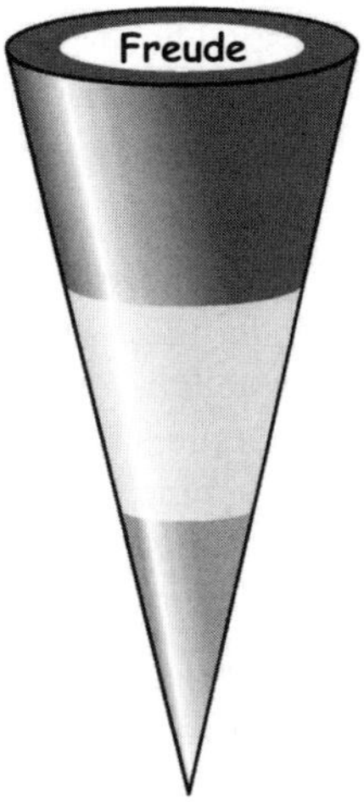

Worte für Level rot: glücklich sein
Dann bin ich auf Level rot: Tor geschossen; ich habe die beste Arbeit
Daran merke ich, dass ich auf rot bin: rote Wangen, Herzklopfen

Worte für Level gelb: sich freuen
Dann bin ich auf Level gelb: Geschenk bekommen
Daran merke ich, dass ich auf gelb bin: breites Grinsen

Worte für Level grün: zufrieden sein
Dann bin ich auf Level grün: Hausaufgaben fertig
Daran merke ich, dass ich auf grün bin: wohlige Entspannung

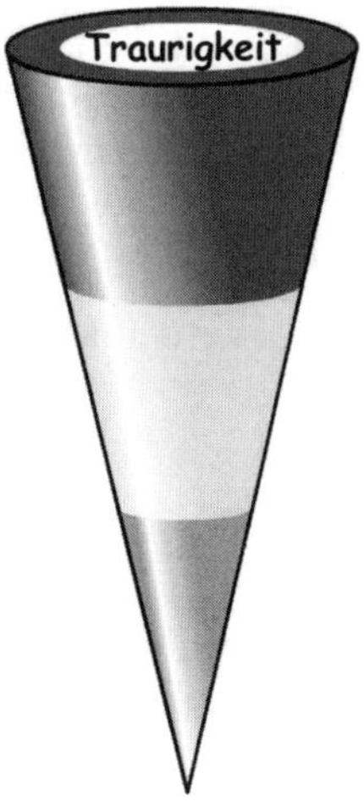

Worte für Level rot: verzweifelt sein
Dann bin ich auf Level rot: Haustier gestorben
Daran merke ich, dass ich auf rot bin: Gliederschwere, weinen

Worte für Level gelb: Ich bin traurig, niedergeschlagen
Dann bin ich auf Level gelb: mein Freund will nichts mehr mit mir zu tun haben
Daran merke ich, dass ich auf gelb bin: bleierne Schultern

Worte für Level grün: Ich bin bedrückt, mies drauf
Dann bin ich auf Level grün: schlechte Note, von Freund/-in versetzt
Daran merke ich, dass ich auf grün bin: ich fühl' mich erschöpft, schlapp

Abbildung 7: Beispielvorlage für den Trainer: Gefühlslevels II

Wie wir aussehen und was wir spüren, wenn wir uns freuen oder Angst haben

Die Kinder werden zur Auflockerung und zur Schärfung der Selbstwahrnehmung gebeten, die verschiedenen Levels der Gefühle gemeinsam vorzumachen. Die Kinder stehen dazu von ihrem Platz auf und verteilen sich im Raum. Sie erhalten nun die Aufforderung sich vorzustellen, sich so sehr zu freuen, dass es stärker kaum geht. Sie sollen und dürfen ihre Freude auch körperlich und mimisch darstellen, zum Beispiel hochspringen. Um den Kindern diese Übung zu erleichtern, kann der Trainer Beispiele aus der vorherigen Einheit verwenden. (Stellt euch vor, ihr würdet ein Geschenk bekommen, von dem ihr schon lange geträumt habt …).

Danach erhalten sie die Aufforderung, sich vorzustellen, sie freuten sich nur ein bisschen. Beispiele könnten sein: keine Hausaufgaben aufbekommen, Hausaufgaben fertig gemacht. Auch nun sollten die Kinder sich um eine mimische und körperliche Darstellung bemühen. Schließlich sollen sie sich in einen mittleren Ausprägungsgrad des Gefühls Freude hineinfühlen. Beispiele hierfür könnten sein: Mutter kocht Lieblingsgericht, einen Familienausflug machen, Lob von Eltern. Dabei ist ebenfalls darauf zu achten, dass die Abstufungen zwischen den Levels erkennbar sind. Die Trainer sollten die Kinder dadurch motivieren, dass sie bei der Übung mitmachen.

Das gleiche Vorgehen gilt für die Selbsterfahrung mit dem Gefühlskegel Traurigkeit. Nach der Übung erhalten die Kinder die Aufgabe, sich an den Platz zurückzusetzen.

Wir bearbeiten die Gefühlskegel Freude und Traurigkeit

Die Kinder erhalten nun die Arbeitsblätter „Beispielworte …“ (S. 85) und Gefühlslevels I, II (S. 84 und S. 86). Nun erklärt der Trainer die Gefühlskegel mit den unterschiedlichen Levels an der Tafel. Gemeinsam mit den Kindern werden die Beispielworte des Arbeitsblattes (S. 85) den Gefühlskegeln Freude und Traurigkeit (S. 86) zugeordnet. Danach sollen die Kinder ihre individuellen Kegel in Einzelarbeit ausfüllen.

Sollte diese Aufgabe manchen Kindern zu schwer fallen, kann der Trainer den Kegel der Freude gemeinsam mit den Kindern bearbeiten.

Trainingsaufgabe: Gefühlsreporter I

Die Kinder erhalten die Aufgabe, mindestens den Gefühlskegel Freude mit einem Elternteil durchzuführen und ihnen die eigenen Gefühlskegel zu erklären. Wenn das Elternteil bereit ist, sollte zusätzlich der Gefühlskegel Traurigkeit bearbeitet werden. Sollten Eltern nicht bereit sein, kann auch ein Freund oder eine Freundin beziehungsweise Geschwister interviewt werden. Für diese Übung benötigen die Kinder ein weiteres Exemplar des Arbeitsblattes „Gefühlslevels II“.

Verstärkerplan

Der Trainer schätzt die Gruppen anhand der vereinbarten Verhaltensziele während der Trainingseinheit ein und trägt die erreichten Punkte auf dem Verstärkerplan ein, der im Gruppenraum ausgehängt ist.

Arbeitsblatt: Fragen zum Hörspiel „Abenteuer auf Duesternbrook", Teil 4

Was unternehmen die Vier heute in der Burg?

____

Was passiert zum Ende?

____

Wovor hat Mehmet Angst?

____

Wie beurteilt Mehmet, wie stark seine Angst ist?

____

Wie nennt er die Stufen der Angst? (Ein Wort!)

____

Arbeitsblatt: Gefühlslevels I

In der heutigen Übung sind Gefühle als Kegel dargestellt. Die Kegel sind in drei Stufen eingeteilt, die wir **Levels** nennen. Jedes Level steht für eine bestimmte Gefühlsstärke.

Level rot = starkes Gefühl
Level gelb = mittleres Gefühl
Level grün = leichtes Gefühl

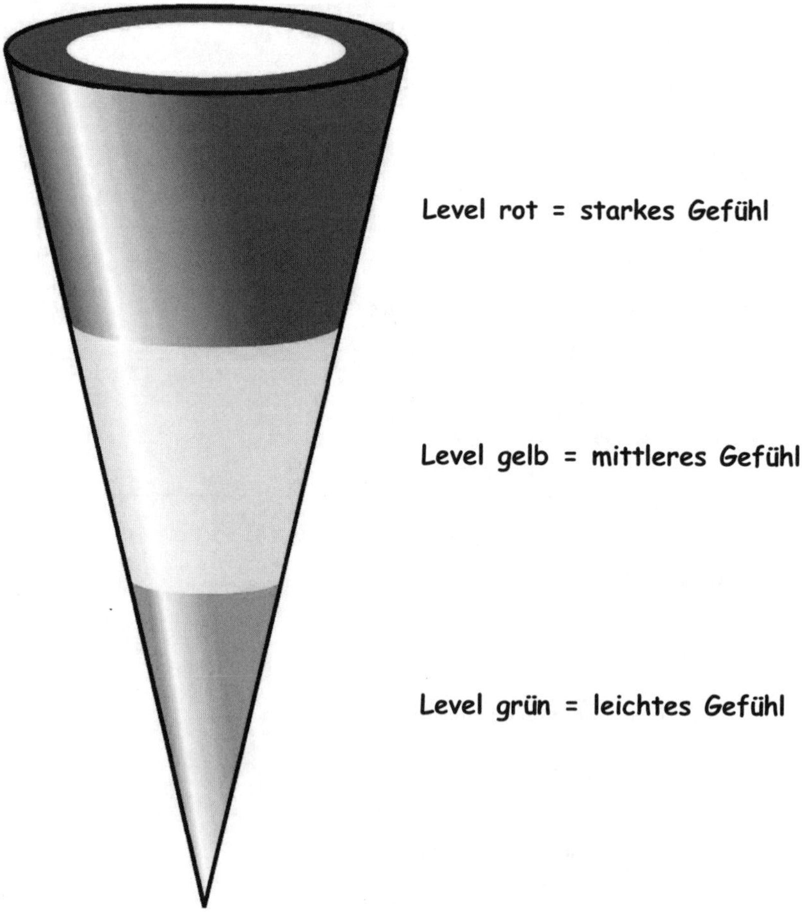

Arbeitsblatt: Beispielworte für die Gefühlskegel Freude und Traurigkeit

Bitte ordne die Gefühlswörter auf diesem Arbeitsblatt den dazugehörigen Levels in den Gefühlskegeln für Freude und Traurigkeit des Arbeitsblatts „Gefühlslevels II" zu. Die Gefühlswörter geben an, wie stark man Gefühle empfinden kann. Suche die richtigen Wörter, trage sie in die leeren Felder neben den Kegeln ein. Dann streichst du die Wörter durch, die du schon gebraucht hast.

Danach finde bitte Beispielsituationen für die verschiedenen Levels der Gefühle Freude und Traurigkeit. Trage anschließend neben den Kegeln ein, woran du merkst, auf welchem Level du bist.

- mies drauf, bedrückt
- glücklich sein
- sich freuen
- traurig, niedergeschlagen sein
- verzweifelt sein
- zufrieden sein

Arbeitsblatt: Gefühlslevels II

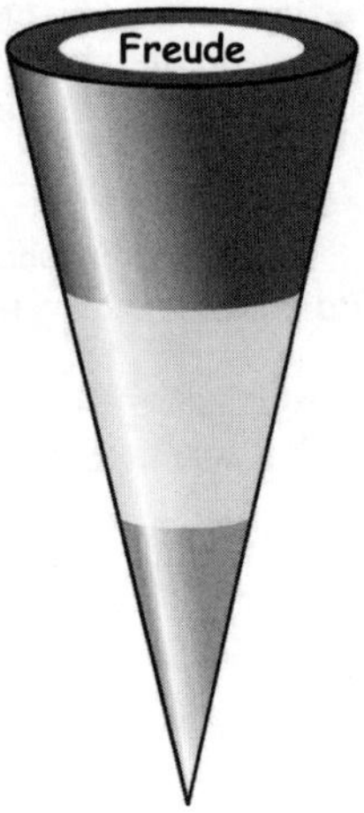

Worte für Level rot: ____________________

Dann bin ich auf Level rot: ____________________

Daran merke ich, dass ich auf rot bin: ____________________

Worte für Level gelb: ____________________

Dann bin ich auf Level gelb: ____________________

Daran merke ich, dass ich auf gelb bin: ____________________

Worte für Level grün: ____________________

Dann bin ich auf Level grün: ____________________

Daran merke ich, dass ich auf grün bin: ____________________

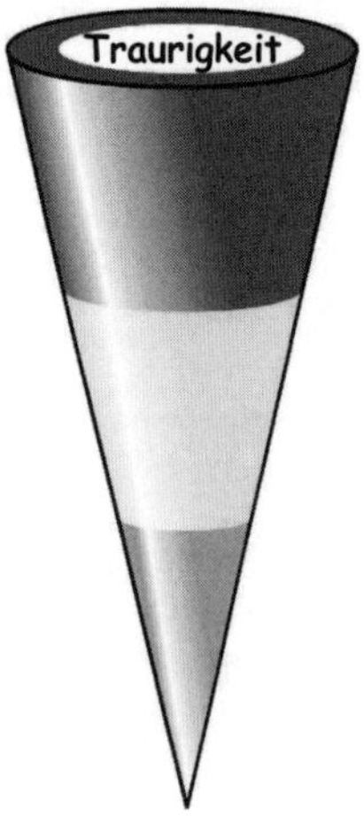

Worte für Level rot: ____________________

Dann bin ich auf Level rot: ____________________

Daran merke ich, dass ich auf rot bin: ____________________

Worte für Level gelb: ____________________

Dann bin ich auf Level gelb: ____________________

Daran merke ich, dass ich auf gelb bin: ____________________

Worte für Level grün: ____________________

Dann bin ich auf Level grün: ____________________

Daran merke ich, dass ich auf grün bin: ____________________

7.1.5 Fünfte Trainingseinheit: Emotionsstärken wahrnehmen, einschätzen und benennen II

Tabelle 9: Ziele, praktisches Vorgehen und Materialien der Trainingseinheit

Ziele	Praktisches Vorgehen	Material
		Projektmappen für jedes Kind
Motivierung der Kinder, Herstellung eines ruhigen Lernklimas	gemeinsames Hören von „Abenteuer auf Duesternbrook“, Teil 5	– DVD-Player – DVD mit Hörspiel „Abenteuer auf Duesternbrook“, Teil 5 (Track 6 auf der DVD)
Erkennen, dass Gefühle in unterschiedlichen Stärken auftreten können Erkennen, dass unterschiedliche Emotionsstärken verschiedene Verhaltensweisen auslösen Erkennen, dass unterschiedliche Emotionsstärken verschiedene Benennungen haben	Vervollständigung der Arbeitsblätter in Einzelarbeit Anschließendes Zusammentragen der Ergebnisse	Arbeitsblätter: – Fragen zum Hörspiel, S. 91 und DVD – Beispielworte, S. 92 und DVD – Gefühlslevels III, S. 93 und DVD
Erkennen des Zusammenhangs zwischen Verhalten und Konsequenzen	Beurteilung des Kinderverhaltens anhand zuvor vereinbarter Verhaltensziele	Verstärkerplan

Wiederholung der Inhalte aus der letzten Einheit

Der Trainer wiederholt mit den Kindern in einem Unterrichtsdialog die Kerninformationen der vergangenen Einheit. Danach hören die Kinder die nächste Hörspielsequenz.

Hörspiel: „Abenteuer auf Duesternbrook“, Teil 5

Irina und Mehmet erschraken ebenso stark wie Julie und Cedric, irgendwo am anderen Ende des Burgkellers. Zunächst wagte keiner von beiden sich zu bewegen. Selbst das Atmen schien Mehmet als zu laut. Irina hatte augenblicklich die Taschenlampe ausgemacht. Irgend etwas ging hier vor sich, aber was mochte das sein? Was, wenn Julie und Cedric etwas passiert war?

„Was war das?“, fragte Irina schließlich in die stille Dunkelheit hinein.

Mehmet war vor Aufregung kaum noch im Stande etwas zu sagen.

„Das Tropfgeräusch ist weg“, flüsterte er aufgeregt und man hörte wie schnell er atmete.

„Weiter?“, fragte Irina entschlossen.

Mehmet murmelte etwas, das nach einem Einverständnis klang und Irina schaltete die Taschenlampe wieder an. Sie leuchtete nach vorn. Im Lichtschein erkannten sie ein Metallgitter, das ihnen den Weg versperrte.

„Das darf nicht wahr sein, Mehmet!“

Beide schauten ratlos auf das schwere Gitter, das nun direkt vor ihnen war. Die einzelnen Stangen waren bestimmt drei Zentimeter dick. Sie schienen so eng beieinander zu stehen, dass man nicht hindurchpasste. Irina schien es trotzdem versuchen zu wollen.

„Los, Mehmet, wir quetschen uns einfach zwischen den Stangen durch. Das wäre doch gelacht!“

Irina begann, ihren Körper durch die Stangen zu pressen. Doch schon nach kurzer Zeit steckte sie fest.

„Ggggrrrrr, nein, nein, nein“, schimpfte sie verärgert kurze Zeit später. „Ich fasse es nicht. Ich stecke hier fest. Verflixt und zugenäht.“

Mehmet stellte im Stillen fest, dass Irina gerade im Begriff war, auszurasten. Auf welchem Level sie wohl gerade war? Mehmet hatte sich angewöhnt, die Stärke der Gefühle anderer einzuschätzen und in Levels einzuteilen, wie er das auch bei sich selber tat.

‚Mindestens schon Level Orange‘, sagte er sich in Gedanken. Nun war Vorsicht geboten. Er trat einen Schritt zurück.

„Los, Mehmet, wo bist du denn? Hilf mir gefälligst!“

Irina trat nun ohne Pause mit der Hacke ihres Schuhs gegen das Gitter. Dabei schrie sie Schimpfworte, die Mehmet noch nicht einmal ihr zugetraut hatte. Ihr Gesicht sah irgendwie komisch aus.

‚Eindeutig Level Rot‘ ‚dachte er und sagte streng:

„Irina, du hast jetzt genau zwei Möglichkeiten: Entweder du bist auf der Stelle still und dann helfe ich dir sofort … oder du machst hier weiter Krawall, aber dann kannst du lange warten, dass ich dir aus der Patsche helfe. Ich bin doch nicht dein Sklave!“

Nachdem er das gesagt hatte, wurde Irina sofort ruhig. Mehmet wunderte sich über sich selbst. So hatte er noch nie auf Irinas heftige Wutausbrüche reagiert.

„Gib mir mal die Taschenlampe, bitte“, forderte er sie auf.

Er leuchtete die Wände ab. Plötzlich sah er eine Vertiefung in der Wand. Er leuchtete genauer hin. Tatsächlich: Dort war ein Schalter in der Wand. Er sah glänzend und neu aus.

„Du, hier ist ein Schalter!"

Irina entgegnete nichts mehr. Sie wusste, dass sie vor ein paar Minuten zu weit gegangen war. Es tat ihr schrecklich leid, doch dafür war es nun zu spät, das war ihr klar.

„Soll ich mal draufdrücken?" Ganz entgegen seinen sonstigen Gewohnheiten, tat Mehmet etwas Spontanes. Er drückte auf den Schalter und ... Simsalabim – schon öffnete sich das Gitter lautlos nach oben. Beide waren unglaublich erleichtert. Doch würden sie den Weg zurück zu Julie und Cedric finden?

Vertiefung des Hörspielinhaltes

Bevor die Kinder die Gefühlskegel weiter bearbeiten, beantworten sie die Fragen zum Hörspiel mit Hilfe des Arbeitsblatts.

Arbeitsblatt: Fragen zum Hörspiel, Teil 5 (vgl. S. 91).

Einführung der Übung

Der Trainer teilt die Gruppe wie in der vergangenen Einheit auf. In dieser Übung geht es um den Umgang der Kinder mit den Gefühlen Angst und Ärger. Das Vorgehen sollte wie in der letzten Einheit erfolgen.

Arbeitsblatt: Beispielworte für die Gefühlskegel Angst und Wut II (vgl. S. 92).

Vervollständigung der Übung: Gefühlskegel

Im weiteren Verlauf der Trainingseinheit werden die Gefühlskegel Angst und Wut nach dem Vorbild der vergangenen Einheit bearbeitet (vgl. Abb. 8). Die Kinder erhalten dazu das Arbeitsblatt „Gefühlslevels III".

Arbeitsblatt: Gefühlslevel III (vgl. S. 93).

Wie wir aussehen und was wir spüren, wenn wir uns ärgern oder Angst haben

Die Kinder werden zur Auflockerung und zur Schärfung der Selbstwahrnehmung gebeten, die verschiedenen Levels der Gefühle gemeinsam vorzuspielen. Dabei ist darauf zu achten, dass die Abstufungen zwischen den Levels erkennbar sind. Die Trainer sollten die Kinder motivieren, indem sie bei der Übung mitmachen.

Trainingsaufgabe: Gefühlsreporter II

Die Kinder erhalten die Aufgabe, mindestens den Gefühlskegel Wut mit einem Elternteil durchzuführen und ihnen die eigenen Gefühlskegel zu erklären. Wenn das Elternteil bereit ist, sollte zusätzlich der Gefühlskegel Angst bearbeitet werden. Sollten Eltern nicht

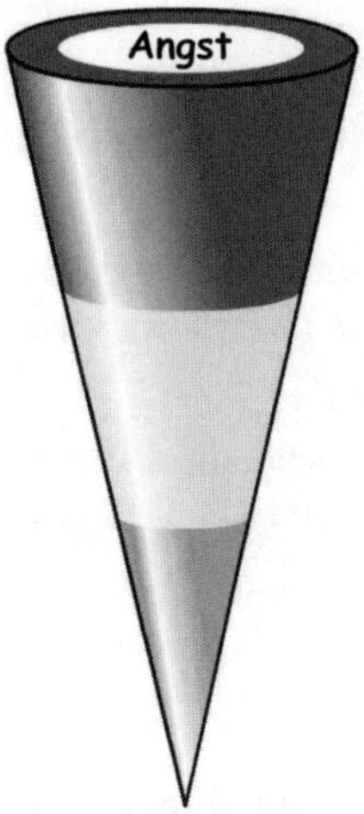

Worte für Level rot: in Panik sein
Dann bin ich auf Level rot: riesiger Braunbär steht vor mir
Daran merke ich, dass ich auf rot bin: Herzrasen

Worte für Level gelb: Angst haben
Dann bin ich auf Level gelb: Nachts allein zu Haus und Knarrgeräusche
Daran merke ich, dass ich auf gelb bin: schweißige Hände

Worte für Level grün: Schiss, Bammel haben
Dann bin ich auf Level grün: Zahnarzt bohrt
Daran merke ich, dass ich auf grün bin: Herzklopfen

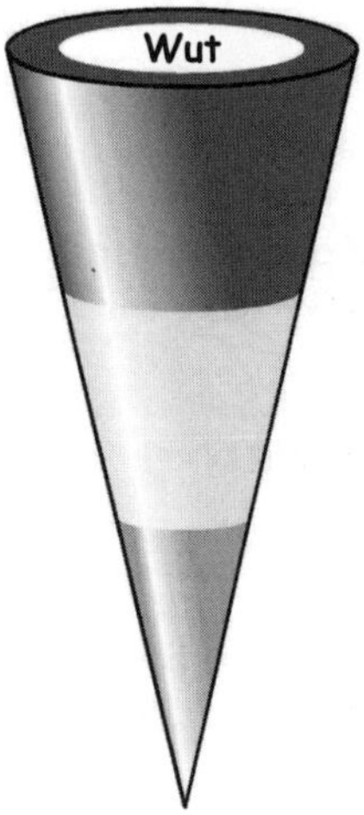

Worte für Level rot: wütend sein
Dann bin ich auf Level rot: jemand beleidigt mich
Daran merke ich, dass ich auf rot bin: explodieren, schimpfen, schreien

Worte für Level gelb: sauer sein
Dann bin ich auf Level gelb: Verbot von Mama
Daran merke ich, dass ich auf gelb bin: Hitzegefühl

Worte für Level grün: genervt sein
Dann bin ich auf Level grün: Gedanke an Schule kurz vor Ferienende
Daran merke ich, dass ich auf grün bin: missmutige Gedanken

Abbildung 8: Beispielvorlage für den Trainer: Gefühlslevels III

bereit sein, können auch ein Freund, eine Freundin oder Geschwister interviewt werden. Für diese Trainingsaufgabe sollte den Kindern ein weiteres Exemplar des Arbeitsblattes „Gefühlslevels III" ausgehändigt werden.

Verstärkerplan

Der Trainer schätzt die Gruppen anhand der vereinbarten Verhaltensziele während der Trainingseinheit ein und trägt die erreichten Punkte auf dem Verstärkerplan ein, der im Gruppenraum ausgehängt ist.

Arbeitsblatt: Fragen zum Hörspiel „Abenteuer auf Duesternbrook", Teil 5

Was passiert Mehmet und Irina im Kellergewölbe?

Wie reagiert Irina als sie feststeckt?

Wie beurteilt Mehmet, wie stark Irinas Ärger ist?

Wie fühlt sich Irina gegenüber Mehmet als sie sich wieder beruhigt hat?

Arbeitsblatt: Beispielworte für die Gefühlskegel Angst und Wut

Bitte ordne die Gefühlswörter auf diesem Arbeitsblatt den dazu gehörigen Levels in den Gefühlskegeln für Angst und Wut zu. Die Gefühlswörter geben an, wie stark man Gefühle empfinden kann. Suche die richtigen Wörter, trage sie in die leeren Felder neben den Kegeln des Arbeitsblatts „Gefühlslevels III" ein. Dann streichst du die Wörter durch, die du schon gebraucht hast.

Danach finde bitte Beispielssituationen für die verschiedenen Levels der Gefühle Angst und Wut.

- Angst haben

- Schiss, Bammel haben

- wütend sein

- in Panik sein

- sauer sein

- genervt sein

Arbeitsblatt: Gefühlslevels III

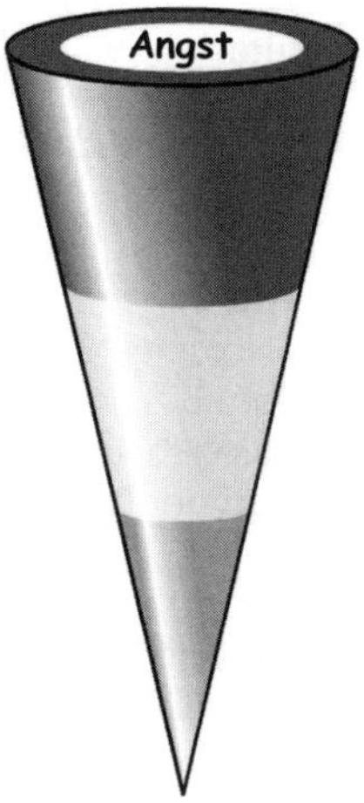

Worte für Level rot: ______________________

Dann bin ich auf Level rot: ______________________

Daran merke ich, dass ich auf rot bin: ______________________

Worte für Level gelb: ______________________

Dann bin ich auf Level gelb: ______________________

Daran merke ich, dass ich auf gelb bin: ______________________

Worte für Level grün: ______________________

Dann bin ich auf Level grün: ______________________

Daran merke ich, dass ich auf grün bin: ______________________

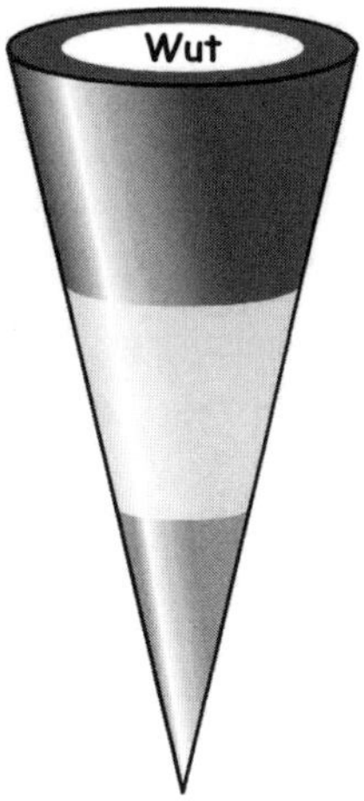

Worte für Level rot: ______________________

Dann bin ich auf Level rot: ______________________

Daran merke ich, dass ich auf rot bin: ______________________

Worte für Level gelb: ______________________

Dann bin ich auf Level gelb: ______________________

Daran merke ich, dass ich auf gelb bin: ______________________

Worte für Level grün: ______________________

Dann bin ich auf Level grün: ______________________

Daran merke ich, dass ich auf grün bin: ______________________

7.1.6 Sechste Trainingseinheit: Vertiefung des Wahrnehmens, Einschätzens und Benennens von Emotionsstärken

Tabelle 10: Ziele, praktisches Vorgehen und Materialien der Trainingseinheit

Ziele	Praktisches Vorgehen	Material
		Projektmappen für jedes Kind
Motivierung der Kinder, Herstellung eines ruhigen Lernklimas	gemeinsames Hören von „Abenteuer auf Duesternbrook", Teil 6	– DVD-Player – DVD mit Hörspiel „Abenteuer auf Duesternbrook", Teil 6 (Track 7 auf der DVD) Arbeitsblätter: – Fragen zum Hörspiel, S. 98 und DVD
Vertiefung der Erkenntnisse: Erkennen, dass eigene Gefühle in unterschiedlichen Stärken auftreten können Erkennen, dass unterschiedliche Emotionsstärken verschiedene Verhaltensweisen auslösen	Durchführung des Bewegungs-Spiels: Wähl dein Gefühl!	– farbige Karten (grün, gelb, rot) für jedes Kind – beschriftete Karten zur Kennzeichnung der Gefühlszonen
Einüben der Emotionswahrnehmung	Hausaufgabe: Abfragen von Gefühlslevels	– kleines Heft und kleinen Bleistift für jedes Kind
Erkennen des Zusammenhangs zwischen Verhalten und Konsequenzen	Beurteilung des Kinderverhaltens anhand zuvor vereinbarter Verhaltensziele	Verstärkerplan

Wiederholung der Inhalte aus der letzten Einheit

Der Trainer wiederholt mit den Kindern in einem Unterrichtsdialog die Kerninformationen der vergangenen Einheit. Danach hören die Kinder die nächste Hörspielsequenz.

Hörspiel: „Abenteuer auf Duesternbrook", Teil 6

Julie und Cedric hatten beschlossen, nach ihren beiden Freunden zu sehen und ihnen entgegenzugehen. Wie zuvor markierte Julie ihren Weg mit Kreide. Julie und Cedric machten sich nun große Sorgen um ihre Freunde. Wo steckten sie bloß?

„Woher wissen wir, wo lang die beiden gegangen sind?", fragte Cedric, während sie sich durch den dunklen Gang tasteten.

„Gute Frage, keine Ahnung …", erwiderte Julie etwas mutlos.

Doch sie konnten nicht einfach herumsitzen und abwarten. Dazu waren sie viel zu aufgeregt. Also gingen sie weiter.

„Halt mal!", flüsterte Julie und hielt an. Beide lauschten in die Stille. Sie hatte Recht – da waren Geräusche. Ja, es waren Stimmen. Doch waren es Mehmet und Irina? Die Stimmen klangen seltsam. Irgendwie fremd und weit entfernt.

Was nun? Keiner von beiden wagte etwas zu sagen. Julie spürte wie ihre Angst stärker wurde. Sie war mindestens schon auf Level Orange. Mehmet hatte sich ihr einmal anvertraut und ihr von seiner Spinnenangst erzählt. Der Arme!

Die Idee mit den Levels hatte sie aber so gut gefunden, dass sie das nun seit einiger Zeit auch machte. Das war manchmal gar nicht so einfach. Sie musste es erst einüben, denn früher hatte sie nie über ihre Gefühle nachgedacht.

Cedric riss sie aus ihren Gedanken und bedeutete ihr, dass auch ihm die Stimmen fremd waren. Beide blieben wie angewurzelt stehen. Julie hatte vorsichtshalber die Taschenlampe wieder ausgemacht.

‚Gab es also doch Bewohner auf Duesternbrook? Wenn ja, wer waren sie? Waren es Marsmännchen? War das Sternmännchen mit dem merkwürdigen Helm einer von ihnen? Das alles war sehr geheimnisvoll …'

Nachdem sie eine Zeit lang weiter gegangen waren, blieben sie erneut stehen. Schon wieder Stimmen! Doch dieses Mal klangen sie vertrauter. Sie gingen weiter in die Richtung aus der die Stimmen kamen. Cedric musste beim Gehen an die Schule denken. Er machte sich Sorgen, denn er hatte Probleme mit dem Lernen. Dabei sagte seine Lehrerin ständig, dass er klug genug sei und dass er könne, wenn er nur wolle. Doch er wolle ja nicht! Er sei faul und werde schon sehen, wo das hinführe!

‚Die hat gut reden!', dachte Cedric.

‚Die muss sich ja auch nicht den ganzen Tag auf das Lernen konzentrieren.'

Er fand die Schule manchmal zum Einschlafen langweilig. Meist wurde er schon nach den ersten Stunden unheimlich müde. Er konnte nichts dagegen tun, so sehr er sich auch anstrengte. Es war als könne ihn Frau Thill hypnotisieren. Manchmal träumte er nachts von einem riesigen Lehrerungeheuer, das ihn verfolgte und immer schrie ‚Du musst nur wollen, du musst nur wollen …' Nach einem solchen Traum war der nächste Schultag für ihn gelaufen. Er war dann schon morgens völlig fertig.

Dann vergaß er seine Lehrerin, denn plötzlich sahen sie ein helles Licht aufflackern. Die Stimmen wurden lauter.

„Es ist Irina!“, flüsterte Cedric aufgeregt.

Julie leuchtete mit ihrer Taschenlampe in die Richtung aus der die Stimme von Irina kam.

Jetzt hatten Mehmet und Irina den Lichtschein von Julies Taschenlampe gesehen.

„Julie, Cedric?“, schrie Irina vor lauter Freude und Erleichterung.

„Ja“, antwortete Julie leise. „Hör auf zu reden! Wir sind nicht allein hier!“

Vertiefung des Hörspielinhalts

Im Anschluss an das Hörspiel werden vom Trainer Vertiefungsfragen zum Text gestellt. Dazu erhalten die Kinder ein Arbeitsblatt.

Arbeitsblatt: Fragen zum Hörspiel, Teil 6 (vgl. S. 98).

Bewegungsspiel zur Vertiefung des Themas Emotionshierarchien

Die Tische und Stühle des Gruppenraums werden an die Seiten geräumt. Der Gruppenraum wird in vier Zonen geteilt und den Basisemotionen Freude, Traurigkeit, Angst und Wut entsprechend mit beschrifteten Karten markiert. Jedes Kind erhält ein Set aus drei farbigen Karten (grün, gelb, rot). Der Trainer nennt nacheinander verschiedene mögliche Auslöser für Emotionen, zum Beispiel:

Stell dir vor ...
– zu Hause gibt es eine Mahlzeit, die du nicht magst, – dein Hund ist schwer krank, – du hast Streit mit dem besten Freund/der Freundin, – dein Lehrer hat dich ausgeschimpft, weil du frech warst, – du wurdest angerempelt, – du hast ein fehlerfreies Diktat geschrieben, – deine Eltern sind abends ausgegangen und du bist nun allein zu Haus, – du musst im Schwimmbad einen Kopfsprung vom Dreimeterbrett machen, – auf dem Rummelplatz fährst du mit der Loopingbahn, obwohl du erst neun Jahre alt bist, – du brauchst heute nicht den Tisch abräumen, – deine Mama lobt dich dafür, wie toll du dein Zimmer aufgeräumt hast.

Die Kinder stehen aufgereiht an der Tafel entlang. Sie haben die Aufgabe, sich in die Situation hineinzuversetzen und bei Aufforderung des Trainers alle schnell in die Gefühlszone zu gehen, welche die gegebene Situation bei ihnen auslösen würde. Haben die Kinder die Gefühlszonen ihrer Wahl erreicht, werden sie kurz gefragt, auf welchem „Level" sie jeweils sind. Dafür sollen die Kinder die farbige Karte ihrer Wahl hochhalten.

Danach gehen alle wieder langsam in ihre Startposition und die nächste Auslösesituation wird vom Trainer vorgelesen. Es sollten mindestens sechs Durchgänge durchgeführt werden. Der Trainer sollte sich als positives Modell aktiv am Spiel beteiligen und als erster eine Gefühlszone seiner Wahl aufsuchen.

Trainingsaufgabe: „Gefühlslevels abfragen"

Die Kinder erhalten ein kleines Heft und einen kleinen Bleistift. Sie haben die Aufgabe, in der kommenden Woche mindestens ein Kind der Gruppe pro Tag jeweils nach seinem Gefühl und dem dazugehörigen Level zu fragen. Die Kinder antworten und geben an, in welchem Gefühlskegel sie gerade sind, zum Beispiel Wut. Zusätzlich geben sie an, auf welchem Level sie sind, zum Beispiel gelb für sauer sein. Die Kinder dürfen zunächst einmal nicht nach den Gründen/Auslösern für die Emotionszustände der anderen fragen, um die Kinder nicht zu überfordern. Das befragte Kind muss sein Zeichen (Initialen) als Beweis ins Heft eintragen.

Beispiel:

Kind A: „In welchem Gefühlskegel bist du gerade?"

Kind B: „Ich bin im Wutkegel."

Kind A: „Auf welchem Level bist du?"

Kind B: „Ich bin auf Level gelb." Kind A trägt die Antworten in sein Heft und Kind B zeichnet seine Initialen unter den Eintrag ins Heft des Kindes A.

Die Dialoge werden zum besseren Verständnis zweimal in der Einheit geübt.

Bei dieser Aufgabe sollen die Kinder üben, unterschiedliche Emotionsintensitäten besser wahrzunehmen, insbesondere geringe Gefühlsstärken sollen wahrgenommen werden. Diese Übung lässt sich sehr gut in einen Wochenplan integrieren.

Verstärkerplan

Der Trainer schätzt die Gruppen anhand der vereinbarten Verhaltensziele während der Trainingseinheit ein und trägt die erreichten Punkte auf dem Verstärkerplan ein, der im Gruppenraum ausgehängt ist.

Arbeitsblatt: Fragen zum Hörspiel „Abenteuer auf Duesternbrook“ Teil 6

Was hören Julie und Cedric als sie Mehmet und Irina suchen?

___

Woran denkt Julie als ihre Angst stärker wird?

___

Woran denkt Cedric als er mit Julie durch die Gänge irrt?

___

Wen treffen Julie und Cedric schließlich?

___

7.1.7 Siebte Trainingseinheit: Sammeln von Wutkontrollstrategien

Tabelle 11: Ziele, praktisches Vorgehen und Materialien der Trainingseinheit

Ziele	Praktisches Vorgehen	Material
		Projektmappen für jedes Kind
Motivierung der Kinder, Herstellung eines ruhigen Lernklimas	gemeinsames Hören von „Abenteuer auf Duesternbrook“, Teil 7	– DVD-Player – DVD mit Hörspiel „Abenteuer auf Duesternbrook“, Teil 7 (Track 8 auf der DVD)
Sammlung von Wutkontrollstrategien; Diskriminieren zwischen angemessenem und unangemessenem Verhalten bei Ärger	Spielerische Übung zur Sammlung von Wutkontrollstrategien	Arbeitsblätter: – Fragen zum Hörspiel, S. 103 und DVD – Wutstarter, S. 104 und DVD – Wutstopper, S. 105 und DVD
Erarbeiten von individuellen Wutkontrollstrategien		– Papierstreifen, Edding
Erkennen des Zusammenhangs zwischen Verhalten und Konsequenzen	Beurteilung des Kinderverhaltens anhand zuvor vereinbarter Verhaltensziele	Verstärkerplan

Wiederholung der Inhalte aus der letzten Einheit

Der Trainer wiederholt mit den Kindern in einem Unterrichtsdialog die Kerninformationen der vergangenen Einheit. Danach hören die Kinder die nächste Hörspielsequenz.

Hörspiel: „Abenteuer auf Duesternbrook“, Teil 7

Die Freunde umarmten sich vor Freude, weil sie sich wiedergefunden hatten. Dann erzählten sie sich von ihren Erlebnissen. Mehmet und Irina berichteten von dem Metallgitter, das sie fast gefangen genommen hatte. Julie und Cedric erzählten von den fremden Stimmen, die sie gehört hatten. Sie flüsterten, denn vor Aufregung trauten sie sich nicht, normal zu sprechen. Sie überlegten vor allem, was sie nun tun sollten.

„Ich schlage vor, wir gehen erst mal nach Hause“, sagte Julie.

Keiner der anderen protestierte, denn alle waren ziemlich erschöpft von ihren Erlebnissen.

Doch was war das? So plötzlich wie beim letzten Mal ertönte wieder das laute Brummen und Vibrieren. Es war noch viel lauter und durchdringender als zuvor. Dieses Mal konnten sie erkennen, aus welcher Richtung es kam. Es kam von dort, wo Irina im Metallgitter festgesteckt hatte.

Sie verständigten sich darauf, nun doch dem Brummton und dem Vibrieren zu folgen. Sie mussten einfach endlich herausfinden, was in Duesternbrook vor sich ging. Langsam folgten sie dem Geräusch. Sie kamen an der Stelle vorbei, wo zuvor das Gitter herunter gefallen war und Irina eingeschlossen hatte. Irina signalisierte Vorsicht, doch dieses Mal passierte nichts. Sie gingen weiter. Sie mussten sich die Ohren zuhalten, da das Brummen immer lauter wurde.

„Stopp!“, Julie gab den anderen ein Stoppsignal.

Schnell merkten die anderen, warum: Julie leuchtete auf etwas vor ihnen, das nicht wie Stein aussah. Als sie näher kamen, sahen sie, dass es eine schwere Metalltür war. Sie war über und über mit fremden Zeichen und Ornamenten verziert.

„Wo ist der Türgriff?“, fragte Cedric nun.

Es war kein Türgriff zu sehen. Mehmet leuchtete die einzelnen Stellen der Tür mit der Taschenlampe ab und tastete über die Oberfläche.

„Was haben die Zeichen nur zu bedeuten?“, fragte er leise.

Julie fühlte sich herausgefordert. „Ich habe so etwas schon in Fernsehsendungen über die alten Ägypter gesehen, jedenfalls so etwas Ähnliches.“

Auch Julie ertastete die Tür mit ihren Händen. „Das sieht sehr schön aus, finde ich. Und so geheimnisvoll! Seht einmal diese Figuren an …“

Plötzlich gab es ein Klicken und die Tür glitt fast lautlos auf. Mehmet riss Julie vor Schreck am Jackenärmel. Vor ihnen lag ein winziger Raum ohne Fenster. Die Wände und die niedrige Decke waren aus Metall. Und was war das? Auf einer Bank saß das kleine Sternmännchen. Sie trauten ihren Augen kaum. Wie im Traum betraten alle den kleinen Raum. Die Neugier hatte über die Angst gesiegt. Die vier Freunde waren noch nicht ganz drinnen, da schloss sich die Tür hinter ihnen. Die Vier erschraken. Aber es kam noch schlimmer: Der ganze Raum bewegte sich plötzlich abwärts. Nun klopften ihre Herzen vor Aufregung bis zum Hals. Mehmet brach der kalte Schweiß aus. Julie bereute, dass sie den Raum, der ein Fahrstuhl war, betreten hatte. Sie war nun im Angstkegel auf Level Rot. Plötzlich stoppte der Fahrstuhl. Das Brummen war noch lauter geworden und kaum zu ertragen. Die Tür öffnete sich und sie blickten in eine riesige menschenleere Halle.

In der Mitte der Halle quoll – keiner von ihnen mochte es glauben – ein blau-grüner, leuchtender Nebel hervor und stieg nach oben. Das blau-grüne Licht war so grell, dass sie sich die Hände vor die Augen halten mussten. Plötzlich sahen sie im Nebel eine kleine Rakete, die gerade startete. Sie sah fast echt aus und war etwa zwei Meter groß. Blau-grüne Flammen schossen unter ihr hervor.

Dann stieg sie hoch, erst langsam und schwerfällig wie in Zeitlupe, dann schneller und schneller. Die drei schauten hoch und der Rakete hinterher.

Man hatte sehen können, dass die Rakete nicht echt war, doch wie konnte so etwas aus Nebel entstehen?

Während die anderen fasziniert der Rakete hinterher starrten, musste Irina an etwas ganz anderes denken. Sie erinnerte sich plötzlich an ihren Wutanfall von vorhin.

‚Sie ist wie ich, die Rakete', dachte sie. ‚Wenn sie einmal startet, schießt sie irgendwann mit voller Wucht in den Himmel …'

‚Aber selbst Raketen haben doch Piloten', überlegte sie, ‚und irgendwann kehren alle zur Erde zurück.'

Konnte Irina daraus etwas lernen?

Vertiefung des Hörspielinhalts

Im Anschluss an das Hörspiel werden vom Trainer Vertiefungsfragen zum Text gestellt. Dazu erhalten die Kinder ein Arbeitsblatt.

Arbeitsblatt: Fragen zum Hörspiel, Teil 7 (vgl. S. 103).

Übung zur Sammlung von Wutkontrollstrategien

Der Trainer schreibt alle Wutstarter, Wutstopper und Auslöser (S. 102) der Arbeitsblätter auf den Seiten 104 bis 105 mit einem Eddingstift gut lesbar und groß auf einzelne Papierstreifen. Es sollten gleich viele Wutstarter und Wutstopper sein. Die einzelnen beschrifteten Papierstreifen werden ungeordnet in der Gruppe an die Wände angebracht (geklebt). Vorn an der Tafel des Gruppenraums werden die Kategorienüberschriften angeschrieben, so dass das folgende Tafelbild entsteht:

Auslöser	Wutstarter	Wutstopper
Ich werde angerempelt.	Das hat er extra gemacht.	Wenn mich jemand anrempelt, prüfe ich, ob es Absicht war.

Die Kinder werden in Zweierteams eingeteilt. Der Trainer liest nun einen möglichen Wutauslöser wie zum Beispiel „Ich werde angerempelt" vor und heftet den Papierstreifen mit dem Auslöser an der Tafel an. Die Teams haben die Aufgabe, den Auslösesituationen je eine unangemessene Lösung (Wutstarter) und eine angemessene Lösung

(Wutstopper) zuzuordnen. Hat ein Team einen passenden Wutstarter gefunden, muss es zusätzlich einen Wutstopper finden und beide Papierstreifen an der Tafel anbringen. Lernziel ist hierbei, zwischen den erwünschten und unerwünschten, sowie kognitionsbezogenen und handlungsbezogenen Wutkontrollstrategien zu unterscheiden.

Beispiele für Auslöser

- Ich werde angerempelt.
- Jemand nimmt mir etwas weg.
- Jemand macht etwas von mir kaputt.
- Jemand ruft ein Schimpfwort.
- Jemand hat ein Spielzeug, das ich auch will.
- Ich bin in der Nähe von Kindern mit denen ich oft Streit habe.
- Ich kann etwas nicht.
- Ich soll den Müll aufheben.
- Ich soll meine Aufgabe zu Ende machen.
- Ich soll mich an die Regeln halten.
- Ich werde von der Pausenaufsicht ausgeschimpft.
- …

Nach der Übung erhalten die Kinder die Arbeitsblätter zu den Wutstartern und den Wutstoppern. Sie erhalten die Aufgabe, die Wutstarter und Wutstopper, die sie darüber hinaus kennen, in die Arbeitblätter einzutragen.

Arbeitsblatt: Wutstarter (vgl. S. 104).

Arbeitsblatt: Wutstopper (vgl. S. 105).

Verstärkerplan

Der Trainer schätzt die Gruppen anhand der vereinbarten Verhaltensziele während der Trainingseinheit ein und trägt die erreichten Punkte auf dem Verstärkerplan ein, der im Gruppenraum ausgehängt ist.

Arbeitsblatt: Fragen zum Hörspiel „Abenteuer auf Duesternbrook“, Teil 7

Was passiert kurz bevor die Vier sich auf den Rückweg machen wollen?

____

____

Was entdecken sie als sie den Geräuschen folgen?

____

____

Wer befindet sich in dem Fahrstuhl?

____

____

Wohin bringt sie der Fahrstuhl?

____

____

Was sehen die Freunde in der Halle?

____

____

Woran erinnert die startende Rakete Irina und warum?

____

____

Arbeitsblatt: Wutstarter		
	Gedanken	**Verhalten**
Meine Wut schießt nach oben auf Level rot! 	• Er/sie hat Schuld. • Wenn ich weggehe, bin ich ein Feigling. • Das hat er/sie extra gemacht. • Er/Sie will mich ärgern. • Dem zahle ich es zurück. • Der/das ist ungerecht! • Immer ich! • Machen die anderen ja auch nicht. • Die anderen müssen nie was machen. • Dem werde ich beweisen, dass ich stärker bin. • Wenn ich nicht zurückschlage, bin ich ein Schwächling. • __________ • __________ • __________	• Ohne Nachfragen zuschlagen • Beleidigen • Schimpfen, schreien • Hänseln • Ausflippen, um sich schlagen • Stören • Etwas kaputt machen • Meckern • Auslachen • Bedrohen • Jemandem weh tun • Weiter streiten, bis Erwachsene eingreifen • __________ • __________ • __________

Arbeitsblatt: Wutstopper		
	Gedanken	**Verhalten**
 **Meine Wut sinkt auf Level gelb oder grün!**	• Sitz ich auf dem Pilotenstuhl bleibe ich cool. • Ich lasse mich nicht ärgern. • Ich konzentriere mich auf etwas anderes. • Ich bin der Chef meiner Wut, ich kann sie senken. • Die Fäuste muss ich senken, dann kann ich besser denken. • Zum Schlagen (Zicken, Schreien ...) sag ich künftig nein, viel besser ist es cool zu sein. • Will ich keinen Ärger kriegen, muss ich erst die Wut besiegen. • Ich spiele mir in Gedanken ein beruhigendes Lied ein. • Ich spiele „Kopfkino" und stelle mir mein beruhigendes Lieblingsbild vor. • ______ • ______ • ______	• Ich gehe Kindern, mit denen ich Streit habe, aus dem Weg. • Wenn mich jemand anrempelt, prüfe ich, ob es Absicht war. • Wenn mich jemand ärgert, gehe ich erst mal weg. • Wenn ich mich ärgere, tue ich die Hände in die Hosentaschen und balle die Fäuste. • Ich atme fünf Mal tief durch. • Ich zähle erst einmal bis zehn • Ich bitte um Hilfe. • Statt über die Aufgabe nachzudenken, fange ich erst einmal an. • Ich gehe in den Waschraum und wasche mir kalt die Hände/das Gesicht. • Ich gucke woanders hin. • ______ • ______ • ______

7.1.8 Achte Trainingseinheit: Erstellen eines Wutkontrollplans

Tabelle 12: Ziele, praktisches Vorgehen und Materialien der Trainingseinheit

Ziele	Praktisches Vorgehen	Material
		Projektmappen für jedes Kind
Motivierung der Kinder, Herstellung eines ruhigen Lernklimas	gemeinsames Hören von „Abenteuer auf Duesternbrook“, Teil 8	– DVD-Player – DVD mit Hörspiel „Abenteuer auf Duesternbrook“, Teil 8 (Track 9 auf der DVD)
Erarbeiten von individuellen Wutkontrollstrategien	Erarbeiten des Wutkontrollplans	Arbeitsblatt: – Fragen zum Hörspiel, S. 109 und DVD – Wutkontrollplan, S. 110 und DVD
Erkennen des Zusammenhangs zwischen Verhalten und Konsequenzen	Beurteilung des Kinderverhaltens anhand zuvor vereinbarter Verhaltensziele	Verstärkerplan

Wiederholung der Inhalte aus der letzten Einheit

Der Trainer wiederholt mit den Kindern in einem Unterrichtsdialog die Kerninformationen der vergangenen Einheit. Danach hören die Kinder die nächste Hörspielsequenz.

Hörspiel: „Abenteuer auf Duesternbrook“, Teil 8

Irina und ihre Freunde hatten der Rakete noch lange nachgeschaut. Der blau-grüne Qualm hatte sich ausgebreitet und sie ganz eingehüllt. Vor Angst hatten sie sich nicht bewegen können. Als wieder alles still war, suchten sie nach Menschen. Doch nichts bewegte sich. Sogar das Sternmännchen war verschwunden. Es hatte sie wohl niemand entdeckt.

Schließlich entschieden sie, sich auf den Rückweg zu machen. Der Fahrstuhl fuhr sie ohne Probleme wieder hoch. Mit Hilfe von Julies Kreidemarkierungen fanden sie leicht den Rückweg durch das Kellergewölbe.

Als sie schließlich wieder bei ihren Fahrrädern ankamen, war es bereits dunkel. Grillen zirpten im Hintergrund.

Während Julie, Cedric und Mehmet damit beschäftigt waren, die Erlebnisse vom Nachmittag zu verarbeiten, machte sich Irina wieder Sorgen um ihre Wutanfälle.

„Julie, meinst du, ich könnte heute bei dir übernachten?“, fragte sie auf dem Nachhauseweg.

„Was? Ja klar“, antwortete Julie erstaunt.

Sie war aber sehr froh darüber, denn so musste sie mit all ihren Eindrücken und Fragen nicht allein bleiben.

„Du musst nur deiner Mutter Bescheid sagen.“

Irina war sehr erleichtert, dass sie an diesem Abend nicht allein sein musste.

Bei Julie angekommen, fragte diese gleich ihre Eltern, ob Irina bei ihnen übernachten dürfe. Wie erwartet, hatten die Eltern nichts dagegen. Sie mochten Irina und wussten, wie schwierig es für sie zu Hause war. Irina rief ihre Mutter an. Diese war wie meistens noch bei der Arbeit und froh, dass ihre Tochter bei Julie übernachten durfte. Sie hatte einfach zu wenig Zeit für Irina und nahm sich wieder einmal vor, das zu ändern, nachdem dieser Auftrag bearbeitet worden war.

Die Mädchen waren erschöpft und so gingen sie gleich zu Bett. Irina übernachtete auf einem Gästebett gleich neben dem von Julie. …

„Julie, schläfst du schon?“, fragte Irina nach einer Weile zögernd.

„Nein, ich kann irgendwie nicht schlafen, nach dem was wir heute gesehen haben. Du auch nicht?“

„Nein“, entgegnete Irina.

„Ich muss dir etwas erzählen. Darum wollte ich auch bei dir schlafen … Weißt du, als ich diese Rakete in den Himmel schießen sah, musste ich sofort an mich und meine Wutanfälle denken. Ich fühle mich so mies deswegen. Ich habe Mehmet heute fies angeschrien, als ich im Gitter gefangen war. Ich war mal wieder völlig außer Kontrolle. Erst als er mich unterbrochen hat, konnte ich langsam wieder klar denken. Es tut mir so leid, aber ich weiß nicht, was ich tun soll. Aber mir ist klar: Ich muss etwas ändern! Kannst du mir helfen? Du bist immer so klug und ruhig und vernünftig …“

Julie glaubte ihren Ohren nicht zu trauen. Sie machte sich gerade Gedanken über die Rakete und ihre Freundin …

Doch Julie merkte, dass Irina es ernst meinte. Sie befragte ihre Freundin nun genauer zu ihrem Problem. Es war ihr nicht ganz unbekannt. Allen war klar, dass Irina ein Problem mit ihren Wutausbrüchen hatte. Nachdem sie hin und her überlegt hatten, verkündete Julie:

„Weißt du was? Du musst dir einen Plan machen, wie du deinen Ärger kontrollieren kannst. Du hast eben gesagt, dass die Rakete langsam gestartet ist und erst dann immer schneller in den Himmel schoss. Ich glaube, du musst deine Wutrakete rechtzeitig steuern lernen, dann wenn sie noch langsam ist, ganz zu Anfang. Wie wäre es, wenn du dir mal überlegst, wie lange du deine Wutrakete steuern kannst und wann sie außer Kontrolle gerät? Wenn du weißt, wie lange du sie steuern kannst, weißt du auch, wann du umkehren musst, damit sie nicht unkontrolliert ins All schießt, stimmt's oder hab' ich Recht?“

Julie überlegte, ob sie Irina von den Levels erzählen durfte, es war ja Mehmets Geheimnis. Er hatte bestimmt nichts dagegen, aber sicherheitshalber wollte sie ihn am nächsten Tag sofort darauf ansprechen.

Irina war erstaunt über die Lösung von Julie, aber sie hatte Recht. So konnte es vielleicht gehen, jedenfalls wenn Julie ihr beim Wutkontrollplan half. Mit diesem Gedanken schliefen die beiden zufrieden und völlig erschöpft ein. Sie ahnten nicht, was der nächste Tag bringen sollte …

Vertiefung des Hörspielinhalts

Im Anschluss an das Hörspiel werden vom Trainer Vertiefungsfragen zum Text gestellt. Dazu erhalten die Kinder ein Arbeitsblatt.

Arbeitsblatt: Fragen zum Hörspiel, Teil 8 (vgl. S. 109).

Übung: Wutkontrollplan entwickeln

Die Kinder erhalten die Aufgabe, sich im Rahmen einer Stillarbeitsphase Situationen für mögliche Wutauslöser und geeignete Wutkontrollstrategien für sich selbst auszusuchen. Sie erhalten dafür ein Arbeitsblatt.

Arbeitsblatt: Mein Wutkontrollplan (vgl. S. 110).

Die Vorlage für diese Arbeit bilden die vorangegangenen Übungen. Zudem kann der Gefühlskegel „Wut", der bereits bearbeitet wurde, zu Hilfe genommen werden. Wichtig ist, dass die Zuordnung sich an der Emotionsstärke orientieren sollte. So kann bei impulsiveren Kindern und einem niedrigen Erregungslevel (grün) eine gedankliche Wutkontrollstrategie wirksam sein, während ein mittleres Erregungslevel bereits eine handlungsbezogene Strategie erfordert.

Die Kinder sollten die persönliche Zuordnung anhand ihrer bisherigen Erfahrungen vornehmen. Die Metapher für Wut bildet wie bereits in der letzten Übung die „Rakete". Die Selbstkontrollmetapher bildet die Möglichkeit eines Piloten die „Wut"-Rakete zu steuern. Diese Metaphern sollen den Kindern das Wesen der Emotionskontrolle auf einem altersgerechten Niveau verständlich machen und Aufforderungscharakter besitzen.

Trainingsaufgabe

Jedes Kind erhält bis zur nächsten Einheit die Aufgabe, den Eltern seinen Wutkontrollplan zu erklären und ein Elternteil zu bitten, selbst einen Wutkontrollplan zu erstellen. Falls Eltern sich nicht dazu bereit erklären sollten, kann das Kind ebenso Freunde oder Geschwister einbeziehen. Die Kinder sollten für diese Aufgabe ein weiteres Exemplar des Wutkontrollplans (S. 110) erhalten.

Verstärkerplan

Der Trainer schätzt die Gruppen anhand der vereinbarten Verhaltensziele während der Trainingseinheit ein und trägt die erreichten Punkte auf dem Verstärkerplan, der im Gruppenraum ausgehängt ist, ein.

Arbeitsblatt: Fragen zum Hörspiel „Abenteuer auf Duesternbrook" Teil 8

Wie finden die vier Freunde schnell aus der Burg heraus?

Worum bittet Irina Julie?

Worüber muss Irina nachdenken, woran erinnert sie die Rakete?

Welchen Rat gibt ihr Julie?

Wie beschreibt Julie den Start der Rakete bezogen auf ihr Tempo?

Arbeitsblatt: Mein Wutkontrollplan

 ______________________________ 

So bleibe ich Chefpilot und senke mein Wutlevel

Meine Wutrakete

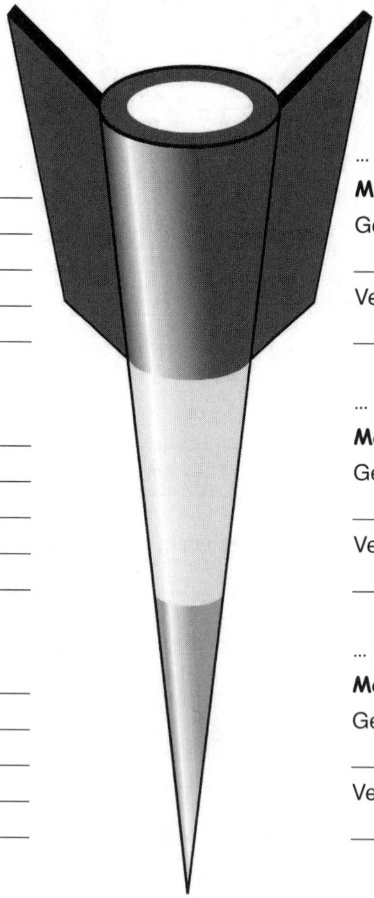

Wenn das passiert …

____
____
____
____
____

… bin ich auf **Level rot**.

Meine Wutstopper:

Gedanken: ____________________
____

Verhalten: ____________________
____

Wenn das passiert …

____
____
____
____
____

… bin ich auf **Level gelb**.

Meine Wutstopper:

Gedanken: ____________________
____

Verhalten: ____________________
____

Wenn das passiert …

____
____
____
____
____

… bin ich auf **Level grün**.

Meine Wutstopper:

Gedanken: ____________________
____

Verhalten: ____________________
____

7.1.9 Neunte Trainingseinheit: Ärgerwahrnehmung vertiefen

Tabelle 13: Ziele, praktisches Vorgehen und Materialien der Trainingseinheit

Ziele	Praktisches Vorgehen	Material
		Projektmappen für jedes Kind
Motivierung der Kinder, Herstellung eines ruhigen Lernklimas	gemeinsames Hören von „Abenteuer auf Duesternbrook", Teil 9	– DVD-Player – DVD mit „Abenteuer auf Duesternbrook", Teil 9 (Track 10 auf der DVD)
Üben von Ärgerwahrnehmung und Vertiefung von Wutkontrolle	Übung	Arbeitsblätter: – Woran ich merke, dass ich wütend bin, S. 113 und DVD
Erkennen des Zusammenhangs zwischen Verhalten und Konsequenzen	Beurteilung des Kinderverhaltens anhand zuvor vereinbarter Verhaltensziele	Verstärkerplan

Wiederholung der Inhalte aus der letzten Einheit

Der Trainer wiederholt mit den Kindern in einem Unterrichtsdialog die Kerninformationen der vergangenen Einheit. Danach hören die Kinder die nächste Hörspielsequenz.

Hörspiel: „Abenteuer auf Duesternbrook", Teil 9

Am nächsten Morgen wurden Julie und Irina von der Sonne an der Nase gekitzelt. Es war Samstag, Wochenende, also keine Schule! Julies Mutter öffnete die Zimmertür und sofort strömte ein köstlicher Duft von Frühstück herein. Gut gelaunt sprangen Julie und Irina aus ihren Betten, um schnell in die Küche zum Frühstück zu kommen. Besonders Irina genoss das Zusammensein mit Julie und ihrer Familie. Alle waren gut gelaunt und es wurde viel gelacht.

Julie und Irina gingen nach dem Frühstück raus in den Garten und setzten sich auf die Schaukeln. Dabei dachte Irina noch einmal über die gestrigen Erlebnisse auf Duesternbrook und ihre Wutausbrüche nach.

„Julie? Du hast doch gestern zu mir gesagt, ich könnte versuchen, meine Wut zu steuern, wenn ich sie rechtzeitig erkenne, richtig?"

„Ja, das meinte ich", entgegnete Julie, „Wenn man schon richtig wütend ist, ist es doch viel schwerer wieder ruhig zu werden, als wenn man noch nicht so wütend ist."

Irina überlegte, wie es sich anfühlt, wenn man nur ein wenig wütend ist. Schließlich gab sie etwas enttäuscht auf:

Aber wie ist das, wenn man nur ein wenig wütend ist? Wenn ich wütend bin, dann bin ich immer gleich richtig wütend. Es macht „Peng" und ich könnte explodieren."
Genau das meinte Julie doch:

„Also, wenn du gleich explodierst, dann bist du wie die Rakete gestern. Sie fliegt einfach weg und du kommst nicht mehr ans Steuer … Du musst schon viel früher ans Steuer!“

„Aber woran merke ich denn, dass ich nur ein wenig wütend bin?“, fragte Irina.

Da hatte Julie eine Idee. Sie würden aufschreiben, woran Irina merken könnte, dass sie wütend wird. Sie rannte gleich in ihr Zimmer und holte Papier und Bleistift. Dann setzten sich die beiden Mädchen unter einen Baum und erstellten die Liste. Julie stellte Irina dafür ganz viele Fragen.

Julie und Irina waren noch eine Weile mit der Liste beschäftigt. Zum Schluss hatten sie einige Dinge gefunden, an denen Irina merken konnte, dass sie wütend wurde. Sie blähte zum Beispiel ihre Nase auf oder spannte ihre Arme und ihren Nacken an. Irina wollte von nun an viel mehr darauf achten, wann sie wütend wurde, wann sie also von Level grün auf Level gelb kam.

Nachdem Sie fertig waren, beschloss Irina heim zu ihrer Mutter zu radeln. Sie wäre gerne noch bei Julie geblieben, aber irgendwann musste sie ja mal nach Hause …

Übung

Diese Übung dient der Vertiefung des Wutkontrollplans. Die Kinder erhalten nun den Auftrag, mit ihrem Trainingspartner ebenfalls eine solche Liste zu erstellen. Dazu sollen die Kinder sich gegenseitig die Fragen auf dem Arbeitsblatt stellen und aufschreiben, woran sie merken, dass sie wütend werden.

Arbeitsblatt: Woran ich merke, dass ich wütend bin und auf Level gelb komme! (vgl. S. 113).

Anschließend werden die Antworten der Kinder an der Tafel zusammengetragen. Sollten Kinder zu einem Punkt Unterschiedliches berichten, kann erfragt werden, wer sich so oder anders fühlt. Dazu können die Kinder aufgefordert werden, sich zu melden. Es ist wichtig zu betonen, dass man unterschiedliche Empfindungen mit einer Emotion verbinden kann. Nachdem die Sammlung der Kinder besprochen wurde, werden sie aufgefordert noch einmal das Arbeitsblatt mit den Wutstoppern aufzuschlagen. Die Kinder sollen nun nennen, welchen Gedanken oder welches Verhalten sie gegen die Wutanzeichen bei Level gelb einsetzen würden. Falls sich dabei Ergänzungen oder Änderungen ergeben, sollen sie ihren persönlichen Wutkontrollplan anschließend entsprechend anpassen. Mit dieser Ünung soll deutlich werden, dass die Kinder möglichst schon Wutstopper einsetzen sollten, wenn sie auf dem Wutlevel grün oder spätestens gelb angekommen sind. Auf diesen Levels hat man noch größere Handlungsspielräume als auf dem Wutlevel rot.

Verstärkerplan

Der Trainer schätzt die Kindergruppen anhand der vereinbarten Verhaltensziele während der Trainingseinheit ein und trägt die erreichten Punkte auf dem Verstärkerplan ein, der im Gruppenraum ausgehängt ist.

Arbeitsblatt: Woran ich merke, dass ich wütend bin und auf Level gelb komme!

- Wie fühlt sich mein Gesicht an, wenn ich wütend bin?

___

___

- Was mache ich mit den Händen, wenn ich wütend bin?

___

___

- Was mache ich mit den Füßen, wenn ich wütend bin?

___

___

- Wie hört sich meine Stimme an, wenn ich wütend bin?

___

___

- Wie ändert sich meine Atmung, wenn ich wütend bin?

___

___

- Wie ändert sich mein Herzschlag, wenn ich wütend bin?

___

___

7.1.10 Zehnte Trainingseinheit: Wutkontrollstrategien praktisch einüben

Tabelle 14: Ziele, praktisches Vorgehen und Materialien der Trainingseinheit

Ziele	Praktisches Vorgehen	Material
		Projektmappen für jedes Kind
Motivierung der Kinder, Herstellung eines ruhigen Lernklimas	gemeinsames Hören von „Abenteuer auf Duesternbrook“, Teil 10	– DVD-Player – DVD mit „Abenteuer auf Duesternbrook“, Teil 10 (Track 11 auf der DVD)
Einüben von Wutkontrollstrategien	Durchführung von Rollenspielen	Arbeitsblätter: – Drehplan, S. 121 und DVD – Schauspieler- und Zuschauerregeln, S. 119 und 120 sowie DVD – Ich übe meinen Wutkontrollplan, S. 122 und DVD
Erkennen des Zusammenhangs zwischen Verhalten und Konsequenzen	Beurteilung des Kinderverhaltens anhand zuvor vereinbarter Verhaltensziele	Verstärkerplan

Wiederholung der Inhalte aus der letzten Einheit

Der Trainer wiederholt mit den Kindern in einem Unterrichtsdialog die Kerninformationen der vergangenen Einheit. Danach hören die Kinder die nächste Hörspielsequenz.

Hörspiel: „Abenteuer auf Duesternbrook“, Teil 10

Während sie nach Hause radelte, dachte Irina noch über den vergangenen Tag nach. Insgeheim beneidete sie Julie um ihre Familie. Sie erinnerte sich daran, wie es früher bei ihr zu Hause gewesen war als Papa noch bei ihnen lebte. Mama hatte damals immer Zeit für sie gehabt und ihr schöne Geschichten aus ihrer Heimat Russland erzählt. Dazu hatten sie oft zusammen russische Musik gehört. Am liebsten von einem Komponisten namens Tschaikowsky …

Irgendwann hatten die Eltern angefangen, sich öfter zu streiten, wenn Irina abends schon im Bett war. Die Eltern hatten versucht, alles vor Irina geheim zu halten, doch manchmal stritten sie sich so laut, dass Irina davon aufwachte. Sie weinte dann oft heimlich und konnte nicht einschlafen. Dann drückte sie ihren Teddy fest an sich und betete, dass Mama und Papa sich wieder vertragen sollten. Doch eines Tages, ungefähr vor einem Jahr, war es dann soweit. Die Eltern erklärten ihr, dass der Papa wegziehen würde. Alle drei weinten, sogar Papa vergoss ein paar Tränen. Das hatte sie bis dahin noch nie gesehen.

Papa hatte seine Koffer und ein paar Kartons gepackt und die Wohnung verlassen. Seitdem sah sie ihn nur noch jedes zweite Wochenende und in den Ferien. Es war grässlich. Mama und sie waren lange Zeit traurig gewesen. Dann hatte Mama die neue Arbeit im Architektenbüro angenommen. Seitdem schien es ihr besser zu gehen, doch leider hatte sie seitdem nur noch selten Zeit für Irina. Selbst an den Wochenenden saß sie oft an ihrem Zeichentisch im Arbeitszimmer. Irina traute sich nicht, sich zu beklagen, da sie wusste, dass sie das Geld brauchten … Schließlich kam sie zu Hause an. Sie nahm sich vor, ihre Mutter zu fragen, ob sie nicht wieder einmal die schöne Musik von diesem Tschaikowsky, oder wie der auch immer heißen mochte, hören könnten. Sie hatte ein richtig gutes Gefühl und freute sich auf ihre Mutter.

Nachdem sie die Wohnungstür geöffnet hatte, rief sie nach ihrer Mutter. Diese meldete sich – wie so oft – aus ihrem Arbeitzimmer. Irina stürmte zu ihr und umarmte sie.

„Hallo Mamutschka!“, so nannte sie ihre Mutter manchmal, „Duuuu“, sie dehnte das Wort so lang sie konnte, um der Mutter klar zu machen, dass sie eine Bitte hatte. „Wollen wir gleich mal wieder Musik hören?“

„Och, meine Kleine, ich habe gar keine Zeit! Ich muss unbedingt noch über's Wochenende die Zeichnungen fertig machen. Wenn ich es nicht schaffe, bekomme ich Ärger mit meinem Chef … Wir machen es nächste Woche, in Ordnung?“

Irina wollte noch nicht aufgeben: „Und wenn ich dich sehr darum bitte? Wir brauchen ja auch nur für ein Stündchen Musik hören und dann arbeitest du wieder …“

Doch die Mutter schlug Irina den Wunsch aus. Irina merkte, wie ihr plötzlich ganz warm wurde und sich ihre Nase aufblähte. Ihr Nacken und ihre Arme waren schon angespannt. Nun musste sie an ihren Wutkontrollplan und die Liste denken. Normalerweise wäre sie bald ausgerastet. Mit den ständigen Enttäuschungen konnte sie nur schlecht umgehen.

Nun überlegte sie, was zu tun war, damit ihre Wutrakete nicht ohne Kontrolle in den Himmel schoss. ‚Setzt dich ans Steuer!‘, befahl sie sich. Ich bin auf Level Orange, das heißt: Aus dem Zimmer auf den Balkon gehen und fünf Mal tief durchatmen. Sie spannte dabei ihre Arme an. Dann verließ sie wortlos das Zimmer und tat was sie sich vorgenommen hatte.

Es war schwer sich zu beruhigen, aber weil sie ihre Mutter nicht mehr ansehen konnte, war es leichter. Sie war maßlos enttäuscht und fühlte sich unheimlich einsam. Sie merkte, wie ihre Wut in Traurigkeit umschlug.

Plötzlich spürte sie, wie jemand sie in die Arme schloss. Ihre Mutter war ihr nachgegangen und umarmte sie. Dann fingen beide bitterlich an zu weinen. Nachdem sie eine Weile so auf dem Balkon gestanden hatten, sagte Irinas Mutter: „Was hältst du davon, wenn ich uns jetzt Abendbrot mache? Und beim Essen hören wir dann unsere Lieder … Arbeiten tue ich dann später wieder. Was meinst du?“, Irinas Laune hellte sich auf. Das war immerhin etwas.

Nachdem sie zusammen gegessen und Musik gehört hatten, ging Irina zu Bett.

Sie dachte noch einmal an die Situation von vorhin und freute sich darüber, dass sie nicht ausgerastet war. Es war das erste Mal gewesen, dass sie in einer solchen Lage ihren Wutkontrollplan angewendet hatte. Es war schwer gewesen – aber sie hatte es geschafft. Mit einem stolzen, zuversichtlichen Lächeln schlief sie erschöpft ein.

Einüben des Wutkontrollplans mit der Übung „Wir wählen das beste Wutkontrollteam“

In dieser Übung sollen die Kinder ihren individuellen Wutkontrollplan praktisch einüben. Die bestehenden Zweierteams werden in „Wutkontrollteams“ eingeteilt und bekommen vom Trainer je einen „Drehplan“. Jeder „Drehplan“ enthält Handlungsanweisungen für das „Wutkontrollteam“. Die Aufgabe für die Kinder lautet, sich persönliche Wutauslöser des Levels gelb aus ihrem Wutkontrollplan zu vergegenwärtigen und ihre Wutstopper herauszusuchen. Diese trägt jedes Kind in seinen persönlichen Drehplan ein.

In manchen Auslösesituationen wird ein Spielpartner, ein Statist, benötigt, der die Rolle des „Wutauslösers“ übernimmt. Die Statisten sollten vorzugsweise Spielpartner sein, die zwischen Spiel und Ernst unterscheiden können.

Arbeitsblatt: Drehplan (vgl. S. 121).

Vorbereitung

Bevor die Kinder ihre „Drehpläne“ auf der Bühne vorspielen, erhalten sie die Zeit für eine Probe. In dieser Zeit üben die beiden Teammitglieder ihren „Auftritt“ mit Hilfe ihres Drehplans. In der Übungsphase soll jeder einmal „Regisseur“ und einmal Schauspieler sein. Die Kinder füllen in dieser Zeit ihren persönlichen Drehplan aus (vgl. S. 121).

Nach der „Probezeit“ sollen die Kinder ihren Drehplan der Klasse vorstellen. Der Trainer bestimmt, welche Kinder in den Wutkontrollteams für den Auftritt die Rolle des „Regisseurs“ und welche die des „Schauspielers“ übernehmen. Bevor das Vorspielen beginnt, wird die „Bühne“ vorbereitet. Das sollte ein Bereich im Klassenraum sein, den alle Kinder gut einsehen können. Es sollten „Requisiten“, wie etwa ein Tisch oder ähnliches vorhanden sein.

Danach werden die Schauspieler- und Zuschauerregeln besprochen (vgl. S. 119 und 120). Schließlich bestimmt der Trainer das erste Team und einen Statisten, wenn nötig. Der Statist bekommt genaue Spielanweisungen vom Trainer.

Durchführung der Rollenspiele

Die Durchführung der Rollenspiele erfolgt nach dem folgenden Muster.

Durchführung:
Der Trainer bittet den Regisseur die Beispielszene (Auslöser) vorzulesen und fragt den Regisseur: „Auf welchem Wutlevel ist ______________________ (Name des „Schauspielers")?"
„Regisseur": „ ______________________ ist auf Level ______________________."
Trainer: „Nenne uns seine Wutstopper."
Kind: „Er denkt: ____.
Er macht: ____."
Trainer: „ ______________________ (Name des „Schauspielers"), spiele uns nun deinen Wutkontrollplan vor und spreche deine Gedanken dabei laut aus, damit wir sie verstehen."

Dann wird die Sequenz zweimal vorgespielt (vgl. Beispielablauf S. 118).

Bewertung

Die Zuschauer bewerten nach der Schauspielsequenz, wie gut die „Wutkontrollteams" ihre Aufgaben erfüllt haben. Erfolgskriterium soll sein, ob das Team den Wutkontrollplan des Schauspielers glaubwürdig umgesetzt hat. Zum Schluss wird über das beste „Wutkontrollteam" abgestimmt.

Trainingsaufgabe

Jedes Kind erhält bis zur nächsten Einheit die Aufgabe, sich eine Situation zu merken und aufzuschreiben, in der er seinen Wutkontrollplan anwenden konnte, um sie in der nächsten Einheit erzählen zu können. Dazu erhalten die Kinder ein Arbeitsblatt.

Arbeitsblatt: Ich übe meinen Wutkontrollplan (vgl. S. 122).

Verstärkerplan

Der Trainer schätzt die Gruppen anhand der vereinbarten Verhaltensziele während der Trainingseinheit ein und trägt die erreichten Punkte auf dem Verstärkerplan ein, der im Gruppenraum ausgehängt ist.

Beispielablauf mit „Statist“

Beispielsszene: In der Pause angerempelt werden.

Vorbereitung:

Der Trainer wählt ein Kind aus, das den Statisten (Provokateur) spielt. Die „Bühne“ wird vorbereitet.

Auftritt „Wutkontrollteam“:

1. Der Trainer bestimmt ein Wutkontrollteam, das eine kritische Beispielszene vorspielen wird. Es wird vorab geklärt, wer „Regisseur“ und wer „Schauspieler“ ist. Beide gehen auf die Bühne, das heißt zum Beispiel zum Tafelbereich des Klassenzimmers.
2. Der Trainer fragt den Regisseur nach der Auslösersituation. Dieser liest die Beispielszene vor. Der Trainer fragt den „Regisseur“:

   „Auf welchem Wutlevel ist Franco (Name des „Schauspielers“)?“
3. „Regisseur“: „Franco ist auf Level gelb.“
4. Trainer: „Nenne uns seine Wutstopper.“
5. „Regisseur“: „Seine Wutstopper sind:

   ‚Ich atme drei Mal tief durch.

   Wenn mich jemand anrempelt, frage ich, ob es Absicht war.‘ “
6. Trainer: „Franco (Name des „Schauspielers“), spiele uns nun deinen Wutkontrollplan vor und spreche deine Gedanken dabei laut aus, damit wir sie verstehen.“
7. Der „Statist“ und der „Schauspieler“ gehen aufeinander zu. Der „Statist“ rempelt den „Schauspieler“ leicht an. Der „Schauspieler“ wendet seine Wutstopper an. Gedanken werden laut gesprochen. Hier: „Ich atme drei Mal tief durch.“ Dann fragt er den „Statisten“, ob dieser ihn mit Absicht angerempelt hat.
8. Der „Regisseur“ bleibt in der Nähe des „Schauspielers“ sitzen und hilft ihm, wenn nötig.

Arbeitsblatt: Schauspieler-Regeln

Schauspieler-Regeln

„Wir üben das Schauspielen.
Schauspieler spielen ihre Rolle.
Sie tun niemandem weh!"

Arbeitsblatt: Zuschauer-Regeln

Zuschauer-Regeln

„Wir sind aufmerksame Zuschauer.
Wir bleiben sitzen und reden nicht."

Arbeitsblatt: Drehplan

Fülle nun diesen Drehplan aus:

Suche dir aus deinem Wutkontrollplan ein Beispiel, das dich so wütend macht, dass du auf Level gelb landest. Wie kannst du Deine Wutrakete wieder unter Kontrolle bekommen?

Welche Wutstopper müsstest du einsetzen, um dein Level zu senken? Schaue in Deinem Wutkontrollplan nach.

Wenn du deinen Drehplan ausgefüllt hast, übe den Plan mit deinem Gruppenpartner. Übt so, dass jeder einmal der Schauspieler und einmal der Regisseur ist.

Mein Drehplan zum „Wutkontrollteam":

1. Zuerst wähle eine Situation aus, die dich auf Level gelb bringt (Wutstarter):
   ____
   ____
   ____
2. Der „Regisseur" fragt: „Welche Wutstopper musst du anwenden, damit dein Level sinkt?"
3. Du als „Schauspieler" sagst: „Ich senke mein Wutlevel indem ich
   - das denke: ______________________________,
   - und das tue: ______________________________."
4. Nun übt die Situation. Sprecht dabei eure Gedanken laut aus.

Arbeitsblatt: Ich übe meinen Wutkontrollplan

Das machte mich wütend:

Diese Wutstopper habe ich eingesetzt:

Gedanken:

Verhalten:

Das passierte danach:

7.2 Trainingsbereich: Soziale Kompetenz

Tabelle 15: Übersicht über die Ziele des Trainingsbereiches zur sozialen Kompetenz

Einheit	Kernziel
11	– Üben einer differenzierten Wahrnehmung in sozialen Situationen
12	– Üben einer differenzierten Wahrnehmung in sozialen Situationen – Wiederholung der Ärgerwahrnehmung und -kontrolle
13	– Vertiefung von Empathie – Finden von alternativen Konfliktlösungen (Wiedergutmachung/Hilfe-verhalten)
14	– Finden von alternativen Konfliktlösungen (Streit um Gegenstand)
15	– Finden von alternativen Konfliktlösungen (Kontakt zu einem anderen Kind aufbauen; Selbstbehauptung)
16	– Antizipation von Konsequenzen in sozialen Situationen
17	– Antizipation und Bewertung von Konsequenzen
18	– Umfassende soziale Problemlösung

7.2.1 Elfte Trainingseinheit: Soziale Wahrnehmung und Wutkontrolle I

Tabelle 16: Ziele, praktisches Vorgehen und Materialien der Trainingseinheit

Ziele	Praktisches Vorgehen	Material
		Projektmappen für jedes Kind
Motivierung der Kinder	gemeinsames Hören von „Abenteuer auf Duesternbrook“, Teil 11	– DVD-Player – DVD mit „Abenteuer auf Duesternbrook“, Teil 11 (Track 12 auf der DVD)
Üben einer differenzierten Wahrnehmung in sozialen Situationen		Arbeitsblätter: – Julie weint, S. 128 und DVD – Irina ist wütend I, S. 129 und DVD
Erkennen des Zusammenhangs zwischen Verhalten und Konsequenzen	Beurteilung des Kinderverhaltens anhand zuvor vereinbarter Verhaltensziele	Verstärkerplan

Wiederholung der Inhalte aus der letzten Einheit

Der Trainer wiederholt mit den Kindern in einem Unterrichtsdialog die Kerninformationen der vergangenen Einheit. Danach hören die Kinder die nächste Hörspielsequenz.

Hörspiel: „Abenteuer auf Duesternbrook“, Teil 11

Am nächsten Tag trafen sich die Mädchen wieder. Irina erzählte Julie von ihrem Erlebnis mit der Mutter und wie sie ihren Wutkontrollplan erstmals erfolgreich angewendet hatte. Während Irina erzählte, wie unheimlich stolz sie auf sich selbst war, merkte sie, wie sie beim Erzählen ganz heiße Wangen bekam. „Ich werde immer besser!“, dachte sie. Julie hörte aufmerksam zu und freute sich für Irina. Nun hatte sie wirklich eine Chance, ihre Wutanfälle zu besiegen!

Die Mädchen beschlossen nach einer Weile, Mehmet und Cedric zu suchen. Natürlich wollten sie heute noch nach Duesternbrook. Sie fanden die beiden auf dem Fußballplatz. Cedric hatte schon vier Tore geschossen und Mehmet feuerte ihn an. Nachdem das Spiel beendet war, kamen die beiden gleich zu Julie und Irina. Sie mussten gar nicht erst zum Ausflug überredet werden. Sie waren ebenfalls viel zu neugierig darauf, zu erfahren, was es mit der Rakete auf sich hatte. Also radelten sie los.

Dort angekommen, gingen sie wieder durch den Höhlengang. Mittlerweile kannten sie sich dort schon richtig gut aus. Sie kamen ans andere Ende und schlichen in die Burg hinein. Alles war still, nichts war zu hören.

„Wo ging es denn noch zum Fahrstuhl?", fragte Cedric in die Runde.

„Hier lang!", riefen Julie und Mehmet und dabei zeigte jeder in eine andere Richtung.

„Na, da hilft wohl nur eins", meinte Irina, „wir müssen uns wieder trennen."

Diesmal ging Cedric mit Irina – und Mehmet mit Julie in die entgegengesetzte Richtung. Mehmet und Julie folgten dem Weg, von dem Julie dachte, dass er zum Fahrstuhl führte. Aber je länger sie gingen, desto mehr zweifelte sie.

„Sag mal, bist du dir sicher, dass wir hier lang gegangen sind?", fragte Mehmet da auch schon.

Julie war verunsichert, irgendwie sah nun alles ganz fremd aus.

„Nein, es ist komisch. Dabei war ich mir eben noch so sicher. Außerdem führt dieser Weg weiter nach oben und nicht nach unten. Und sieh mal, diese Treppe war gestern auch nicht da!"

Die beiden sahen sich an. Plötzlich erschien vor ihnen wieder das Sternmännchen. Bisher hatte es ihnen immer einen guten Weg gezeigt, also folgten sie ihm auch diesmal.

Die Treppe endete vor einer alten, eisenbeschlagenen Holztür. Unten war ein Loch in der Tür, wodurch das Sternmännchen verschwand. Mutig und neugierig zogen Julie und Mehmet an der Tür. Langsam öffnete sie sich mit einem tiefen Knarren. Schwaches Licht fiel durch ein hohes seitliches Fenster. Die Steinwände waren mit Staub und Spinnenweben überzogen. Es gab nur einen Gegenstand im Raum: Einen großen Spiegel.

„Wow, was ist denn das?", flüsterte Mehmet begeistert.

„Das ist ein riesiger Spiegel, so einen großen Spiegel habe ich noch nie gesehen. Und er muss sehr alt sein", antwortete Julie.

„Kannst du lesen, was oben auf dem Spiegel steht?", wollte Mehmet wissen.

Julie wollte Mehmet nicht enttäuschen, aber die Schrift war sehr undeutlich:

„Irgendetwas mit Fu … Futur … Futurum. Das ist lateinisch und bedeutet Zukunft. Mehr kann ich auch nicht erkennen."

„Zukunft?", fragte Mehmet verwundert: „Was hat die Zukunft mit dem Spiegel zu tun?"

Die beiden schlichen um den Spiegel herum. Als sie wieder nach vorne kamen, wurden Julies Augen ganz groß. Etwas war in dem Spiegel zu sehen, erst verschwommen und dann immer klarer. Sie sah sich, aber es war nicht ihr Spiegelbild; sondern sie sah sich selbst, wie sie weinte. Mehmet war auch zu sehen und er sah wütend aus. Was sollte das? Mehmet sah auch ganz erstaunt zum Spiegel, das konnte doch nicht sein!

„Warum bin ich wütend und warum bist du traurig Julie? Ich meine, ich bin doch gar nicht wütend?"

Gemeinsam werden die Fragen zum Hörspiel beantwortet. Es ist nicht nötig, die Kinder die Antworten notieren zu lassen.

Fragen zum Hörspiel „Abenteuer auf Duesternbrook“, Teil 11
Was haben Julie und Irina nach dem Frühstück gemacht? ____________________
Wie viel Tore hat Cedric geschossen? ____________________
Was steht auf dem Spiegel und was bedeutet das Wort? ____________________
Was sehen Julie und Mehmet in dem Spiegel? ____________________

Übung

Die Kinder sehen sich nun das Bild „Julie weint“ an. Sie sehen dort den Spiegel und das Bild, auf dem Mehmet wütend ist und Julie weint. In der Gruppe werden die Kinder aufgefordert, sich zu überlegen, wie und warum die beiden sich so fühlen. Dabei sollen sie sich möglichst viele Ideen einfallen lassen, wie zum Beispiel, „Julie weint, weil sie hingefallen ist“ oder „Julie weint, weil Mehmet sie geschubst hat“. Diese werden an der Tafel gesammelt. Anschließend wird ihnen das Bild „Irina ist wütend“ gezeigt.

Arbeitsblatt: Julie weint (vgl. S. 128).

Arbeitsblatt: Irina ist wütend I (vgl. S. 129).

Julie und Mehmet haben ihren Freunden natürlich den Spiegel gezeigt. Dabei wechselte der Spiegel das Bild und zeigt nun eine wütende Irina und einen erschrockenen Cedric. Auch zu diesem Bild wird überlegt und notiert, warum die beiden sich so fühlen. Die Kinder werden gelobt, dass sie sich so viele Ideen ausgedacht haben, um zu erklären, warum die vier Duesternbrooker sich so gefühlt haben.

Als Fazit wird festgehalten, dass sie nicht wissen, warum Julie traurig und Mehmet wütend, beziehungsweise warum Irina wütend und Cedric erschrocken ist. Man muss wissen, was passiert ist, um ein Problem zu verstehen. Gefühle helfen dabei, ein Problem zu verstehen. Sie allein reichen aber nicht aus. Daher muss man genau hinsehen, überlegen und auch mal fragen, was eigentlich passiert ist.

Verstärkerplan

Der Trainer schätzt die Kindergruppen anhand der vereinbarten Verhaltensziele während der Trainingseinheit ein und trägt die erreichten Punkte auf dem Verstärkerplan, der im Gruppenraum ausgehängt ist, ein.

Arbeitsblatt: Julie weint

Arbeitsblatt: Irina ist wütend I

7.2.2 Zwölfte Trainingseinheit: Soziale Wahrnehmung und Wutkontrolle II

Tabelle 17: Ziele, praktisches Vorgehen und Materialien der Trainingseinheit

Ziele	Praktisches Vorgehen	Material
		Projektmappen für jedes Kind
Motivierung der Kinder	Gemeinsames Hören von „Abenteuer auf Duesternbrook“, Teil 12	– DVD-Player – DVD mit „Abenteuer auf Duesternbrook“, Teil 12 (Track 13 auf der DVD)
Üben einer differenzierten Wahrnehmung in sozialen Situationen	Rollenspiel	Arbeitsblätter: – PIP-Plan, S. 135 und DVD
Wiederholung der Ärgerwahrnehmung und -kontrolle		
Erkennen des Zusammenhangs zwischen Verhalten und Konsequenzen	Beurteilung des Kinderverhaltens anhand zuvor vereinbarter Verhaltensziele	Verstärkerplan

Wiederholung der Inhalte aus der letzten Einheit

Der Trainer wiederholt mit den Kindern in einem Unterrichtsdialog die Kerninformationen der vergangenen Einheit. Danach hören die Kinder die nächste Hörspielsequenz.

Hörspiel: „Abenteuer auf Duesternbrook“, Teil 12

Julie und Mehmet zeigten den Spiegel, den sie entdeckt hatten, natürlich auch Cedric und Irina. Als diese beiden vor dem Spiegel standen, sahen sie erst nur ihr eigenes Spiegelbild. Dann veränderte sich das Bild plötzlich. Im Spiegel sahen sie, wie Irina wütend zu Cedric blickte, der erschrocken neben ihr stand. Die Vier überlegten, warum der Spiegel ihnen wohl diese Bilder zeigte. Vielleicht zeigte der Spiegel Bilder aus der Zukunft. Also Bilder von Situationen, die noch gar nicht passiert waren. Julie konnte sich nämlich nicht daran erinnern, dass sie geweint hatte, während Mehmet wütend neben ihr stand.

Nachdem die Vier noch etwas über den Spiegel nachgedacht hatten, beschlossen sie, nach Hause zu fahren. Es war schon wieder spät geworden. Die Zeit auf Duesternbrook verging immer so schnell. Das Geheimnis der Rakete musste bis Montag warten.

Am Montag trafen sie sich dann in der ersten Pause auf dem Schulhof. Sie wollten ihren nächsten Ausflug nach Duesternbrook planen. Mehmet hatte Irina und Cedric schnell entdeckt. Nur Julie war noch nicht zu sehen.

„Wo ist sie denn auf einmal? Eben war sie noch bei mir! Wir wollten euch suchen“, sagte Mehmet.

„Ja, wo ist sie denn?“, murrte Irina.

„Die Pause dauert auch nicht ewig und wir haben noch so viel zu besprechen!“

Dabei dachte Irina, Ok, ich merke, dass meine Arme angespannt sind und ich spreche auch wieder ganz schnell und unfreundlich: Ich werde wütend! Ich habe jetzt Level Gelb erreicht. Ich muss jetzt etwas tun, um die Wut zu stoppen. Ich kann …‘

Sie überlegte kurz, dann fiel ihr etwas ein: „Ich kann langsam und tief Luft holen, so lange, bis die Wut nachlässt!“ Irina atmete ein paar Mal tief ein und aus, und sie spürte, wie die Wut weniger wurde.

Entwarnung, die Wut ging von Level Gelb zurück auf Level Grün, also „gar nicht mehr wütend“. Jetzt konnte sie wieder klar denken und hatte gleich eine Idee.

„Ich schlage vor, wir trennen uns und suchen Julie. In drei Minuten treffen wir uns wieder hier, das sollte genug Zeit sein. Also los!“

Die Jungs nickten und sofort ging jeder in eine andere Richtung los.

Nach kurzer Suche hatte Mehmet Julie entdeckt. Sie stand am anderen Ende des Schulhofes mit dem Rücken zum Zaun. Um sie herum stand der „Princess-Club“. Das waren vier Mädchen, die sich selbst ganz toll fanden und andere gerne ärgerten. Und jetzt ärgerten sie gerade Julie. Sie weinte! Mehmets Wut schoss von Level Grün auf Orange. Er rannte schnell zu Julie hin und schimpfte den „Princess-Club“ wütend an.

„Hey, was soll das? Es ist nicht fair, wenn ihr andere ärgert! Ich kann das nicht leiden!“, warf er den Mädchen entgegen.

Die fanden Mehmet ziemlich süß und blickten jetzt beschämt zu Boden. Da kamen auch Irina und Cedric dazu und der „Princess-Club“ suchte schnell das Weite.

„Julie, ist alles in Ordnung? Die sind einfach gemein!“, fragte Mehmet ganz besorgt. Julie hatte schon aufgehört zu weinen und lächelte ihre Freunde schwach an. Sie war ihnen so dankbar.

„Ist alles OK, die haben sich über mich lustig gemacht, weil ich dicker bin!“

„Mensch, habt ihr es denn nicht bemerkt?“, rief Cedric aufgeregt dazwischen. „Das war eben die Situation, die der Spiegel gestern gezeigt hat! Mehmet war gar nicht auf Julie wütend, sondern auf den „Princess-Club“. Genauso wie eben habt ihr auch im Spiegel ausgesehen!“

„Cedric hat Recht“, stimmte Irina zu, „es sah genau so aus!“

Cedric sah Irina an. „Vielleicht bedeutet das ja, dass du gar nicht auf mich wütend sein wirst Irina, sondern auf jemand anders?“

Er hatte nämlich ein wenig Angst, wenn er sich vorstellte, dass Irina auf ihn wütend werden könnte. Und eben hatten sie alle etwas Wichtiges gelernt: es reichte nicht, nur zu sehen, *dass* jemand wütend war. Man musste auch verstehen, *warum* jemand wütend war!

In der Gruppe werden die Fragen zum Hörspiel beantwortet.

Fragen zum Hörspiel „Abenteuer auf Duesternbrook“, Teil 12
Woran hat Irina gefühlt, dass sie wütend geworden ist? ____
Was hat Irina getan, um nicht mehr wütend zu sein? ____
Warum hat Julie geweint? ____
Was hat Mehmet zum „Princess-Club“ gesagt? ____

Dann wird noch einmal auf das Problem von Mehmet und Julie eingegangen, das der Spiegel gezeigt hat. Mit den Kindern wird in dem Gespräch noch einmal festgestellt, dass es manchmal nicht ganz einfach ist, herauszufinden, was genau passiert ist. Es ist aber wichtig zu wissen, was passiert ist, damit man einen Streit oder ein Problem lösen kann.

Damit sie lernen, zukünftig besser Streitereien und Probleme lösen zu können, kündigt der Trainer an, dass sie sich im Laufe des Trainings einen *PIP-Plan, also einen 3-Stufen-Plan zur Problemlösung* erarbeiten werden. Auf dem Arbeitsblatt werden die Stufen eingetragen. Der PIP-Plan in Abbildung 9 dient als Vorlage für den Trainer. Nach Erarbeitung der letzten Stufe in Trainingseinheit 18 bekommt jedes Kind sein eigenes PIP-Plan-Kärtchen ausgehändigt (siehe Kapitel 6 zum Umgang mit den Materialien).

Arbeitsblatt: PIP-Plan (vgl. S. 135).

Der PIP-Plan zur Problemlösung

1. Problem verstehen

Was ist passiert; worum geht es?

2. Ideen finden

Was kann man tun oder sagen,
um das Problem zu lösen?

3. Problem lösen

Welcher Lösungsvorschlag ist am
besten/gerechtesten für alle?

Abbildung 9: Beispiel für PIP-Plan

Heute kann in die erste Stufe geschrieben werden: ***Problem verstehen*** (Was ist passiert; worum geht es?). Die nächsten Stufen werden in den kommenden Einheiten betitelt. Die vier Duesternbrooker werden den Kindern dabei helfen. Anschließend wird den Kindern das Rollenspiel angekündigt. Damit können sie üben, noch besser herauszufinden, was genau passiert ist.

Rollenspiel

Nun werden Rollenspiele zur Übung der sozialen Wahrnehmung durchgeführt. In den Rollenspielen sollen die Kinder mit Hilfe einer Pantomime einen Konflikt vorspielen und die anderen Kinder sollen das Problem erkennen. Dazu dürfen sie die spielenden Kinder auch befragen. Um den Kindern die Aufgabe zu verdeutlichen, spielt der Trainer zunächst einen Konflikt vor. Hierzu eignet sich beispielsweise der Konflikt, dass ein anderer sich auf den eigenen Stuhl gesetzt hat. Der Trainer bittet ein Kind, sich vorne auf einen Stuhl zu setzen. Er spielt dann vor, wie er das Kind zum Beispiel wütend auffordert, den Platz wieder zu verlassen, weil es nicht seiner ist. Die anderen Kinder sollen diesen Konflikt benennen. Wenn sie das geschafft haben, werden Kleingruppen von drei bis vier Kindern gebildet. Der Trainer gibt jeder Gruppe einen Zettel, auf dem ein typischer Konflikt notiert wurde. Dieser Konflikt soll von der Gruppe vor den anderen nachgespielt werden. Den Kindern wird etwas Zeit gelassen, um ihre Rollen zu besprechen. Anschließend kommt jede Gruppe einmal nach vorne. Vor dem Beginn der Rollenspiele, werden die Kinder noch einmal an die Schauspielerregeln erinnert (vgl. Einheit 10, S. 119 und 120).

Beispiele für typische Konflikte sind:

- ein anderer drängelt sich vor,
- jemand macht etwas von einem anderen Kind kaputt (z. B. ein Papier zerreißen),
- jemand nimmt einem anderen etwas weg (einen Stift, ein Heft o. a.) oder
- ein Kind schubst ein anderes.

Anschließend spielt die erste Gruppe den anderen die Konfliktsituation pantomimisch vor. Dabei sollen sie vor allem versuchen, durch Gestik und Mimik die Gefühle, sowie das Gefühlslevel in der Konfliktsituation auszudrücken. Die anderen Gruppen dürfen nun durch geschlossene Fragen herausfinden, worum es in dem Konflikt geht (z. B. Ist er wütend, weil die anderen über ihn gelästert haben?). Die spielende Gruppe darf die Fragen nur mit Ja oder Nein beantworten.

Dieses Spiel wird so lange gespielt, bis jede Gruppe einmal dran war. Nach den Rollenspielen wird festgestellt, dass man besser versteht, was genau passiert ist, wenn man die Gefühle der anderen erkennen kann. Es ist also wichtig zu verstehen, wie andere sich fühlen. Es wird noch einmal auf die erste Stufe des PIP-Plans hingewiesen: ***Problem verstehen!*** Darüber nachdenken, was passiert ist und andere zu fragen, was passiert ist, sind Methoden ein Problem zu verstehen.

Verstärkerplan

Der Trainer schätzt die Kindergruppen anhand der vereinbarten Verhaltensziele während der Trainingeinheit ein und trägt die erreichten Punkte auf dem Verstärkerplan ein, der im Gruppenraum ausgehängt ist.

Arbeitsblatt: PIP-Plan

Der PIP-Plan zur Problemlösung

1. P

2. I

3. P

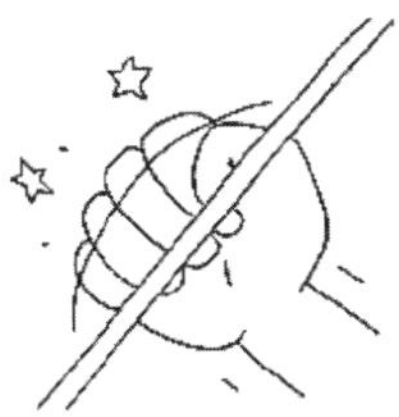

7.2.3 Dreizehnte Trainingseinheit: Soziale Wahrnehmung und Wutkontrolle III

Tabelle 18: Ziele, praktisches Vorgehen und Materialien der Trainingseinheit

Ziele	Praktisches Vorgehen	Material
		Projektmappen für jedes Kind
Motivierung der Kinder	Gemeinsames Hören von „Abenteuer auf Duesternbrook“, Teil 13	– DVD-Player – DVD mit „Abenteuer auf Duesternbrook“, Teil 13 (Track 14 auf der DVD)
Vertiefung von Empathie Finden von alternativen Konfliktlösungen	Übung/Spiel	– Lose mit Gefühlswörtern (Freude, Trauer, Wut, Angst, Stolz) Arbeitsblätter: – Irina ist wütend II, S. 139 und DVD
Erkennen des Zusammenhangs zwischen Verhalten und Konsequenzen	Beurteilung des Kinderverhaltens anhand zuvor vereinbarter Verhaltensziele	Verstärkerplan

Wiederholung der Inhalte aus der letzten Einheit

Der Trainer wiederholt mit den Kindern in einem Unterrichtsdialog die Kerninformationen der vergangenen Einheit. Danach hören die Kinder die nächste Hörspielsequenz.

Hörspiel: „Abenteuer auf Duesternbrook“, Teil 13

Nach der Schule trafen sich die Vier bei Mehmet und radelten gleich los nach Duesternbrook. Morgens hatten sie sich eine „Planänderung“ für den heutigen Ausflug überlegt. Sie wollten noch einmal gemeinsam den Spiegel suchen. Vor allem Cedric war der Spiegel wichtig. Er hatte es zwar den anderen nicht gesagt, aber eigentlich wollte er nur herausfinden, warum Irina auf ihn wütend werden könnte. Wenn er ehrlich war, dann hatte Cedric Angst vor Irinas Wut. Ihre Wutausbrüche waren ja auch berüchtigt!

Mehmet, Julie und Irina mussten natürlich auch diesmal nicht überredet werden. Sie waren sich sehr schnell einig, noch einmal gemeinsam zum Spiegel zu gehen. Was Cedric nicht wusste: Obwohl er Mehmet und Julie nicht gesagt hatte, dass er Angst vor Irinas Wutausbruch hatte, wussten die beiden es!

Und Irina? Sie wollte auch unbedingt zum Spiegel. Auch sie hatte Angst, dass das Bild aus dem Spiegel tatsächlich wahr werden könnte. Mehmets und Julies Bild war ja auch wahr geworden. Julie hatte geweint und Mehmet war wütend geworden. Aber er war nicht auf Julie wütend gewesen, wie es im Spiegel ausgesehen hatte, sondern weil der Princess-Club Julie geärgert hatte. Irina hatte Angst vor der Situation, die sie im Spiegel gesehen hatte. Sie befürchtete, dass Mehmet ihr böse sein würde, wenn sie wieder so explodierte. Cedric und Mehmet hatten keine Ahnung, dass auch Irina Angst hatte. Nur Julie ahnte es, obwohl Irina ihr nichts davon gesagt hatte.

Schweigend radelten sie weiter nach Duesternbrook. Dabei dachte jeder im Stillen über den Spiegel nach. Was war nun mit Cedric und Irina? Die beiden dachten beim Fahren besorgt an den möglichen Streit. Dann hielt Cedric es nicht mehr aus. Er bremste abrupt, stieg vom Fahrrad und stellte sich vor Irina, die wie die anderen erschrocken angehalten hatte.

„Irina, ich will nicht, dass du sauer auf mich wirst. Du hast auf dem Bild so wütend ausgesehen. Ich will dir einfach jetzt schon sagen, dass ich dich bestimmt nicht absichtlich wütend machen will“, sprudelte es halb verzweifelt aus Cedric heraus.

Irina war ganz erleichtert, dass Cedric das Bild im Spiegel ansprach.

„Ich will doch auch gar nicht wieder so einen Wutanfall bekommen. Nachher bist du dann so sauer auf mich, dass du gar nicht mehr mit mir redest!“

„Das wird auf keinen Fall passieren“, sagte Cedric und griff tröstend nach Irinas Hand, lies sie aber schnell wieder los.

Da mischte Julie sich ein: „Was macht ihr da eigentlich? Ihr entschuldigt euch für etwas, was ihr noch gar nicht getan habt. Das habe ich ja noch nie erlebt! Wir wissen doch gar nicht, ob Irina auf Cedric wütend sein wird. Wir wissen gar nicht, *warum* Irina wütend sein wird!“

Da mischte sich auch Mehmet ein. „Also, wie ich das gesehen habe, ist Irina hingefallen; du hast sie wahrscheinlich aus Versehen geschubst oder … äh … vielmehr wirst du sie versehentlich schubsen …“

„Das habe ich auch gedacht, als ich das Bild gesehen habe“, meinte Cedric und auch Irina und Julie stimmten zu.

„Also, wenn wir uns alle darüber einig sind, dass Irina auf Cedric wütend sein wird, weil er sie aus Versehen geschubst hat, ja dann – dann können wir uns auch jetzt schon Lösungen für dieses Problem ausdenken!“, folgerte Julie.

Die vier Freunde sahen sich an, Cedric zuckte ein wenig mit den Schultern, die vielen „Wenn-dann's“ und „Möglicherweises“ hatten ihn etwas verwirrt. Aber dann setzten sich die Vier auf die Wiese neben dem Radweg und sie hatten bald sechs verschiedene Ideen, was Cedric tun könnte, wenn er Irina aus Versehen schubsen würde. Das waren immerhin sechs Möglichkeiten, um den Streit zu beenden. Findet ihr sie auch? Oder vielleicht noch mehr?

In der Gruppe werden mit den Kindern die Fragen zum Text beantwortet.

Fragen zum Hörspiel „Abenteuer auf Duesternbrook", Teil 13
Warum möchte Cedric unbedingt noch einmal zu dem Spiegel?
Warum hat Irina Angst?
Woher wussten Mehmet und Julie, dass Cedric Angst vor Irinas Wutausbruch hatte?
Woher weiß Julie, dass auch Irina Angst davor hat, dass sie wütend auf Cedric wird?

Die Kinder bearbeiten nun das Arbeitsblatt „Irina ist wütend II". Sie können sich dabei mit ihrem Trainingspartner beraten. Jeder soll nachher möglichst viele Ideen haben, was Cedric tun oder sagen kann, damit Irina nicht mehr so wütend ist. Anschließend werden die Ideen der Kinder an der Tafel gesammelt. Die Ideen, die die Kinder nicht gefunden haben, schreiben sie zu ihren eigenen dazu. Zum Schluss wird gemeinsam laut gezählt, wie viele Ideen sie zur Lösung des Problems gefunden haben.

Arbeitsblatt: Irina ist wütend II (vgl. S. 139).

Die Kinder werden anschließend gebeten, sich wieder den PIP-Plan zur Problemlösung anzusehen. Sie werden gefragt, was vielleicht der zweite Schritt zur Problemlösung sein könnte. Es wird nach den Wortmeldungen der Kinder festgestellt, dass der zweite Schritt lautet: *Ideen finden.* Was kann man machen oder dem anderen sagen, um das Problem zu lösen? Die Kinder notieren sich den zweiten Schritt in ihrem Plan.

Verstärkerplan

Der Trainer schätzt die Kindergruppen anhand der vereinbarten Verhaltensziele während der Trainingseinheit ein und trägt die erreichten Punkte auf dem Verstärkerplan ein, der im Gruppenraum ausgehängt ist.

Arbeitsblatt: Irina ist wütend II

Was kann Cedric tun oder sagen, damit Irina nicht mehr wütend ist?

Findet ihr auch sechs Lösungen oder vielleicht noch mehr?

1. ____________________

2. ____________________

3. ____________________

4. ____________________

5. ____________________

6. ____________________

7. ____________________

8. ____________________

7.2.4 Vierzehnte Trainingseinheit: Soziale Wahrnehmung/Handlungsalternativen finden I

Tabelle 19: Ziele, praktisches Vorgehen und Materialien der Trainingseinheit

Ziele	Praktisches Vorgehen	Material
		Projektmappen für jedes Kind
Motivierung der Kinder	Gemeinsames Hören von „Abenteuer auf Duesternbrook“, Teil 14	– DVD-Player – DVD mit „Abenteuer auf Duesternbrook“, Teil 14 (Track 15 auf der DVD)
Finden von alternativen Konfliktlösungen	Übung	Arbeitsblätter: – Streit um den Sitzplatz, S. 144 und DVD – Zerbrochenes Siegel, S. 145 und DVD
Erkennen des Zusammenhangs zwischen Verhalten und Konsequenzen	Beurteilung des Kinderverhaltens anhand zuvor vereinbarter Verhaltensziele	Verstärkerplan

Wiederholung der Inhalte aus der letzten Einheit

Der Trainer wiederholt mit den Kindern in einem Unterrichtsdialog die Kerninformationen der vergangenen Einheit. Danach hören die Kinder die nächste Hörspielsequenz.

Hörspiel: „Abenteuer auf Duesternbrook“, Teil 14

Die vier Duesternbrooker waren wieder auf dem Weg zur Burg. Zuvor hatten sie viele verschiedene Ideen gehabt, wie Cedric Irina wieder beruhigen konnte, wenn er sie wütend machen sollte. Das war schon eine seltsame Geschichte! Zu wissen, was die Zukunft bringen könnte! Obwohl die Vier sonst so neugierig waren, waren sie jetzt erst einmal davon geheilt. Etwas über die eigene Zukunft zu wissen, war doch nicht so gut.

Als sie an der Höhle ankamen, versteckten sie ihre Fahrräder wieder hinter einem Busch und schlichen sich durch den unterirdischen Gang. Sie beschlossen, sich heute nicht zu trennen. Eigentlich wollte heute auch keiner mehr so richtig zum Spiegel. Denn es war ja nicht sicher, ob er dann tatsächlich noch einmal Irina und Cedric zeigen würde. Vielleicht zeigte er auch ein neues Bild und dann müssten sie sich wieder fragen, was passieren könnte.

So schlichen die vier durch Duesternbrook, bis plötzlich wieder das Sternmännchen vor ihnen erschien.

„Hey, seht mal da! Da ist das Sternmännchen“, rief Mehmet.

Es winkte mit seinem rechten Ärmchen als wollte es, dass sie ihm folgten. Dann drehte es sich um und verschwand vor ihnen in der Dunkelheit.

„O. k., was machen wir? Folgen wir dem Sternmännchen?“, fragte Cedric.

Die anderen nickten. Sie folgten dem Sternmännchen.

Das Sternmännchen führte sie einige Treppen auf und ab und schließlich blieb es in einem langen, schmalen Saal stehen. Prunkvoll sah es hier nicht aus. Eher düster und kalt. Besonders fiel ihnen ein Gemälde auf. Darauf waren zwei Kinder: ein Junge und ein Mädchen in etwa dem gleichen Alter wie sie selbst. Das Bild musste aber schon sehr alt sein, denn die Kinder trugen Sachen, die man heute höchstes noch auf Kostümfesten anziehen konnte. Die beiden sahen sehr wütend aus und blickten sich gar nicht an; zwischen ihnen lag etwas.

„Was ist das?“, fragte Cedric. „Streiten die sich um einen kaputten Teller?“

„Nein“, meinte Mehmet, „das ist doch kein Teller, es ist viel flacher als ein Teller und da sind so Kerben.“

Julie wusste sofort was es war: „Es ist ein Siegel! Es ist ein großes Siegel mit dem Wappen von Duesternbrook. Könnt ihr es sehen?“

„Tatsächlich“, rief Irina aus, „es ist das Siegel von Duesternbrook. Die beiden sind bestimmt so wütend, weil jemand das Siegel zerbrochen hat. Ob die beiden mal hier auf Duesternbrook gelebt haben? Was meint ihr?“

„Rums!“ Etwas fiel direkt neben ihnen auf den Boden. Sie fuhren erschrocken herum.

„Wwwass, war das?“, zitterte Julie ängstlich hervor.

Irina erholte sich als Erste von dem Schrecken und ging langsam auf den Gegenstand, der auf den Boden gefallen war, zu. Es war ein Buch. Ein altes, sehr dickes und schweres Buch.

„Ooch, es ist nur ein Buch“, Irinas Stimme klang enttäuscht.

„Wieso ‚nur‘!“, empörte sich Julie, „ein Buch ist etwas sehr wertvolles. Besonders, wenn es so alt ist wie dieses hier. Lasst uns mal sehen, was hier drin steht.“

Die Vier setzten sich in eine Ecke des Raumes um das Buch herum. Julie blätterte in dem Buch und las ihnen immer wieder einige Stellen vor. Das Buch erzählte von den beiden Kindern auf dem Gemälde. Sie hatten tatsächlich hier gelebt und waren Cousin und Cousine. Der Junge hieß Philipp und das Mädchen Maria. Es verging wohl kein Tag, an dem die beiden sich nicht wegen irgendetwas gestritten hatten. Das Siegel – und da wurde es richtig spannend – hatten die beiden in ihrem blinden Zorn selbst zerbrochen. Dabei verbarg sich hinter dem Siegel ein Geheimnis von Duesternbrook!

Nur mit dem Siegel war es möglich, das Geheimnis um Duesternbrook zu lüften. Es stand aber nicht in dem Buch, wo diese Kammer war oder wo sich das Siegel nun befand. Julie klappte das Buch zu. Dabei bemerkte sie, dass der Buchrücken sehr dick war. Sie klappte das Buch von hinten auf. Auf der Innenseite der Rückseite war das Siegel abgebildet. In seiner Mitte stand ein Text:

„Im Zorn zerbrochen, findet das Siegel nicht zurück an seinen Platz. Nur denen, die wahrhaft Zwist und Streit lösen können, wird es gelingen, das Siegel zu erneuern. Schreibt die Lösungen in das Buch, so fügt sich zusammen, was zusammen gehört."

„Hey, guck mal, es sieht so aus, als wäre da was im Buchrücken versteckt", meinte Mehmet.

Julie drehte das Buch auf den Kopf und da fielen sechs Metallstücke aus dem doppelten Buchrücken. Das Siegel! Es war zerbrochen, aber es glänzte so golden als hätte es erst gestern jemand geputzt.

„Wahnsinn! Leute, das ist Wahnsinn! Das Siegel, ich kann's kaum glauben!", rief Cedric.

Die Vier betrachteten begeistert die Siegelteile. Dem Text nach war es möglich, das Siegel wieder zu reparieren. Dazu mussten sie beweisen, dass sie gut Streitereien lösen konnten und dann würde sich das Siegel erneuern. Sie wollten es gerne versuchen.

„Aber welche Streitereien sollen wir lösen?", fragte Irina.

Julie hatte schon eine Idee. Vorne im Buch waren Bilder von Maria und Philipp, auf denen reichlich Streitereien zu sehen waren. Sie würden Lösungen für diese Streitereien finden und in das Buch schreiben, damit sich das Siegel erneuerte. Mit Eifer sahen sich die Vier das erste Bild an.

In der Gruppe werden mit den Kindern die Fragen zum Text beantwortet.

Fragen zum Hörspiel „Abenteuer auf Duesternbrook", Teil 14
Warum haben die vier keine Lust mehr, noch einmal den Spiegel zu besuchen? ________________________________
Wie heißen die Kinder auf dem Bild? ________________________________
Wie können die vier das Siegel reparieren? ________________________________
Was kann man mit dem Siegel öffnen? ________________________________

Übung: Handlungsalternativen finden

Die Kinder werden aufgefordert sich das Arbeitsblatt „Streit um den Sitzplatz" anzusehen. In der Gruppe wird zunächst die Stufe 1 *(Problem verstehen)* geklärt. Dazu kann der Trainer folgende Fragen stellen:
- Wie fühlen sich Philipp und Maria?
- Woran erkennt man, dass sie wütend sind?
- Warum könnten die beiden wütend sein?

Arbeitsblatt: Streit um den Sitzplatz (vgl. S. 144).

Anschließend wird erzählt, dass im Buch beschrieben wurde, warum die beiden wütend sind:

Maria und Philipp liebten es, wenn Musiker Duesternbrook besuchten. Sie hörten ihnen sehr gerne zu. Die Musiker spielten immer im blauen Salon und Philipp und Maria saßen immer auf denselben Plätzen. An diesem Tag war es jedoch anders. Maria hatte sich auf den Platz von Philipp gesetzt, weil man von hier besser sehen konnte und sie zuerst da war. Sie fand es ungerecht, dass immer nur Philipp auf diesem Platz saß. Als Philipp kam und Maria auf seinem Platz entdeckte, war er sehr wütend und beschimpfte Maria. Maria schimpfte gleich zurück und so stritten die beiden wieder einmal. So kann das Siegel nicht repariert werden! Was könnte Maria denn stattdessen tun oder sagen, um diesen Streit zu lösen?

Nun werden die Kinder gefragt, welche Stufe zur Problemlösung *(Lösungen finden)* folgt. Sie werden aufgefordert, zusammen mit ihrem Trainingspartner möglichst *unterschiedliche* Lösungen für das Problem zu finden. Diese sollen sie auf dem Arbeitsblatt „Streit um den Sitzplatz" notieren. Anschließend werden die Lösungen an der Tafel gesammelt. Der Trainer lobt die Kinder für die unterschiedlichen Lösungen. Dabei wird keine Bewertung der Lösungsstrategie vorgenommen. Die Kinder üben später, ihre Lösungsstrategien selbstständig zu bewerten. Dies ist wichtig, da sie so lernen, auch in Situationen, in denen keine Erwachsenen anwesend sind, ihre Lösungen selbstständig zu bewerten.

Anschließend wird den Kindern das Bild des zerbrochenen Siegels zur Ansicht ausgeteilt und ihnen wird mitgeteilt, dass sie es in der nächsten Einheit brauchen werden.

Arbeitsblatt: Zerbrochenes Siegel (vgl. S. 145).

Verstärkerplan

Der Trainer schätzt die Kindergruppen anhand der vereinbarten Verhaltensziele während der Trainingseinheit ein und trägt die erreichten Punkte auf dem Verstärkerplan, der im Gruppenraum ausgehängt ist, ein.

Arbeitsblatt: Streit um den Sitzplatz

Was kann Maria tun oder sagen, um diesen Streit zu lösen?

Finde möglichst viele verschiedene Lösungen und schreibe sie auf!

Arbeitsblatt „Zerbrochenes Siegel"

7.2.5 Fünfzehnte Trainingseinheit: Soziale Wahrnehmung/Handlungsalternativen finden II

Tabelle 20: Ziele, praktisches Vorgehen und Materialien der Trainingseinheit

Ziele	Praktisches Vorgehen	Material
		Projektmappen für jedes Kind
Motivierung der Kinder	Gemeinsames Hören von „Abenteuer auf Duesternbrook“, Teil 15	– DVD-Player – DVD mit „Abenteuer auf Duesternbrook“, Teil 15 (Track 16 auf der DVD)
Finden von alternativen Konfliktlösungen	Übung	Arbeitsblätter: – Philipp möchte das Buch, S. 149 und DVD – Streit um ein Seil, S. 150 und DVD
Erkennen des Zusammenhangs zwischen Verhalten und Konsequenzen	Beurteilung des Kinderverhaltens anhand zuvor vereinbarter Verhaltensziele	Verstärkerplan

Wiederholung der Inhalte aus der letzten Einheit

Der Trainer wiederholt mit den Kindern in einem Unterrichtsdialog die Kerninformationen der vergangenen Einheit. Danach hören die Kinder die nächste Hörspielsequenz.

Hörspiel: „Abenteuer auf Duesternbrook“, Teil 15

Irina, Julie, Cedric und Mehmet saßen in der Ecke des Saales. Sie versuchten, sich so viele Lösungen wie möglich für den Streit um den Sitzplatz auszudenken. Endlich hatten sie sechs verschiedene Ideen zusammen. Das waren:

1. Maria fragt Philipp, ob sie heute einmal auf diesem Platz sitzen darf.
2. Maria schlägt Philipp vor, dass sie sich von nun an abwechselnd auf diesen Platz setzen werden.
3. Maria entschuldigt sich bei Philipp und setzt sich wieder auf ihren Platz.
4. Maria macht ein klein wenig Platz und sie sitzen heute zusammen auf diesem Platz.
5. Maria ruft ihren Onkel und bittet ihn darum, ihnen beim Platzproblem zu helfen.
6. Maria bietet Philipp als Gegenleistung für den Platz etwas Schokolade an.

Julie nahm einen Stift und schrieb sie mit Schönschrift auf die leeren Zeilen unter dem Bild.

„Und, ist schon was passiert?“, fragte Cedric.

„Bis jetzt noch nichts, aber vielleicht braucht das Buch eine Weile, um das Siegel zu reparieren", meinte da Mehmet.

Cedric verzog etwas verstimmt den Mund: „Vielleicht sind wir einfach keine guten Streitlöser."

Das konnte Julie gar nicht glauben. „Ich finde wir sind gute Streitlöser. Immerhin haben wir uns sechs Lösungen ausgedacht. Das Buch braucht bestimmt nur etwas Zeit."

Mehmet und Irina waren auch dieser Meinung.

Plötzlich fing der Buchrücken an zu leuchten. Sie klappten schnell die Hinterseite auf und betrachteten das Siegel. Es glänzte noch mehr als zuvor. Zwei Stücke strahlten besonders hell. In der Helligkeit schmolzen sie zusammen.

„Krass, das ist voll krass! Das glaubt uns doch niemand", staunte Cedric.

„Wir haben's geschafft, wir haben's geschafft", jubelten Mehmet und Julie. Auch Irina war ganz aufgeregt. Die Vier sahen sich glücklich und stolz an und klopften sich gegenseitig bestätigend auf die Schultern. Alle Vier waren nun in ihrem Gefühlskegel für Freude ganz weit im roten Level.

„Was gibt es denn noch für Streitereien zwischen Philipp und Maria?", wollte Mehmet wissen.

Sie sahen sich zusammen noch zwei weitere Bilder an. Dann beschlossen sie, dass Julie und Mehmet sich zu dem einen ganz viele Lösungen ausdenken sollten und Cedric und Irina zu dem anderen. Am nächsten Morgen wollten sie sich wieder treffen und die Lösungen in das Buch schreiben. Bevor sie gingen, versteckten sie das Buch. Sie hatten zwar bislang keinen anderen Menschen hier auf Duesternbrook gesehen, wollten es aber nicht einfach herumliegen lassen.

Die Fragen zum Hörspiel werden in der Gruppe beantwortet.

Fragen zum Hörspiel „Abenteuer auf Duesternbrook", Teil 15
Was schreibt Julie in das Buch? ____________________
Was passiert, nachdem sie das Buch zugeklappt hat? ____________________
Wie fühlen sich die Duesternbrooker, nachdem sich ein Teil des Siegels zusammengesetzt hat und warum? ____________________

Vertiefung der Geschichte

Der Trainer bittet die Kinder nun noch einmal das Arbeitsblatt „Streit um den Sitzplatz“ (vgl. S. 144) aufzuschlagen und sich die Lösungen durchzulesen, die sie sich für den Streit um den Sitzplatz ausgedacht haben. Anschließend werden die Kinder gefragt, welche Lösungen sich die vier Duesternbrooker ausgedacht haben, um das Problem zu lösen. Die Kinder sollen sich die Lösungen dazu schreiben, die sie selbst noch nicht auf dem Arbeitsblatt stehen haben.

Übung: Handlungsalternativen finden

Die Kinder bearbeiten nun im Team die Arbeitsblätter „Philipp möchte das Buch“ und „Streit um ein Seil“. Sie sollen sich innerhalb von fünf Minuten so viele Lösungen wie möglich ausdenken und aufschreiben. Den Kindern wird mitgeteilt, dass sie nicht bei anderen abgucken oder bei sich abgucken lassen sollen, da anschließend ein Teamwettbewerb gemacht wird. Durch den Wettbewerb sollen die Kinder etwas in Stress versetzt werden. Sie sollen üben, in einem solchen Zustand, der eher ihrer Verfassung in Konfliktsituationen entspricht, Lösungen zu finden.

Arbeitsblatt: Philipp möchte das Buch (vgl. S. 149).

Arbeitsblatt: Streit um ein Seil (vgl. S. 150).

Nachdem alle Kinder einige Lösungen gefunden und aufgeschrieben haben, werden zwei Teams nach vorne gebeten. Sie dürfen ein Arbeitsblatt (entweder „Philipp möchte das Buch“ oder „Streit um ein Seil“) mitnehmen. Die Kinder sollen zunächst das Problem schildern (Stufe 1). Es wird geklärt, was passiert ist und wie sich Maria und Philipp fühlen. Anschließend stellen sich die beiden Teams jeweils in einer Reihe auf. Ein Kind aus einem Team tritt vor und liest eine Lösung vor. Dann darf ein Kind aus dem anderen Team vortreten und eine Lösung vorlesen. Es darf nicht noch einmal dieselbe Lösung nennen. Das Team, das am häufigsten vortreten konnte (d. h. das die meisten unterschiedlichen Lösungen gefunden hatte), hat gewonnen.

Die Kinder dürfen nun im Arbeitsblatt „Zerbrochenes Siegel“ (vgl. S. 145) von dem Siegel drei Stücke ausmalen. So können sie sehen, dass durch ihre Fähigkeit, Streitereien zu lösen, das Siegel wieder zusammen wächst.

Verstärkerplan

Der Trainer bewertet die Kindergruppen anhand der vereinbarten Verhaltensziele während der Trainingseinheit und trägt die erreichten Punkte auf dem Verstärkerplan ein, der im Gruppenraum aufgehängt ist.

Arbeitsblatt: Philipp möchte das Buch

Was kann Philipp tun oder sagen, um auch mal das Buch zu bekommen?

Finde ganz viele Lösungen und schreibe sie auf!

Arbeitsblatt: Streit um ein Seil

Was kann Philipp tun oder sagen, um diesen Streit zu lösen?

Finde ganz viele Lösungen und schreibe sie auf!

7.2.6 Sechzehnte Trainingseinheit: Handlungskonsequenzen erkennen

Tabelle 21: Ziele, praktisches Vorgehen und Materialien der Trainingseinheit

Ziele	Praktisches Vorgehen	Material
		Projektmappen für jedes Kind
Motivierung der Kinder	Gemeinsames Hören von „Abenteuer auf Duesternbrook“, Teil 16	– DVD-Player – DVD mit „Abenteuer auf Duesternbrook“, Teil 16 (Track 17 auf der DVD)
Antizipation von Konsequenzen in sozialen Situationen	Übung	Arbeitsblätter: – Streit um ein Holzpferd, S. 155 und DVD – Was passiert, wenn ..., S. 156 und DVD – Maria tritt Philipp, S. 157 und DVD
Erkennen des Zusammenhangs zwischen Verhalten und Konsequenzen	Beurteilung des Kinderverhaltens anhand zuvor vereinbarter Verhaltensziele	Verstärkerplan

Wiederholung der Inhalte aus der letzten Einheit

Der Trainer wiederholt mit den Kindern in einem Unterrichtsdialog die Kerninformationen der vergangenen Einheit. Danach hören die Kinder die nächste Hörspielsequenz.

Hörspiel: „Abenteuer auf Duesternbrook“, Teil 16

Am nächsten Tag konnten es die Vier wieder einmal nicht erwarten, nach Duesternbrook zu kommen. Der Unterricht war langweilig und kam vor allem Cedric ewig lang vor. Er war der erste, der zum Ende der Stunde aufsprang und nach draußen in die Sonne rannte. Weil er so schnell war, musste er natürlich auf die anderen warten.

„Cedric, du warst so schnell draußen, dass du die Hausaufgabe gar nicht mehr gehört hast!“, warf ihm Julie vor. „Wir sollen bis morgen die Mathematikaufgaben 20 bis 22 rechnen.“

„Ja, ja, ich hab’s verstanden“, murrte Cedric bloß, gelangweilt von der Aussicht, heute noch einmal in sein Mathematikheft sehen zu müssen.

„Wenn ich dir jetzt nicht gesagt hätte, welche Aufgaben du machen musst, hättest du morgen ganz schön Ärger bekommen. Und das kannst du dir wirklich nicht leisten!“, meinte Julie.

Da verteidigte Irina Cedric. „Julie, nun lass es doch gut sein. Er weiß ja jetzt, welche Aufgaben er machen muss.“

„Ich fand es aber nicht gut, dass er einfach aus dem Unterricht gerannt ist. So hat er wieder die Hausaufgaben verpasst. Ist das denn eine gute Idee?“

Cedric seufzte und dachte, ‚Eigentlich hat Julie recht. Weil ich weggelaufen bin, habe ich nicht gehört, was wir für eine Hausaufgabe haben.‘

Cedric sah Julie etwas zerknirscht an. „Julie, du hast recht. Danke, dass du sie mir gesagt hast. Es war eben doch keine gute Idee, einfach raus zu stürmen.“

„Hauptsache, du wartest nächstes Mal die Hausaufgaben ab“, sagte Julie versöhnlich.

Nachmittags trafen sich die Vier wie verabredet in dem Raum, wo sie das Buch mit dem Siegel versteckt hatten. Julie übernahm wieder die Aufgabe, die Lösungen zu den Streitereien in das Buch zu schreiben. Sie zählten die vielen verschiedenen Lösungen laut mit:

„1, 2, 3, 4, 5, 6 – man, wir sind richtig gut. Es gibt echt viel, was man tun kann, um ein Problem zu lösen!“, stellte Mehmet stolz fest.

Jetzt waren alle Lösungen in das Buch geschrieben. Schnell klappten sie wieder die Hinterseite auf. Wie beim letzten Mal, begann das Siegel zu leuchten. Diesmal waren es drei Teile, die besonders stark leuchteten. Sie schmolzen zusammen.

„Super!“, meinte Julie. „Jetzt fehlen uns nur noch drei Teile, dann ist das Siegel wieder heil.“ Eifrig blätterte sie an den Anfang des Buches, um die neuen Aufgaben zu finden. Da fanden sie ein Bild; wieder hatten Maria und Philipp ein Problem.

„Es sieht so aus, als ob Philipp sich von hinten an Maria herangeschlichen hat und gerade dabei ist, ihr Holzfiguren wegzunehmen. Maria hat ihn wohl nicht bemerkt“, meinte Irina.

„Man, die beiden machen sich aber auch gegenseitig das Leben schwer“, sagte Mehmet. „Er hätte sie doch einfach fragen können!“

„Genau,“ stimmte Cedric ein. „Er hätte sich aber auch eigene holen können, meint ihr nicht?“

„Halt, halt, nicht so schnell“, rief Julie, „das kann ich doch gleich alles mitschreiben.“

Sie schlug die Seite für die Lösungen auf und stutzte.

„Hey, seht mal her, ich glaube das Buch möchte, das wir heute etwas anderes aufschreiben. Die Seite sieht ganz anders aus!“

Nun sahen sie alle in das Buch.

Die Fragen zum Hörspiel werden mit allen Kindern gemeinsam beantwortet.

Fragen zum Hörspiel „Abenteuer auf Duesternbrook“, Teil 16
Warum war Julie nach der Schule etwas zornig auf Cedric? ______________________________
Warum war es keine gute Idee von Cedric, einfach aus der Klasse zu rennen? ______________________________
Wie viele Teile des Siegels sind schon zusammengewachsen? ______________________________
Was für ein Problem haben Maria und Philipp diesmal? ______________________________

Antizipation von Handlungskonsequenzen

Anschließend sehen sich die Kinder das Arbeitsblatt „Streit um ein Holzpferd“ und das Arbeitsblatt „Was passiert, wenn?“ an. Es sieht so aus wie die Seite, welche die vier Duesternbrooker im Buch entdeckt haben. Gemeinsam wird mit den Kindern überlegt, welche Aufgabe die Vier nun haben. Sollten die Kinder nicht von allein darauf kommen, wird es ihnen gesagt.

Arbeitsblatt: Streit um ein Holzpferd (vgl. S. 155).

Arbeitsblatt: Was passiert, wenn? (vgl. S. 156).

Die Kinder überlegen zu dem Bild, was als Nächstes alles passieren könnte. Das Ziel ist es, sich verschiedene mögliche Konsequenzen zur dargestellten Handlung zu überlegen. Nachdem alle die Aufgabe verstanden haben, wird sie mit dem Trainingspartner gelöst. Dann werden die Konsequenzen an der Tafel gesammelt.

Auflockerungsspiel: Die „Wenn-dann-Schlange“

Durch das Auflockerungsspiel üben die Kinder, Konsequenzen einer Handlung zu antizipieren. Dazu wird das Arbeitsblatt „Maria tritt Philipp“ gezeigt. Maria tritt Philipp gegen das Schienbein. Sie ist wütend und Philipp sieht erschrocken aus. Philipp hat

Marias Puppe. Gemeinsam wird die Stufe 1 zur Problemlösung, *Problem verstehen,* geklärt: Was ist passiert? Was ist das Problem? Dann wird die Stufe 2, *Ideen finden,* besprochen: Was kann Philipp nun machen oder zu Maria sagen? Die Antworten werden an der Tafel gut sichtbar aufgeschrieben.

Arbeitsblatt: Maria tritt Philipp (vgl. S. 157).

Die Kinder werden nun in vier Gruppen eingeteilt. Eine Gruppe kommt nach vorne und stellt sich in einer Reihe auf. Das erste Kind erhält vom Trainer eine Lösung, wie der Streit zwischen Maria und Philipp weiter verlaufen könnte (z. B. Maria tritt Philipp gegen das Schienbein). Die Kindergruppe soll die Geschichte nun weitererzählen.

Beispiel:

Maria tritt Philipp gegen das Schienbein.
- Wenn Maria Philipp tritt, dann weint Philipp.
- Wenn Philipp weint, dann entschuldigt Maria sich.
- Wenn Maria sich entschuldigt, dann gibt Philipp Maria die Puppe wieder.
- Wenn Philipp Maria die Puppe wieder gibt, dann schlägt Maria vor, etwas gemeinsam zu spielen.
- Wenn Maria vorschlägt gemeinsam etwas zu spielen, dann freut Philipp sich.

Die Kinder sollen versuchen, die Geschichte durch die Gruppen zu „tragen“. Anschließend kommt die nächste Gruppe nach vorne. Folgende weitere Vorschläge zum Start der Geschichte sind:
- Philipp schreit Maria an.
- Maria erzählt es ihrem Vater.
- Maria nimmt Philipps Ball.

Verstärkerplan

Der Trainer schätzt die Kindergruppen anhand der vereinbarten Verhaltensziele während der Trainingseinheit ein und trägt die erreichten Punkte auf dem Verstärkerplan ein, der im Gruppenraum aufgehängt ist.

Arbeitsblatt: Streit um ein Holzpferd

Arbeitsblatt: Was passiert, wenn

Was passiert, WENN?

Philipp heimlich das Pferd klaut?

DANN?

1. ____________________
2. ____________________
3. ____________________
4. ____________________
5. ____________________
6. ____________________
7. ____________________
8. ____________________

Arbeitsblatt: Maria tritt Philipp

7.2.7 Siebzehnte Trainingseinheit: Handlungskonsequenzen bewerten

Tabelle 22: Ziele, praktisches Vorgehen und Materialien der Trainingseinheit

Ziele	Praktisches Vorgehen	Material
		Projektmappen für jedes Kind
Motivierung der Kinder	Gemeinsames Hören von „Abenteuer auf Duesternbrook“, Teil 17	– DVD-Player – DVD mit „Abenteuer auf Duesternbrook“, Teil 17 (Track 18 auf der DVD)
Antizipation von Handlungskonsequenzen Bewertung von Handlungskonsequenzen	Übung	– Eine Stoppuhr Arbeitsblätter: – Was passiert dann? S. 162 und DVD – kaputte Vase, S. 163 und DVD
Erkennen des Zusammenhangs von Verhalten und Konsequenzen	Beurteilung des Kinderverhaltens anhand zuvor vereinbarter Verhaltensziele	Verstärkerplan

Wiederholung der Inhalte aus der letzten Einheit

Der Trainer wiederholt mit den Kindern in einem Unterrichtsdialog die Kerninformationen der vergangenen Einheit. Danach hören die Kinder die nächste Hörspielsequenz.

Hörspiel „Abenteuer auf Duesternbrook“, Teil 17

Die vier Freunde saßen im Kreis und starrten die Seite in dem Buch an. Was wollte es nun von ihnen? Bislang hatten sie sich verschiedene Lösungen für die Streitereien zwischen Maria und Philipp überlegt. Irina fand das sehr gut. Erst gestern Abend hatte sie ihre Mutter damit beeindruckt, sich ganz viele Ideen für ein Problem ausdenken zu können.

Ihre Mutter hatte nämlich erzählt, dass sie ein Problem mit einer Kollegin hätte. Die Kollegin ließ immer ihren Müll auf dem Schreibtisch liegen. Das gefiel Irinas Mutter nicht. Die Kunden könnten deswegen denken, sie wären unordentlich. Und das machte einen schlechten Eindruck.

Irina hatte ihrer Mutter gleich fünf verschiedene Ideen genannt, was sie jetzt tun könnte, um das Problem zu lösen. Zunächst war ihre Mutter etwas überrascht, aber dann hatte sie auch noch ein paar Ideen. Irina schrieb ihrer Mutter eine Liste mit allen Vorschlägen. Jetzt konnte sie sich eine aussuchen. Irina war furchtbar gespannt, welche Lösung ihre Mutter nehmen würde. Außerdem fand Irina es toll, dass sie ihrer Mutter auch mal bei einem Problem helfen konnte. Darauf war sie sehr stolz.

Nun aber hatten die Vier eine andere Aufgabe. Was wollte das Buch denn nun? Was musste man noch gut können, um Probleme zu lösen?

„Ich weiß, was das Buch will", meinte natürlich Julie. Das wandelnde Lexikon hatte wieder zugeschlagen.

„Jetzt sollen wir uns nicht verschiedene Lösungen für das Problem ausdenken. Wir sollen überlegen, was passieren könnte, wenn Philipp Maria die Holzfiguren einfach wegnimmt."

Cedric sah etwas zweifelnd aus. „Warum ist es denn wichtig, dass wir uns überlegen, was dann passieren könnte?"

„Das ist doch sonnenklar", meinte Mehmet. „Wenn Philipp mal darüber nachgedacht hätte, was passiert, wenn er Maria die Figuren wegnimmt, hätte er es sicher nicht getan."

„Genau!", stimmte Irina zu. „Denn Maria lässt sich ja nicht einfach etwas wegnehmen! Wahrscheinlich hat sie ihn angeschrien."

„Klar, oder sie hat es ihrem Vater gesagt, der dann mit Philipp geschimpft hat", fiel Julie ein.

Ein guter Streitlöser überlegt also, was passieren könnte, *bevor* er etwas tut. Überlegt man vorher, was passieren könnte, kann man die Lösung aussuchen, die für alle die Beste ist.

Den Vieren war bald klar, was sie nun in das Buch schreiben sollten. Es fiel ihnen gar nicht schwer. Das Buch belohnte sie damit, dass sich wieder ein Teil des Siegels mit den anderen zusammenfügte.

Die nächste Aufgabe sah jedoch noch etwas schwieriger aus. Das Buch machte es ihnen wirklich nicht leicht.

Fragen zum Hörspiel „Abenteuer auf Duesternbrook", Teil 17

Worauf ist Irina stolz?

____

Welche Aufgabe stellte das Buch den Duesternbrookern?

____

Warum ist es wichtig zu überlegen, was als Nächstes passiert, bevor man etwas tut?

____

Übung: Konsequenzen finden und bewerten

Die Kinder erhalten nun das Arbeitsblatt „Was passiert dann?“ und das Arbeitsblatt „Kaputte Vase“. Gemeinsam wird mit den Kindern besprochen, was Maria und Philipp für ein Problem haben. Dabei wird wieder auf die Gefühle der beiden geachtet. Folgende Fragen werden mit den Kindern geklärt:
- Warum ist Maria traurig?
- Wollte Maria die Vase kaputt machen oder wollte sie es nicht?
- Was könnte passieren, wenn ihr Vater erfährt, dass sie die Vase kaputt gemacht hat?
- Wie fühlt sich Philipp?
- Warum könnte Philipp traurig sein?

Arbeitsblatt: Was passiert dann? **(vgl. S. 162).**

Arbeitsblatt: Kaputte Vase **(vgl. S. 163).**

Nachdem das Problem mit allen besprochen wurde, arbeiten die Kinder wieder mit ihrem Trainingspartner. Zunächst denken sie sich zwei Lösungen für das Problem aus. Dann sollen sie sich zu jeder Lösung überlegen, was als Nächstes passieren könnte.

Mit der gesamten Gruppe werden die Ergebnisse der Kinder besprochen. Es werden zunächst alle verschiedenen Lösungen an die Tafel geschrieben. Danach werden zu jeder Lösung die verschiedenen Konsequenzen notiert. Zum Abschluss dieser Übungen sollen die Kinder die *Lösungen bewerten*. Dazu liest der Trainer die Lösungen einzeln vor. Es sollen sich die Kinder melden, die finden, dass es sich dabei um die beste Lösung handelt.

Auflockerungsspiel: Die „Wenn-dann-Schlange“

Es wird noch einmal die „Wenn-dann-Schlange“ gespielt. Diesmal aber nur mit zwei Gruppen und es wird eine Stoppuhr eingesetzt. Beide Gruppen haben gleich viele Teilnehmer. Sollte die Gruppe aus einer ungeraden Kinderzahl bestehen, kann ein Kind die Stoppuhr bedienen. Die Kinder stellen sich in zwei Reihen auf. Zunächst wird dem ersten Kind der ersten Gruppe ein Problem und eine Handlung geschildert. Die Geschichte endet mit einem „Was passiert dann als Nächstes?“ Das Kind muss die „Wenn-dann-Schlange“ nun fortsetzen und dem Kind hinter sich sagen, was als Nächstes passiert. Dieses Kind setzt die Kette mit einer neuen Konsequenz fort, das heißt es erzählt die Geschichte weiter. Dabei wird die Zeit gestoppt, die die Gruppe benötigt um das „Wenn-Dann“ einmal durch die Schlange gehen zu lassen. Die Zeit wird notiert. Anschließend ist die Zweite Gruppe dran. Gewonnen hat die Gruppe, die es geschafft hat, das „Wenn-Dann“ durch die Schlange gehen zu lassen oder dafür weniger Zeit benötigt hat.

Beispiele für Geschichten zum „Wenn-dann-Schlange“-Spiel:

1. Nina spielt am PC. Sabine will auch mal mit dem PC spielen. Sie fragt Nina, ob sie auch mal spielen darf. Was passiert, WENN Nina fragt, ob sie auch mal mit dem PC spielen darf?
2. Robert und Maurice spielen Inline-Hockey. Robert will jetzt unbedingt ein Tor schießen, aber Maurice steht direkt davor. Trotzdem zieht Robert den Schläger durch und der Puck zieht ab. Was passiert, WENN Robert trotzdem den Schläger durchzieht?

Verstärkerplan

Der Trainer schätzt die Kindergruppen anhand der vereinbarten Verhaltensziele während der Trainingseinheit ein und trägt die erreichten Punkte auf dem Verstärkerplan ein, der im Gruppenraum aufgehängt ist.

Arbeitsblatt: Was passiert dann?

1. Lösung

____

____

____

____

1. ____________________
2. ____________________
3. ____________________
4. ____________________

2. Lösung

____

____

____

____

1. ____________________
2. ____________________
3. ____________________
4. ____________________

Arbeitsblatt: Kaputte Vase

7.2.8 Achtzehnte Trainingseinheit: Umfassende soziale Problemlösung

Tabelle 23: Ziele, praktisches Vorgehen und Materialien der Trainingseinheit

Ziele	Praktisches Vorgehen	Material
		Projektmappen für jedes Kind
Motivierung der Kinder	Gemeinsames Hören von „Abenteuer auf Duesternbrook", Teil 18	– DVD-Player – DVD mit „Abenteuer auf Duesternbrook", Teil 18 (Track 19 auf der DVD)
Umfassende soziale Problemlösung	Übung	– Eine Stoppuhr Arbeitsblätter: – Wir lösen ein Problem, S. 168 und DVD
Erkennen des Zusammenhangs zwischen Verhalten und Konsequenzen	Beurteilung des Kinderverhaltens anhand zuvor vereinbarter Verhaltensziele	Verstärkerplan

Wiederholung der Inhalte aus der letzten Einheit

Der Trainer wiederholt mit den Kindern in einem Unterrichtsdialog die Kerninformationen der vergangenen Einheit. Danach hören die Kinder die nächste Hörspielsequenz.

Hörspiel „Abenteuer auf Duesternbrook", Teil 18

Nun wollten Irina, Julie, Cedric und Mehmet ein weiteres Rätsel lösen, um das Siegel zusammenzusetzen. Alle waren ganz aufgeregt, als sie sich am frühen Nachmittag bei Mehmet trafen.

„Hey, da bist du ja endlich", rief Cedric Julie entgegen, als diese zuletzt vom Rad stieg.

„Ich habe meinem kleinen Bruder noch bei den Hausaufgaben geholfen", entschuldigte sich Julie.

Cedric schüttelte nur den Kopf. Freiwillig anderen bei den Hausaufgaben zu helfen, das kam für ihn nicht in Frage. Er machte seine und damit reichte es auch.

„Also, lasst uns los", spornte Irina die anderen an.

Sie stiegen auf ihre Räder und brausten los. Mehmet fuhr wieder an der Spitze, dahinter kamen Irina, Cedric und Julie. Aber Cedric war bei jedem Sport sehr ehrgeizig. Er versuchte, Irina und Mehmet zu überholen und trat noch mehr in die Pedale. Irina und Mehmet sahen sich kurz um und erahnten Cedrics Absicht. Und schon entwickelte sich ein Radrennen. Mehmet raste vorne weg, Irina gab ihr Bestes, sich nicht abhängen zu lassen.

Da kam eine enge Kurve und Irina musste bremsen. Und Bums!, krachte Cedric von hinten in Irinas Rad. Sie verlor das Gleichgewicht und kullerte auf den Grasstreifen neben dem Radweg. Sie blickte hoch und sah Cedric zornig an. Ihre Augen funkelten und die Nasenflügel bebten. Ihr Gefühlskegel schrie geradezu ein rotes, rotes, rotes Level heraus. Cedric sah ganz erschrocken aus und nun kamen auch Julie und Mehmet dazu.

„Hey, ist was passiert?", wollte Julie wissen. „Frag lieber mal, was gleich passieren wird!", meinte Cedric nur ganz hilflos.

„Ok, wir haben ein Problem", ging Mehmet dazwischen, „aber das können wir doch jetzt prima lösen!"

„Genau! Irina, du bist wütend, weil Cedric dich über den Haufen gefahren hat, oder?", fragte Julie.

„Ja", knurrte Irina, und verkniff sich dabei weitere Worte zu Cedric.

„Gut, wir haben ja gemeinsam über Wutgedankenstopper und Wutverhaltenstopper gesprochen. Irina, ich denke es ist an der Zeit, dass du welche einsetzt!", empfahl Julie ihr.

„Und du Cedric", fuhr sie weiter fort, „überlegst dir jetzt am Besten, was du tun kannst, damit Irina nicht mehr so wütend auf dich ist! Also los."

Cedric sah Irina an. Ihm fiel auf einmal ganz viel ein, was er tun oder sagen könnte. Aber ob es reichen würde?

„Ok, ich weiß was", meinte er nur.

„Na, dann schieß mal los", ermutigte Mehmet ihn.

„Also Irina, es tut mir leid, dass ich dich umgefahren habe. Es war keine Absicht. Ich wollte nur so gerne vorne fahren."

Irina sah ihn an, die Augen funkelten nun etwas weniger wütend.

‚Nur noch Wut Level Gelb', dachte sie bei sich und amtete dabei tief ein und aus, um sich zu beruhigen.

„Ich werde auf jeden Fall eine neue Klingel für dich kaufen. Deine Alte ist nun leider kaputt."

„O. k.", nickte Irina Cedric nun langsam zu.

Dann ging Cedric zu Irina und half ihr beim Aufstehen. Er klopfte ihr auf den Rücken und entschuldigte sich noch einmal. Das war noch mal gut ausgegangen.

Cedric wirkte ganz erleichtert. Das war die Situation im Spiegel gewesen, vor der er sich so gefürchtet hatte. Auch Irina war erleichtert und stolz auf sich. Sie war nicht ausgerastet.

‚Wow, toll! Ich kann mich beherrschen!', dachte sie bei sich und hatte auf einmal ein breites Grinsen im Gesicht.

Nun sahen sich alle Vier ganz fröhlich an, sie waren prima Freunde und tolle Problemlöser! Dann fuhren sie weiter nach Duesternbrook. Sie schlichen sich durch den Höhlengang und gingen direkt hoch in das Zimmer mit dem Buch. Schnell setzten sie sich wieder in ihre Ecke und suchten die nächste Aufgabe.

Diesmal erzählte ihnen das Buch einen Streit. Eigentlich stand da nicht wirklich viel, nur dass Maria und Philipp sich um ein Buch stritten. Schließlich zerrten sie beide an dem Buch und das Buch zeriss.

Aber was sollten die Vier nun machen? Lösungen für das Problem finden? Oder überlegen, was als Nächstes passieren könnte? Da kam plötzlich das Sternmännchen. Es setzte sich mit zu ihnen in den Kreis. Es hatte ein kleines Buch dabei. Bei dem Sternmännchen sah es aber furchtbar groß aus. Es war ja selbst so klein!

„Ein Buch, es hat ein Buch dabei! Was sollen wir damit machen?", fragte Julie und erwartete fast, dass das Sternmännchen antworten würde.

Das tat es natürlich nicht. Nun, jedenfalls sprach es nicht. Aber es zog ein Blatt aus dem Buch und damit war allen schnell klar, was sie tun sollten. Sie würden das Problem nachspielen und zeigen, wie sie es lösen könnten!

Die Fragen zum Hörspiel werden in der Gruppe beantwortet.

Fragen zum Hörspiel „Abenteuer auf Duesternbrook", Teil 18
Warum war Irina wütend? ____________________
Was sagt oder macht Cedric, damit Irina nicht mehr wütend ist? ____________________
Was macht Irina, damit ihre Wut nicht mit ihr durchgeht? ____________________
Wie fühlt sich Irina, nachdem sie es geschafft hat, ihre Wut zu steuern? ____________________
Welche Aufgabe stellt ihnen das Buch? ____________________

Die Kinder werden gebeten, ihren PIP-Plan zur Problemlösung herauszunehmen. Sie werden gefragt, welches die letzte Stufe sein könnte. In dieser Stufe ist es wichtig, die Ideen zu bewerten und eine auszusuchen, die umgesetzt wird. Schließlich notieren sich die Kinder für den letzten Schritt: *Problem lösen.*

Rollenspiel

Die Kinder erhalten jetzt auch die Aufgabe, die das Buch den vier Duesternbrookern gestellt hat. Sie erhalten ein Los, auf dem ein Streit beschrieben steht und sollen die Lösung vorspielen. Dazu werden die Kinder in Vierergruppen eingeteilt. Zudem erhalten sie das Arbeitsblatt „Wir lösen ein Problem", das ihnen hilft, das Rollenspiel zu strukturieren und nichts zu vergessen. Für alle gelten wieder die bekannten Schauspieler-Regeln. Zunächst einigen sich die Kinder darauf, wer Schauspieler, und wer der Regisseur ist. Dann tragen sie die Namen in die dazu gehörigen Felder ein. Es ist für die Kinder hilfreich, wenn sie ihren Namen mit einer Farbe unterstreichen. Später könnten sie ihren Text ebenfalls mit dieser Farbe markieren. Nun beantworten sie gemeinsam die Fragen auf dem Arbeitsblatt. Die Antworten dienen später als Text für das Rollenspiel. Der Trainer geht während der Bearbeitungszeit umher und unterstützt die Gruppenarbeit. Dann dürfen die Schauspielergruppen nach vorne kommen und vorspielen. Beim ersten Durchgang kann der Trainer die Rolle des Regisseurs übernehmen.

Arbeitsblatt: Wir lösen ein Problem (vgl. S. 168).

Beispiele für mögliche Konflikte:

- Zwei Kinder streiten sich um einen Gegenstand (wie Buch, Fußball, Stuhl).
- Ein Kind verletzt oder bedrängt ein anderes körperlich (anrempeln, schubsen).
- Ein Kind drängelt sich vor.
- Ein Kind nimmt einem anderen absichtlich einen Gegenstand weg (z. B. einen Stift).

Verstärkerplan

Der Trainer schätzt die Kindergruppen anhand der vereinbarten Verhaltensziele während der Trainingseinheit ein und trägt die erreichten Punkte auf dem Verstärkerplan ein, der im Gruppenraum aufgehängt ist.

Arbeitsblatt: Wir lösen ein Problem

Wer macht was? Tragt eure Namen hier ein!

Schauspieler 1: ______________________

Schauspieler 2: ______________________

Regisseur: ______________________

Was ist das Problem?: ______________________

____

____

Beantwortet die Fragen. Die Antworten sind eure Texte für das Schauspiel.

Regisseur: Warum streitet ihr euch?

Schauspieler 1: Weil, ______________________

Regisseur: Wie fühlst du dich? Welches Level?

Schauspieler 1: Ich fühle mich ______________________

Regisseur zu Schauspieler 2: Und wie fühlst du dich? Welches Level?

Schauspieler 2: Ich fühle mich ______________________

Regisseur an Schauspieler 2: Was könntest du tun, um das Problem zu lösen?

Schauspieler 2: ______________________

Regisseur zu Schauspieler 2: Und was würde dann passieren?

Schauspieler 2: Dann, ______________________

Regisseur zu Schauspieler 1: Was könntest du tun, um das Problem zu lösen?

Schauspieler 1: ______________________

Regisseur zu Schauspieler 1: Und was würde dann passieren?

Schauspieler 1: Dann, ______________________

Regisseur an beide Schauspieler: Welches ist denn die bessere Lösung?

Schauspieler 1 und 2: ______________________

7.3 Trainingsbereich: Eigen- und Sozialverantwortung

Tabelle 24: Übersicht der Ziele des Trainingsbereiches zur Eigen- und Sozialverantwortung

Einheit	Kernziel
19	– Einsicht in die Notwendigkeit von für alle gültige Regeln und Gesetze – Akzeptanz von Regeln
20	– Einüben eines gerechten Umgangs miteinander (Prinzip: Fairness) – Lernen, andere so zu behandeln, wie man seinerseits gerne behandelt werden möchte
21	– Vertiefung: gerechter Umgang miteinander
22	– Eigenverantwortung erlernen: Verantwortung für eigenes Fehlverhalten übernehmen, das heißt Fehlverhalten eingestehen, Verhalten erklären, sich angemessen dafür entschuldigen und wenn möglich Wiedergutmachung anstreben.
23	– Vertiefung: Eigenverantwortung
24	– Förderung von Zivilcourage: lernen, sich angemessen für andere einzusetzen und anderen wenn nötig beizustehen
25	– Vertiefung: Zivilcourage
26	– Positiver Abschluss des Trainings – Planung und Organisation der Abschlussparty

7.3.1 Neunzehnte Trainingseinheit: Akzeptanz von Regeln fördern

Tabelle 25: Ziele, praktisches Vorgehen und Materialien der Trainingseinheit

Ziele	Praktisches Vorgehen	Material
		Projektmappen für jedes Kind
Motivierung der Kinder, Herstellung eines ruhigen Lernklimas	gemeinsames Hören von „Abenteuer auf Duesternbrook“, Teil 19	– DVD-Player – DVD mit „Abenteuer auf Duesternbrook“, Teil 19 (Track 20 auf der DVD)
Einsicht in die Notwendigkeit von für alle gültige Regeln und Gesetze (für ein funktionierendes menschliches Zusammenleben) Akzeptanz von Regeln	Spiel erfinden & Spielregeln aufstellen Transferfragen	– Kreidestifte (weiß, rot) – 24 Murmeln – 1 Satz Spielkarten (30 Stück) – 6 Kegel – 1 kleiner und 1 großer Ball – 2 Seile (jew. ca. 2 m lang) Arbeitsblätter: – Spielideen, S. 177 bis S. 179 und DVD – Des Siegels Kammer, S. 180 und DVD
	Trainingsaufgabe: Elterninterview	– Elterninterview, S. 181 und DVD
Erkennen des Zusammenhangs von Verhalten und Konsequenzen	Beurteilung des Kinderverhaltens anhand zuvor vereinbarter Verhaltensziele: Kooperation in der Gruppe	Verstärkerplan

Wiederholung der Inhalte aus der letzten Einheit und Abfrage der Trainingsaufgaben

Der Trainer wiederholt mit den Kindern in einem geleiteten Dialog die Kerninformationen der vergangenen Einheit. Im Anschluss bekommen die Kinder das Arbeitsblatt „Des Siegels Kammer“ ausgeteilt. Um zu erfahren, was es damit auf sich hat, sollen sie beim heutigen Hörspiel genau zuhören.

Arbeitsblatt: Des Siegels Kammer (vgl. S. 180).

Hörspiel: „Abenteuer auf Duesternbrook“, Teil 19

Die vier Freunde trafen sich wie verabredet und erreichten zügig Duesternbrook. Heute wollten sie schauen, wie weit das Siegel wieder zusammengesetzt war. Sie näherten sich dem Buch und sahen bereits von Weitem, wie es strahlte.

„Ich halt es nicht aus!“, rief Cedric vor Spannung. „Seht das Buch an!“

Er war als Erster am Buch und schlug schnell die Rückseite auf. Das Siegel sah anders aus als sonst. Es war eingewickelt! Er nahm es in die Hand. Das Material war samtig weich und fast pelzig.

„Das ist Leder, oder?“, fragte Julie.

„Lass mich auch mal anfassen!“, sie strich sanft über das Leder. Es fühlte sich toll an.

„Nun pack endlich das Siegel aus!“, Irina war auf Wut Level Gelb angelangt. Nun musste sie achtgeben und einen Wutgedankenstopper einsetzen. Cedric packte das Siegel aus. Alle Teile waren vollständig miteinander verschmolzen. Es strahlte so hell, dass sich die Freunde die Hand vor die Augen halten mussten. Nach einiger Zeit ließ es nach und sie schauten sich das Prachtstück genau an: Das Siegel war tatsächlich ganz. Es sah sehr schön aus. An vier Stellen hatte es in gleichen Abständen Zacken.

„Merkwürdig“, sagte Julie nachdenklich, „was diese Zacken wohl bedeuten?“

„Seht mal her!“, Mehmet hatte sich das *Ledertuch* genauer angesehen. „Hier ist etwas aufgemalt. Sieht aus wie *eine Karte* oder so.“

Die anderen sahen sich das Tuch an.

„Das stimmt. Sieht aus wie eine Art Grundriss“, bemerkte Irina scharfsinnig.

„Grundriss?“, fragte Cedric wissbegierig.

„So zeichnen Architekten die Baupläne von Häusern. Meine Mutter macht so etwas dauernd. … Hier sind sehr viele Gänge und Räume, es muss ein sehr großes Haus sein. Und hier sind links und rechts von jeder Zimmertür Kreise mit Buchstaben eingezeichnet … Hey, die Kreise haben die gleiche Form wie unser Siegel.“

„Hier steht auch etwas drauf. Moment …

Das Siegel, oh Freunde, weiset den Weg,
und wer sich nicht aufmacht durch Flure und Zimmer,
der findet des Siegels Kammer nimmer.
Doch wer mit dem DOPPELTEN GEHEN bald beginnt,
der findet das Zauberwort bestimmt.
Bedenket aber und vergesset nie:
NUR WER GERECHT, AUFRICHTIG UND WEISE,
WIRD ERFOLGREICH MEISTERN DIESE UNGEWISSE REISE.“

„Das hört sich ja komisch an“, sagte Mehmet. „Was soll das bedeuten?“

„Mmh, ich glaube, das ist ein Rätsel. Die Karte ist wahrscheinlich von dem Schloss hier. Jede Tür auf der Karte hat zwei Buchstaben. Wenn wir durch die richtigen Türen gehen, ergibt sich ein Lösungswort, das Zauberwort. Und wenn wir das Zauberwort haben, finden wir die Kammer des Siegels. Wollen wir sie suchen?“, fragte Julie die anderen aufgeregt.

„Ja, klar!“, entgegneten die anderen.

„Aber wo fangen wir an?“, fragte Irina.

„Dieser Raum hier sieht so aus wie *der* hier auf der Karte. Davon gehen vier Türen ab. Alle haben verschiedene Buchstaben. AX, GG, DF und IJ. Welcher Buchstabe ist nun der Richtige?“

„Ich weiß es!“, schrie Julie. Ihre Wangen waren jetzt glühend rot. „Es ist bestimmt das G, wie ‚Gehen‘ im Rätsel! Und da es ‚doppeltes Gehen‘ hieß, müssen wir durch die Tür mit den Buchstaben GG.“

Die anderen nickten aufgeregt. Julie ging zur Tür und drückte auf die Klinke. Die Tür knarrte laut beim Öffnen. Alle hielten den Atem an. In dem Raum war es stockfinster. Julie kramte nach ihrer Taschenlampe. Das Zimmer war völlig leer. Nur in der Mitte des Raumes stand *eine massive hölzerne Truhe*. Was mochte darin sein?

Cedric nahm allen Mut zusammen und öffnete die Truhe langsam. Der Deckel war so schwer, dass er ihn kaum heben konnte. Julie leuchtete hinein. Es lag ein Stück gefaltetes Papier darin. Julie nahm es heraus. Vorsichtig faltete sie das Papier auf. In sehr alter, verschnörkelter Schrift war dort etwas geschrieben. Julie las es vor:

„Wollt ihr des Siegels Kammer finden,
müsst ihr dieses Rätsels Sinn entwinden.
DER ZWEITE LETTER VOM HEUTIGEN LÖSUNGSWORT,
DER FOLGT DEM G AN SEINEN ORT.

Die Kinder spielen, ach so froh,
doch plötzlich brennt der Ärger lichterloh.
Man hört ein Zetern und ein Schrein,
was mag denn nur passiert dort sein?
Man hört ein „so“, „nein so“, „nein, das geht so“,
man wünscht, man wäre anderswo …
WAS meint ihr, FEHLT DEN KINDERN HIER BEIM SPIELEN?
Was braucht man doppelt, spielt man mit so vielen?
ERFINDET NUN EIN SPIEL, DANN SEID IHR BALD AM ZIEL!“

„Na, dann los“, forderte Julie die anderen auf und die Vier machten sich ans Werk.

In der Gruppe werden die Fragen zum Hörspiel beantwortet.

Die Kinder werden vom Trainer in Vierergruppen aufgeteilt (beachten Sie dabei die Regeln zur Gruppenbildung!). Ihnen wird gesagt, dass sie sich heute Punkte durch gute Zusammenarbeit innerhalb ihrer Teams verdienen können.

Fragen zum Hörspiel „Abenteuer auf Duesternbrook", Teil 19
Was finden die vier Freunde auf dem Ledertuch?
Wie müssen die Freunde sich verhalten, um die Reise erfolgreich zu meistern?
Was finden die Freunde hinter der ersten Tür?
Welche Aufgabe müssen die Freunde lösen?

Übung: Spielidee

Die Kinder bekommen zehn Minuten Zeit, sich in Gruppenarbeit jeweils ein neues Spiel auszudenken. Da der Fokus hier auf dem Sinn und Zweck von Regeln liegt, muss das Spiel nicht unbedingt originell sein. Die Kinder können sich auch an herkömmlichen Spielen orientieren. Die erarbeiteten Spielideen werden im Anschluss der gesamten Gruppe vorgestellt. Während des Sportunterrichts (Absprache mit dem Sportlehrer nicht vergessen!) oder einem anderen geeigneten Zeitraum sollen die Kinder die Gelegenheit erhalten, ihre Spiele auszuprobieren.

Als Vorgaben erhalten die Gruppen jeweils einen Kasten (vgl. Arbeitsblatt „Spielideen") mit folgenden Informationen:

- Das Spiel sollte man mit mindestens vier Kindern drinnen oder draußen spielen können.
- Als Spielmaterialien stehen den Kindern nur die auf den Arbeitsblättern aufgeführten Materialien zur Verfügung.

Arbeitsblatt: Spielideen (vgl. S. 177 bis S. 179).

Wichtig:
Vor Beginn der Übung wird mit den Kindern das Vorgehen besprochen. Dabei soll erarbeitet werden, dass zu Anfang eines neuen Spiels Regeln aufgestellt und abgestimmt werden müssen.

Leitfragen wären zum Beispiel:
- *Was ist nötig, damit alle verstehen, wie das Spiel funktioniert?*
  Antwort: *Regeln.*
- *Was muss man besprechen, bevor man anfangen kann, zu spielen?*
  Antwort: *Man muss besprechen, welche Regeln das Spiel hat.*

Bei der Vorstellung der Spielideen wird mit den Kindern über den Sinn und Zweck ihrer Regeln gesprochen. Es gilt herauszufinden, wozu man Regeln benötigt: Damit niemand verletzt wird und alle Spaß am Spiel haben. Leitfragen wären zum Beispiel:
- *Wozu braucht man Regeln im Spiel?*
  Antwort: *Damit alle wissen, wie das Spiel gespielt wird und wie sie sich zu verhalten haben.*
- *Was passiert, wenn man keine Regeln für das Spiel aufstellt?*
  Antwort: *Jeder würde tun was er will. / Das Spiel würde keinen Spaß machen. / Es könnte jemand verletzt werden.*

Eine Anregung für ein Spiel, welches man mit den genannten Materialien spielen kann, gibt Kasten 5.

Übung: Den Sinn von Regeln verstehen

Davon ausgehend wird weiter gefragt:
- Gibt es in der Gruppe auch „Spielregeln"?
- Welche (Spiel-)Regeln gibt es (zwischen Kindern und Trainer)?
- Wozu sind diese Regeln jeweils gut?
- Was passiert, wenn sich jemand nicht an die Regeln hält?

Die von den Kindern genannten Regeln, sowie deren Sinn werden von dem Trainer auf einem großen Papierbogen (Flipchart) festgehalten und nachher für alle sichtbar im Gruppenzimmer aufgehängt (Gruppenregeln). So werden die Kinder immer wieder daran erinnert und es kann auch in anderen Situationen auf die gemeinsam festgelegten Regeln, sowie deren Sinn und Zweck zurückgegriffen werden.

Wichtig:
Achten Sie darauf, dass die Regeln positiv formuliert werden und das erwünschte Verhalten möglichst gut beschreiben (z. B. „Wir lassen einander ausreden, nur der Trainer darf unterbrechen."). Es sollten höchstens drei Gruppenregeln festgelegt werden, damit die Kinder sie sich auch merken können, das heißt die Kinder sollen sich auf die wichtigsten Regeln einigen.

Kasten 5: Murmel-Boule

Murmel-Boule

Auf dem Boden wird ein rechteckiges Spielfeld (Maße: 4 m x 3 m) mit Kreide eingezeichnet. Am hinteren Ende des Spielfeldes werden zwei große (Durchmesser ca. 20 cm) und ein kleiner Kreis (Durchmesser ca. 10 cm) nebeneinander eingezeichnet (siehe Grafik unten). Jeder Mitspieler bekommt drei Murmeln gleicher Farbe. Das Spiel kann mit zwei bis sechs Spielern gespielt werden.

Regeln:
- Die Spieler stellen sich an der unteren Außenlinie des Spielfeldes auf. Von hier wird gespielt.
- Die Spieler wechseln sich ab, jeder hat einen Versuch, bis alle ihre Murmeln ‚verschossen' haben.
- Jeder Spieler muss versuchen, von der unteren Außenlinie seine Murmel in einen der Kreise zu rollen.
- Bleibt die Murmel in einem der großen Kreise liegen, bekommt der Spieler *einen* Punkt.
- Bleibt die Murmel in dem kleinen Kreis liegen, bekommt der Spieler *zwei* Punkte.
- Schafft ein Spieler es, die Murmel eines anderen Spielers aus einem Kreis hinaus zu schießen, bekommt er *drei* Punkte. Dies allerdings nur dann, wenn seine Murmel nach dem ‚Treffer' im Kreis liegen bleibt.
- Landet eine Murmel außerhalb des Spielfeldes, dann wird dem zugehörigen Spieler ein Punkt abgezogen.
- Die ‚verschossenen' Murmeln bleiben den ganzen Spieldurchgang im Spielfeld liegen.
- Gewonnen hat der Spieler, welcher nach drei Durchgängen die meisten Punkte hat.

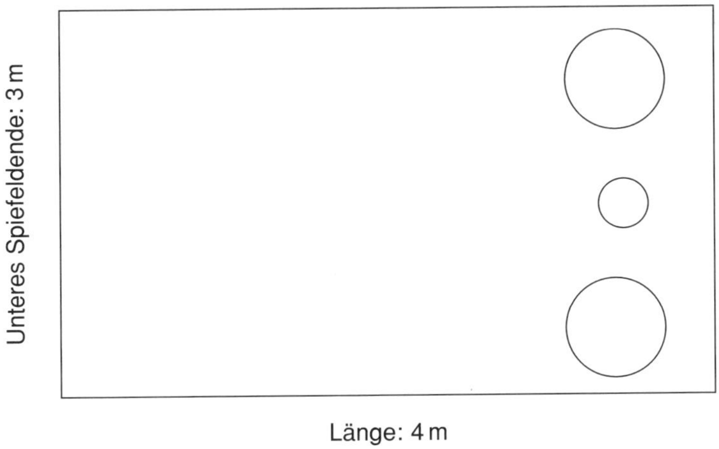

Bestimmung des heutigen Lösungswortes und Vervollständigung des Zauberwortes

Der Trainer erläutert, dass sich im heutigen Hörspiel zwei Rätsel befanden. Das erste Rätsel wurde bereits von den vier Freunden in der Geschichte gelöst. Das Lösungswort war „gehen“ und der erste Buchstabe also ein „G“.

Hinweis für die Kinder zum Finden des zweiten Lösungswortes:
– Was benötigt man, wenn man mit anderen ein neues Spiel beginnt, um ohne Streit friedlich zusammen zu spielen?
  Antwort: Man benötigt *Regeln.*

Lösungswort der heutigen Einheit:

R	E	G	E	L	N

Der zweite Buchstabe des Lösungswortes „Regeln“ ist ein E und führt in das nächste Zimmer. Die Kinder malen den richtigen Weg auf der Karte ein und schreiben die Lösungsbuchstaben in das Zauberwort auf ihren Grundriss.

Zauberwort:

G	E							

Trainingsaufgabe: Vertiefung des Themas durch Materialien

Die Kinder sollen zu Hause mit Hilfe des Arbeitsblatts „Elterninterview“ ihre Eltern befragen, ob es für sie auch Regeln gibt, an die sie sich zu Hause, in der Familie, bei der Arbeit usw. halten müssen. Ziel dieser Aufgabe ist es, die Auseinandersetzung mit dem Thema „Regeln“ zu vertiefen und die Einsicht bei den Kindern zu erreichen, dass jeder Mensch sich an bestimmte Regeln halten muss. Dadurch soll bei ihnen die Akzeptanz von Regeln gefördert werden.

Arbeitsblatt: Elterninterview (vgl. S. 181).

Verstärkerplan

Der Trainer schätzt die Gruppen anhand der vereinbarten Verhaltensziele (gute Zusammenarbeit innerhalb ihrer Teams) während der Trainingseinheit ein und trägt die erreichten Punkte auf dem Verstärkerplan ein, der im Gruppenraum aufgehängt ist.

Arbeitsblatt: Spielideen

Team 1: Denkt euch ein Spiel aus, das man mit mindestens vier Personen drinnen oder draußen spielen kann. Als Materialien habt ihr zur Verfügung:

24 Murmeln, 1 Stück weiße Kreide

Spielregeln:

Team 2: Denkt euch ein Spiel aus, das man mit mindestens vier Personen drinnen oder draußen spielen kann. Als Materialien habt ihr zur Verfügung:

6 Kegel, 1 Ball

Spielregeln:

Team 3: Denkt euch ein Spiel aus, das man mit mindestens vier Personen drinnen oder draußen spielen kann. Als Materialien habt ihr zur Verfügung:

30 Spielkarten

Spielregeln:

Team 4: Denkt euch ein Spiel aus, das man mit mindestens vier Personen drinnen oder draußen spielen kann. Als Materialien habt ihr zur Verfügung:

1 Stück weiße und 1 Stück rote Kreide

Spielregeln:

Team 5: Denkt euch ein Spiel aus, das man mit mindestens vier Personen drinnen oder draußen spielen kann. Als Materialien habt ihr zur Verfügung:

2 Seile (jeweils 2 m lang)

Spielregeln:

Team 6: Denkt euch ein Spiel aus, das man mit mindestens vier Personen drinnen oder draußen spielen kann. Als Materialien habt ihr zur Verfügung:

1 Ball, 1 Stück weiße Kreide

Spielregeln:

Arbeitsblatt: Des Siegels Kammer

Des Siegels Kammer

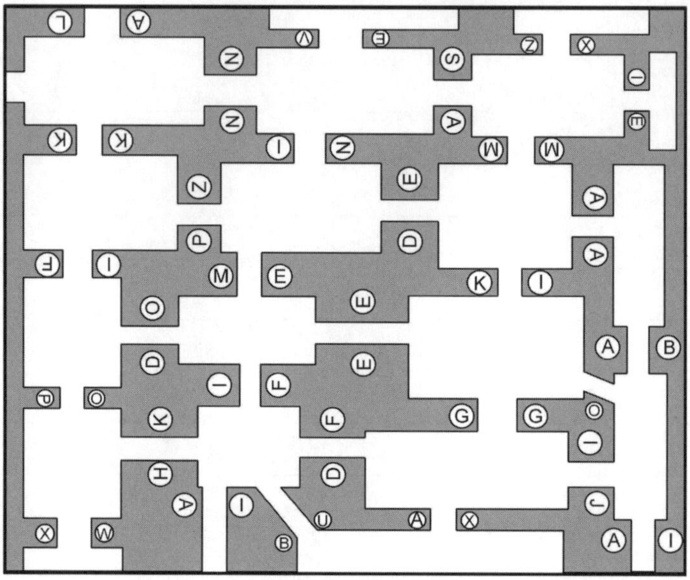

Zauberwort

Das Siegel, oh Freunde, weiset den Weg,
und wer sich nicht aufmacht durch Flure und Zimmer,
der findet des Siegels Kammer nimmer.
Doch wer mit dem doppelten Gehen bald beginnt,
der findet das Zauberwort bestimmt.
Bedenket aber und vergesset nie: Nur wer gerecht, aufrichtig und weise,
wird erfolgreich meistern diese ungewisse Reise.

Arbeitsblatt: Elterninterview

Stell dir vor, du bist ein Journalist, der einen Bericht über den Sinn und Zweck von Regeln und Pflichten machen möchte. Dazu sollst du Erwachsene aus deiner Umgebung interviewen, das heißt sie befragen.

Einige Beispielfragen, an denen du dich orientieren kannst, findest du unten.

- Gibt es innerhalb deiner Familie irgendwelche Regeln, an die du dich halten musst? Wenn ja, welche?

____

____

____

____

- Welche Pflichten hast du innerhalb deiner Familie?

____

____

____

____

- Gibt es bei deiner Arbeit bestimmte Regeln, an die du dich halten musst?

____

____

____

____

- Welche Pflichten hast du bei deiner Arbeit?

____

____

____

____

7.3.2 Zwanzigste Trainingseinheit: Gerechter Umgang miteinander I

Tabelle 26: Ziele, praktisches Vorgehen und Materialien der Trainingseinheit

Ziele	Praktisches Vorgehen	Material
		Projektmappen für jedes Kind
Gerechter Umgang miteinander Lernen, andere so zu behandeln, wie man seinerseits gerne behandelt werden möchte	Gemeinsames Hören von „Abenteuer auf Duesternbrook“, Teil 20 Dilemma gemeinsam bearbeiten und diskutieren Rollenspiel Trainingsaufgabe: Rap zum Thema „Fairness“ verfassen	– DVD-Player – DVD mit „Abenteuer auf Duesternbrook“, Teil 20 (Track 21 auf der DVD) – evtl. Videokamera Arbeitsblätter: – Fairness, S. 186 und DVD – Rap, S. 187 und DVD
Erkennen des Zusammenhangs von Verhalten und Konsequenzen	Beurteilung des Kinderverhaltens anhand zuvor vereinbarter Verhaltensziele	Verstärkerplan

Wiederholung der Inhalte aus der letzten Einheit

Zuerst werden die Trainingsaufgaben mit den Kindern besprochen und dabei die wichtigsten Inhalte der vorherigen Einheit gemeinsam wiederholt. Anhand der Trainingsaufgaben soll mit den Kindern besprochen werden, dass Menschen umso mehr Rechte haben, je älter sie werden. Dafür müssen sie sich mit zunehmendem Alter aber auch an mehr Regeln halten und mehr Pflichten erfüllen (z. B. dürfen ältere Kinder mehr, müssen dafür aber auch schon mehr tun als jüngere Kinder). Danach hören die Kinder die nächste Hörspielsequenz.

Hörspiel: „Abenteuer auf Duesternbrook“, Teil 20

Nachdem die Freunde den ersten Teil des Rätsels gelöst hatten, machten sie sich auf den Weg nach Hause. Sie hatten sich in der letzten Zeit schon zu oft abends verspätet und irgendwann war nun einmal die Geduld aller Eltern zu Ende.

Nachdem sie sich voneinander verabschiedet hatten, radelte Mehmet die Straße hinunter, in der er mit seinen Eltern wohnte. Es war schon halb sieben Uhr abends.

‚Vielleicht ist Mama ja zu Hause‘, dachte Mehmet. Manchmal war er etwas traurig darüber, dass seine Eltern so viel arbeiten mussten und so wenig Zeit für ihn hatten.

Seine Eltern erwarteten gute Noten von ihm. Mehmet war ein guter Schüler und arbeitete hart für die Schule. Doch manchmal hatte er höllische Angst davor, dass seine Noten schlechter werden könnten. Seine Vorfahren stammten aus der Türkei und waren sehr arm. Seine Eltern hatten immer schwer gearbeitet, damit es der Familie besser ging. Mehmet sollte diesen Weg fortsetzen. Mutter und Vater sagten ihm häufig, wie stolz sie auf seine guten Noten waren. Sie wussten nicht, wie sehr er fürchtete, nicht gut genug zu sein. Nach außen hin ließ er sich natürlich nichts anmerken. Er tat so, als würde er alle Aufgaben ohne viel Mühe schaffen. Aber manchmal fand er all die Erwartungen an ihn, all den Druck, ein bisschen ungerecht …

So in Gedanken, entdeckte er plötzlich Paolo aus seiner Klasse, der verzweifelt schimpfend an seinem Fahrrad stand. Sein Hinterreifen war platt und er hatte offensichtlich keine Luftpumpe dabei. Mehmet mochte Paolo nicht besonders, weil der ihn manchmal wegen seiner Kleidung ärgerte.

Mehmet hatte immer eine Luftpumpe dabei. Er überlegte, ob er Paolo seine Luftpumpe anbieten oder weiterfahren sollte …

Am nächsten Nachmittag versammelten sich die Freunde wieder auf Duesternbrook. Sie hatten den nächsten Lösungsbuchstaben gefunden. Er lautete „E“, der zweite Buchstabe des Wortes „Regeln“. Sie gingen durch die Tür, die auf der Karte mit den Buchstaben E gekennzeichnet war.

„Seht her, Leute!“, flüsterte Mehmet. „Hier ist ein neues Rätsel.“ Er zog ein Röllchen Papier aus einem schmalen Mauerspalt, strich es glatt und fing an, vorzulesen:

Wollt Ihr des Siegels Kammer finden,
müsst Ihr des Rätsels Sinn entwinden.
DER ERSTE UND DER LETZTE LETTER VOM HEUTIGEN LÖSUNGSWORT,
die folgen dem E an seinen Ort.

Es gibt da zwei Kinder, die einander nicht mögen.
‚Oh hilf mir!‘, so bittet in Not das erste Kind.
‚Ja helfen, das könnt ich‘, denkt das zweite Kind.
‚Doch soll ich helfen, obwohl wir keine Freunde sind?
MITHILFE ODER NICHT, ich brauch eine Lösung nun geschwind,
mit der ich mich im Recht befind.‘

„Hey, in genau so einer Lage war ich gestern. Es war ganz schwierig für mich,“ bemerkte Mehmet und erzählte von seiner Begegnung mit Paolo. An diesem Beispiel besprachen sie die Lösung des Rätsels …

Übung: Lösung des Dilemmas anhand des PIP-Plans zur Problemlösung

In dieser Übung geht es darum, dass die Kinder sich mit dem moralischen Dilemma aus der letzten Hörspielsequenz auseinandersetzen (vgl. Kap. 4.4, S. 27–28). Nachdem mögliche Verständnisfragen besprochen wurden, wird das erste Dilemma gemeinsam mit den

Kindern bearbeitet, um sie mit der Methodik vertraut zu machen. Dazu werden die Fragen zur Geschichte (Arbeitsblatt „Fairness“) gemeinsam besprochen und Antworten erarbeitet.

Arbeitsblatt: Fairness (vgl. S. 186).

Dabei soll der Trainer die Antworten der Kinder gezielt hinterfragen, um sie dazu anzuregen, über die verschiedenen Seiten des Dilemmas nachzudenken. Auch in Bezug auf ihre Lösungsvorschläge sollen die Kinder möglichst viele Vor- und Nachteile dieser Lösungen finden.

Zum Beispiel:
– „Kann Mehmet das nicht auch anders lösen?“ – „Was hat Mehmet denn davon, wenn er Paolo hilft?“

Die Antworten werden exemplarisch (in Stichpunkten) von dem Trainer an der Tafel aufgeführt. Die gefundenen Antworten werden von den Kindern auf ihr Arbeitsblatt „Fairness“ übertragen.

Durch die Auseinandersetzung mit dem Dilemma sollen die Kinder zu der Einsicht gelangen, dass sie andere so behandeln sollten, wie sie ihrerseits gerne behandelt werden möchten.

Zum Beispiel:
Wenn ich einen platten Reifen habe, möchte ich, dass andere mir helfen. Aus diesem Grund helfe ich anderen auch, wenn sie einen platten Reifen haben.

Anschließend sollen die Kinder eine angemessene Lösung, auf die sie sich geeinigt haben, im Rollenspiel einüben. Die Situation wird vor der Gruppe vorgespielt und kann zur gemeinsamen Reflexion auf Video aufgenommen werden.

Bestimmung des heutigen Lösungswortes und Vervollständigung des Zauberwortes

Der Trainer fordert die Kinder auf, ihr Arbeitsblatt „Des Siegels Kammer“ aufzuschlagen. Im heutigen Hörspiel befand sich wieder ein Rätsel, das die vier Freunde lösen mussten.

Hinweis für die Kinder zum Finden des dritten Lösungswortes:
- Welche Frage stellt sich Mehmet, als er sieht, dass Paolo Hilfe braucht?
  Antwort: Mithilfe oder nicht?

Lösungswort:

M	I	T	H	I	L	F	**E**

Der erste und der letzte Buchstabe des heutigen Lösungswortes „Mithilfe“ sind ein M und ein E. Sie führen in das nächste Zimmer. Die Kinder malen den richtigen Weg auf der Karte ein und schreiben die korrekten Lösungsbuchstaben in das Zauberwort auf ihren Grundriss.

Zauberwort:

G	E	M	E					

Trainingsaufgabe: Vertiefung des Themas durch Materialien

Die Kinder sollen sich jeweils zwei Textzeilen (Reime) für einen Rap oder ein Lied zum Thema Fairness (Stichwort: „Ich bin zu dir, wie ich will, dass du zu mir bist“) ausdenken. Die erste Strophe sowie der Refrain sind auf dem Arbeitsblatt „Rap“. Es kann aber auch ein ganz eigener Rap oder ein Lied mit den Kindern zu dem Thema komponiert werden. Um den Kindern das Verständnis der Aufgabe zu erleichtern, sollen mit ihnen gemeinsam in der Gruppe praktische Beispiele für das Prinzip „Fairness“ gefunden werden.

Zum Beispiel:

- Ich will, dass andere nett zu mir sind. Also bin ich auch nett zu anderen.
- Ich finde es unfair, wenn andere hinter meinem Rücken gemeine Sachen über mich sagen. Also sage ich auch keine gemeinen Sachen über jemand anderen.
- Ich will, dass andere mich mitspielen lassen. Also lasse ich andere auch mitspielen.

Arbeitsblatt: Rap (vgl. S. 187).

Verstärkerplan

Der Trainer schätzt die Gruppen anhand der vereinbarten Verhaltensziele während der Trainingseinheit ein und trägt die erreichten Punkte auf dem Verstärkerplan ein, der im Gruppenraum aufgehängt ist.

Arbeitsblatt: Fairness

PIP-Plan zur Problemlösung

1. Problem verstehen
Welche Entscheidung muss Mehmet treffen: Welches Problem hat er?

2. Ideen sammeln
Was könnte Mehmet tun?
Was würdest du wollen, wenn du in so einer Situation wie Paolo bist?

3. Problem lösen
Welche Lösung wäre am gerechtesten/ gerecht für alle?

Arbeitsblatt: Rap

Fairness

Ich will, dass du nicht einfach wegschaust,
mir hilfst, wenn ich deine Hilfe brauch'.
Streiten wir uns, will ich nicht, dass du mich schlägst,
hey lass uns drüber reden bis du dich mit mir verträgst.

Deshalb seh' ich genau hin
und versuche zu verstehn.
Wenn du mal Schwierigkeiten hast,
lass' uns sie zusammen angehn.

Refrain (2x): Ich bin zu dir,
wie ich will,
dass du zu mir bist.

...

Schreibe zwei Textzeilen (einen Reim) für einen Rapsong über „Fairness". Als Beispiel kannst du dir die Zeilen oben anschauen.

7.3.3 Einundzwanzigste Trainingseinheit: Gerechter Umgang miteinander II

Tabelle 27: Ziele, praktisches Vorgehen und Materialien der Trainingseinheit

Ziele	Praktisches Vorgehen	Material
		Projektmappen für jedes Kind
Motivierung der Kinder, Herstellung eines ruhigen Lernklimas	Gemeinsames Hören von „Abenteuer auf Duesternbrook“, Teil 21	– DVD-Player – DVD mit „Abenteuer auf Duesternbrook“, Teil 21 (Track 22 auf der DVD)
Gerechter Umgang miteinander	Rap komponieren: Textzeilen zu einem Liedtext zusammenfügen	– Evtl. Videokamera oder Tonband und Mikrofon
Lernen, andere so zu behandeln, wie man seinerseits gerne behandelt werden möchte		Arbeitsblätter: – Rap (vgl. Einheit 20, S. 187) – Track 28 und 29 auf der DVD (Rapsong)
Erkennen des Zusammenhangs von Verhalten und Konsequenzen	Beurteilung des Kinderverhaltens anhand zuvor vereinbarter Verhaltensziele	Verstärkerplan

Wiederholung der Inhalte aus der letzten Einheit und Besprechung der Trainingsaufgaben

Der Trainer wiederholt mit den Kindern in einem geleiteten Dialog die Kerninformationen der vergangenen Einheit. Danach hören die Kinder die nächste Hörspielsequenz.

Hörspiel: „Abenteuer auf Duesternbrook“, Teil 21

Mehmet erzählte seinen Freunden von der Begegnung mit Paolo am Vortag.

„Ich mag Paolo ja nicht besonders. Vor allem, weil der sich manchmal über meine Klamotten lustig macht. Also war ich unentschlossen. Ich konnte mich einfach nicht entscheiden und hab überlegt:

‚Soll ich einfach weiterfahren und Paolo seinem Schicksal überlassen? Es ist ja nicht mein Problem, dass er einen Platten hat.‘

Dann kam ich mir aber ziemlich gemein vor und dachte, ‚*Ich würde mir wüschen, dass mir jemand hilft, wenn ich selbst in so einer schwierigen Situation wäre.*‘

Außerdem konnte man Paolo deutlich ansehen, wie unglücklich und verzweifelt er war. Also hab ich ihm zugerufen, „Hey Paolo, was ist denn los, hast du einen Platten?“

Daraufhin beschwerte er sich lautstark. Er meinte, am Morgen war noch alles okay und als er eben rauskam, hat er gesehen, dass irgend so ein Idiot ihm das Ventil losgedreht und die ganze Luft rausgelassen hat. Voll gemein so etwas! Er wusste nicht, wie er nach Hause kommen sollte, da er wohl nicht in der Innenstadt wohnt, und wenn er das Fahrrad schieben muss, wäre er Nachts noch nicht zu Hause!

Ich fand, dass er wieder mal ziemlich übertrieb. Da ich aber nicht so genau wusste, wie weit er es tatsächlich nach Hause hatte, hab ich nur gesagt,

„Ich habe eine Luftpumpe dabei. Wenn Du willst, kannst Du sie ausleihen.“

Paolo hatte ihn erstaunt angesehen. Es kam nicht oft vor, dass jemand so nett zu ihm war. *Die meisten mochten ihn nicht besonders und waren eher gemein zu ihm oder ignorierten ihn total.* Er tat dann immer so, als würde ihm das nichts ausmachen und als sei er total cool. In Wirklichkeit störte es ihn natürlich und um sich zu rächen, ärgerte er die anderen Kinder dann. Deshalb freute er sich sehr über Mehmets Freundlichkeit.

Mehmet fuhr fort: „Dass ich ihm helfen wollte, fand er total super. Ich hab also die Pumpe aus meinem Rucksack gekramt und sie Paolo gegeben. Der hat sie genommen, glücklich gelächelt und schnell seinen Hinterreifen aufgepumpt. Dann hat er den Druck mit den Fingern geprüft, zufrieden genickt und mir die Pumpe hingehalten. Er bedankte sich bei mir und sagte, dass er das total nett fand, dass ich ihm geholfen habe. Und dass er mir das nie vergessen wird.

Dann hat er sich auf's Fahrrad geschwungen und ist davon geradelt. Ich hab noch gesagt, „Ach Quatsch, ist doch kein Thema“, aber da war er schon weg.

Dass Paolo mir für so eine Kleinigkeit so dankbar war, hat mich irgendwie beschämt. *Trotzdem war es ein gutes Gefühl, jemandem geholfen zu haben.* Und ich bin mir sicher, dass Paolo mir das nächste Mal auch helfen wird, wenn ich ein Problem habe. Und vielleicht werden wir ja sogar Freunde.“

In der Gruppe werden die Fragen zum Hörspiel beantwortet.

Fragen zum Hörspiel „Abenteuer auf Duesternbrook“, Teil 21
Was dachte Mehmet, als er Paolo neben seinem platten Reifen stehen sah? ____
Warum hat Mehmet Paolo trotzdem geholfen? ____
Warum ärgert Paolo Mehmet manchmal? ____
Wie fühlt sich Mehmet, nachdem Paolo weggefahren ist? ____

Übung

Die Textzeilen der Kinder (Trainingsaufgabe der letzten Einheit) sollen in dieser Trainingseinheit gemeinsam in der Gruppe zu einem kompletten Liedtext zusammengefügt werden. So entsteht ein gesamter Rap zum Thema „Fairness“, zu dem jedes Kind etwas beigetragen hat. Es kann z. B. ein Rap mit zwei bis drei Strophen, bestehend aus den Zeilen der Kinder, sowie einem gesungenen Refrain komponiert werden.

Für die Zusammenstellung und Komposition des Rap ist eine volle Trainingseinheit zu veranschlagen. Der Rap kann auch in Kooperation mit dem Musiklehrer im Musikunterricht zusammengestellt werden. Neben fachübergreifendem Austausch und fachlicher Unterstützung bietet dies auch den Vorteil, dass die Kinder mehr Zeit haben, den Rap zu üben (vgl. hierzu auch Track 28 und 29 auf der DVD).

Zum Schluss wird der Rap gemeinsam geübt und gesungen. Hierzu sollte eine Video- oder Tonbandaufnahme erstellt werden. Für die Kinder ist es sehr motivierend, sich eine solche Aufnahme gemeinsam anzusehen oder anzuhören.

Verstärkerplan

Der Trainer schätzt die Gruppen anhand der vereinbarten Verhaltensziele während der Trainingseinheit ein und trägt die erreichten Punkte auf dem Verstärkerplan ein, der im Gruppenraum ausgehängt ist.

7.3.4 Zweiundzwanzigste Trainingseinheit: Eigenverantwortung erlernen I

Tabelle 28: Ziele, praktisches Vorgehen und Materialien der Trainingseinheit

Ziele	Praktisches Vorgehen	Material
		Projektmappen für jedes Kind
Motivierung der Kinder, Herstellung eines ruhigen Lernklimas	Gemeinsames Hören von „Abenteuer auf Duesternbrook", Teil 22	– DVD-Player – DVD mit „Abenteuer auf Duesternbrook", Teil 22 (Track 23 auf der DVD)
Eigenverantwortung erlernen: Verantwortung für eigenes Fehlverhalten übernehmen, d. h. Fehlverhalten eingestehen, Verhalten erklären, sich angemessen dafür entschuldigen und wenn möglich Wiedergutmachung anstreben	Dilemma allein bearbeiten; Dilemma in der Kleingruppe bearbeiten und diskutieren; gemeinsame Lösungsdiskussion	Arbeitsblätter: – Eigenverantwortung, S. 195 und DVD
	Methode der „4 E's" kennen lernen	– Die 4 E's I, S. 196 und DVD
	Trainingsaufgabe: Kärtchen „Die 4 E's" ausmalen und aufkleben	– Die 4 E's II, S. 197 und DVD
Erkennen des Zusammenhangs von Verhalten und Konsequenzen	Beurteilung des Kinderverhaltens anhand zuvor vereinbarter Verhaltensziele	Verstärkerplan

Wiederholung der Inhalte aus der letzten Einheit

Der Trainer wiederholt mit den Kindern in einem geleiteten Dialog die Kerninformationen der vergangenen Einheit. Danach hören die Kinder die nächste Hörspielsequenz.

Hörspiel: „Abenteuer auf Duesternbrook", Teil 22

‚Duesternbrook ist so spannend', dachte Cedric.

Er saß an seinem Platz in der Klasse. Alle anderen waren draußen auf dem Schulhof. Es war große Pause. Cedric musste seine Pause im Klassenraum verbringen. Er hatte im Unterricht nicht aufgepasst weil er nur an Duesternbrook denken konnte. Schließlich hatte Frau Thill ihn erwischt.

„Es reicht mir nun mit dir, Cedric!", hatte sie ihn streng getadelt. „Du bleibst heute in der Pause drinnen und erledigst die Arbeit, die du gerade verpasst hast!"

Cedric traute seinen Ohren nicht. In der Pause drinnen bleiben. Er konnte sich kaum etwas Schlimmeres vorstellen. Er wollte noch protestieren, aber Julies Blick hatte ihm bedeutet, ruhig zu bleiben und die Strafe zu akzeptieren.

Anstatt zu arbeiten, schlenderte er im Klassenraum herum, bis er auf Julies Tisch ein tolles Tierbuch entdeckte. Es war ein Geschenk ihrer Eltern und sie hatte ihm morgens begeistert davon erzählt. Er setzte sich auf ihren Platz und fing an, das Buch durchzublättern. So in das Buch versunken, trank er langsam seinen Kakao.

Plötzlich rutschte Cedric der Kakao aus der Hand und spritzte über das aufgeschlagene Buch. Erschrocken versuchte er, den Kakao mit einem Taschentuch wegzuwischen, aber es blieben große braune Flecken auf der weißen Seite. Schnell klappte er das Buch zu und setzte sich auf seinen Platz. Nach der Pause kamen die anderen Schüler zurück in die Klasse. Schließlich kam auch Julie und ging zu ihrem Platz. Cedric war hin und her gerissen.

Er dachte sich: ‚Sie wird denken, dass jemand absichtlich ihr Buch bekleckert hat um sie zu ärgern und das wird sie sehr traurig machen. Aber wenn ich ihr sage, dass ich das Buch bekleckert habe, ist sie bestimmt böse auf mich. Oh Mann, was mache ich nur?'

In diesem Moment betrat Frau Thill den Raum. Nun konnte er nichts mehr tun, es war zu spät. Später erhielt er einen kleinen Zettel von Julie, er erkannte ihre Schrift. Auf der Stelle bekam er heiße, rote Ohren. Sie wurden immer rot, wenn Cedric ein schlechtes Gewissen hatte.

„Treffen heute in Duesternbrook um 16.15 Uhr.", stand auf dem Zettel. Julie hatte noch nichts gemerkt …

Nachmittags trafen sich die Freunde wie verabredet auf Duesternbrook. Die Vier hatten mit Hilfe der Geschichte von Mehmet und Paolo das letzte Rätsel gelöst und das Lösungswort gefunden. Es lautete Mithilfe. Der erste und der letzte Buchstabe waren ein M und ein E. Also hatten sie jetzt schon vier Buchstaben des Zauberwortes gesammelt.

Sie machten sich in den nächsten Raum auf. Auch dort fanden sie wieder ein versiegeltes Rätsel. Diesmal las Cedric es vor:

„Wollt Ihr des Siegels Kammer finden,
müsst Ihr dieses Rätsels Sinn entwinden.
DER ZWEITE UND DRITTE LETTER VOM HEUTIGEN LÖSUNGSWORT,
DIE FOLGEN DEM E AN SEINEN ORT.

Zwei Kinder die besten Freunde sind,
doch das eine des andern' Spielzeug nicht wieder find.
Bleibt es ehrlich und gesteht sein Versehn,
oder denkt es „Das wird er nie verstehn!"

und erfindet in der Not allerlei Lügen,
die den Freund schließlich betrügen.
Heißt es also EINGESTEHEN, das Versehn,
ODER LÜGEN in der Not,
damit nicht das End der Freundschaft droht?"

Cedric hatte noch nicht ganz zu Ende gelesen, schon glühten seine Ohren. Das kam ihm sehr bekannt vor. Die vier Freunde versuchten, Lösungen für das Rätsel zu finden. Und Cedric lernte schnell, was er zu tun hatte …

Übung: Lösung des Dilemmas anhand des PIP-Plans zur Problemlösung

Nachdem eventuelle Verständnisfragen besprochen wurden, bearbeiten die Kinder zunächst allein (ca. 5 Minuten) den PIP-Plan mit den Fragen zur Geschichte (Arbeitsblatt „Eigenverantwortung"). Anschließend gehen sie in ihre Zweier-Gruppen um die Antworten auf die einzelnen Fragen miteinander zu besprechen (ca. 5 Minuten). Sie versuchen, sich innerhalb ihrer Gruppe auf *eine* zufriedenstellende Lösung für das dargestellte Dilemma zu einigen (Diskussion erwünscht).

Arbeitsblatt: Eigenverantwortung (vgl. S. 195).

Anschließend teilen zwei bis drei Gruppen (freiwillig oder vom Trainer ausgewählt) ihre Lösungen der ganzen Gruppe mit. Es folgt eine angeleitete Abschlussdiskussion, während der das Dilemma gemeinsam besprochen wird. Hier sollen die Kinder versuchen, den anderen darzustellen, warum sie sich für ihre bestimmte Lösung entschieden haben. Der Trainer hat hier wieder die Aufgabe, die Lösungen der Kinder zu hinterfragen, um sie dazu anzuregen, über die verschiedenen Seiten des Dilemmas nachzudenken. Die Kinder sollen möglichst viele Vor- und Nachteile ihrer Lösungen bedenken und sich anschließend auf eine Lösung einigen.

Einführung der „4 E's"

Im Anschluss an die Diskussion bekommen die Kinder das Arbeitsblatt „Die 4 E's I". Das Arbeitsblatt wird von dem Trainer vorgelesen. Anhand des Arbeitsblattes wird gemeinsam ein angemessenes Vorgehen bei eigenem Fehlverhalten besprochen (vgl. Kap. 6.8, S. 48). Das bedeutet, Fehlverhalten zuzugeben, es wenn nötig zu erklären, sich zu entschuldigen und Wiedergutmachung anzubieten *(die 4 E's: Eingestehen, Erklären, Entschuldigen, Entschädigen)*.

Arbeitsblatt: Die 4 E's I (vgl. S. 196).

Bestimmung des heutigen Lösungswortes und Vervollständigung des Zauberwortes

Der Trainer fordert die Kinder auf, ihr Arbeitsblatt „Des Siegels Kammer" aufzuschlagen. Im heutigen Hörspiel befand sich wieder ein Rätsel, das die vier Freunde lösen mussten.

Hinweis für die Kinder zum Finden des vierten Lösungswortes:
- Welche Frage stellt sich Cedric, nachdem er Julies Buch bekleckert hat?
  Antwort: Eingestehen oder lügen?

Lösungswort:

E	I	N	G	E	S	T	E	H	E	N

Der zweite und dritte Buchstabe des heutigen Lösungswortes Eingestehen sind ein I und ein N. Die Kinder malen den richtigen Weg auf der Karte ein und schreiben die korrekten Lösungsbuchstaben in das Zauberwort auf ihren Grundriss.

Zauberwort:

G	E	M	E	I	N			

Trainingsaufgabe: Vertiefung des Themas durch Materialien

Die Kinder lesen zu Hause nochmals den Text des Arbeitsblattes „Die 4 E's I". Die Selbstinstruktionskärtchen auf dem zweiten Teil des Arbeitsblatts „Die 4 E's II" werden zu Hause ausgemalt, ausgeschnitten und (zur Verstärkung) auf Pappe geklebt. Ziel dieser Aufgabe ist es, die Auseinandersetzung mit der Thematik zu vertiefen und sich die Strategie besser einzuprägen. Wenn möglich, sollten die Kärtchen für jedes Kind laminiert, an jeweils einer Ecke gelocht und mit einem Band zusammengebunden werden. So können die Kinder die Kärtchen (zum Beispiel unter dem Hemd) um den Hals tragen und werden bei Bedarf eher an die Strategie erinnert bzw. können zur Unterstützung auf die Kärtchen zurückgreifen. Die vergrößerten Kärtchen (vgl. S. 198 bis 199) werden zudem kopiert und einmal gut sichtbar im Gruppenraum aufgehängt.

Arbeitsblatt: Die 4 E's II (vgl. S. 197).

Verstärkerplan

Der Trainer schätzt die Gruppen anhand der vereinbarten Verhaltensziele während der Trainingseinheit ein und trägt die erreichten Punkte auf dem Verstärkerplan ein, der im Gruppenraum aufgehängt ist.

Arbeitsblatt: Eigenverantwortung

PIP-Plan zur Problemlösung

1. Problem verstehen
Welche Entscheidung muss Cedric treffen: Welches Problem hat er?

____

____

____

____

____

____

2. Ideen sammeln
Was könnte Cedric tun?
Was würdest du wollen, wenn du an Julies stelle wärst?

____

____

____

____

____

____

3. Problem lösen
Welche Lösung wäre am gerechtesten/ gerecht für alle?

____

____

____

____

____

____

Arbeitsblatt: Die 4 E's I

Ich bin schuld. Was nun?

Eine Strategie, die es einem leichter machen kann, sich zu entschuldigen:

Die Strategie der 4 E's

1. **Eingestehen:** Der erste Schritt zur Entschuldigung ist, dass du deinen Fehler eingestehst. (Vielleicht bemerkst du deinen Fehler sofort. Oder du merkst an der Reaktion der anderen Person, dass du etwas Verletzendes gesagt oder getan hast.)

   z. B. *„Julie, ich muss dir was gestehen. Ich habe aus Versehen dein Tierbuch bekleckert."*

2. **Erklären:** Es ist wichtig, der Person, die du verletzt hast, zu erklären, warum du dich so verhalten hast.

   z. B. *„Ich war mit meinen Gedanken ganz woanders und habe nicht richtig hingeschaut. Da habe ich meinen Kakao umgestoßen."*

3. **Entschuldigen:** Zeige, dass es dir leid tut. Es hilft der anderen Person, wenn sie sieht, dass du auch unter deinem Fehler leidest. Sage direkt, dass es dir leid tut oder dass du dich schämst. Wichtig ist, dass die Entschuldigung ernst gemeint ist.

   z. B. *„Es tut mir sehr leid, dass ich dein schönes Buch bekleckert habe."*

4. **Entschädigen:** Damit eine Entschuldigung vollständig ist, muss sie den Fehler wiedergutmachen. Wenn du das Eigentum einer anderen Person zerstört hast, biete an es wieder zu reparieren oder zu ersetzen. Wenn der Schaden nicht so groß ist, frage die andere Person

   z. B.: *„Was kann ich tun, um das wiedergutzumachen?"*

   Vielleicht kannst du nichts Bestimmtes tun, aber das Angebot sollte aufrichtig sein. Du kannst den anderen auch fragen, was du tun kannst, um deinen Fehler wiedergutzumachen.

Wähle den richtigen Zeitpunkt. Entschuldige dich sofort für Kleinigkeiten (zum Beispiel wenn du jemanden anrempelst). Wenn du aber etwas Schlimmeres getan hast (wie zum Beispiel einen Freund beleidigt hast), sollte deine Entschuldigung besser durchdacht sein. Eine schnelle Entschuldigung könnte dann unecht wirken. Nimm dir Zeit, denke über deinen Fehler nach und entschuldige dich aufrichtig.

Es geht nicht darum, wer „gewonnen" oder „verloren" hat. Es geht darum, eine starke Freundschaft zu erhalten.

Arbeitsblatt: Die 4 E's II

Ich bin schuld. Was nun?

„Die 4 E's":

1. Eingestehen

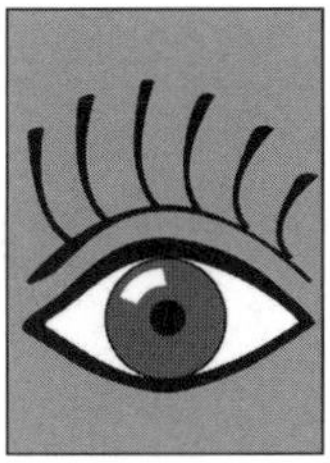

2. Erklären

3. Entschuldigen

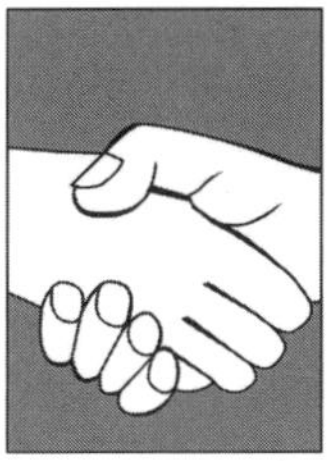

4. Entschädigen

1.
Eingestehen

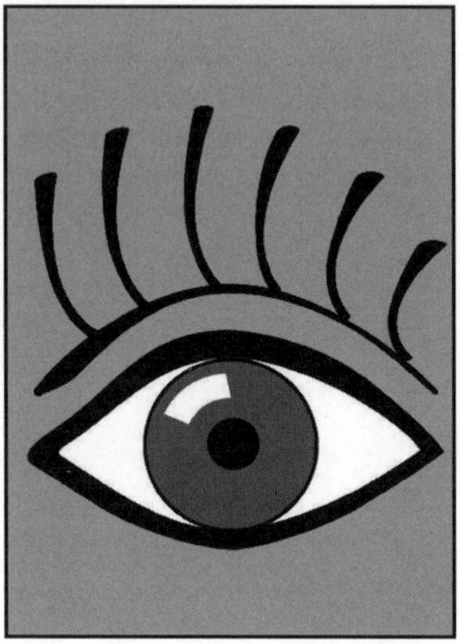

2.
Erklären

3.
Entschuldigen

4.
Entschädigen

7.3.5 Dreiundzwanzigste Trainingseinheit: Eigenverantwortung erlernen II

Tabelle 29: Ziele, praktisches Vorgehen und Materialien der Trainingseinheit

Ziele	Praktisches Vorgehen	Material
		Projektmappen für jedes Kind
Motivierung der Kinder, Herstellung eines ruhigen Lernklimas	Gemeinsames Hören von „Abenteuer auf Duesternbrook“, Teil 23 (Wiederholung)	– DVD-Player – DVD mit „Abenteuer auf Duesternbrook“, Teil 23 (Track 24 auf der DVD) – evtl. Videokamera
Eigenverantwortung erlernen: Verantwortung für eigenes Fehlverhalten übernehmen, d. h. Fehlverhalten eingestehen, Verhalten erklären, sich angemessen dafür entschuldigen und wenn möglich Wiedergutmachung anstreben	Methode der „4 E's“ wiederholen; Methode auf eigene Beispiele übertragen Rollenspiel	Arbeitsblätter: – Die 4 E's II, S. 196 und DVD – ausgeschnittene Kärtchen: Die 4 E's II, S. 197 und DVD – Rollenspiel zu den 4 E's, S. 202 und DVD
Erkennen des Zusammenhangs von Verhalten und Konsequenzen	Beurteilung des Kinderverhaltens anhand zuvor vereinbarter Verhaltensziele	Verstärkerplan

Wiederholung der Inhalte aus der letzten Einheit

Der Trainer wiederholt mit den Kindern in einem Unterrichtsdialog die Kerninformationen der vergangenen Einheit und lässt alle Kinder ihre ausgemalten Kärtchen mit den 4 E's rausholen. Danach hören die Kinder die nächste Hörspielsequenz.

Hörspiel: „Abenteuer auf Duesternbrook“, Teil 23

Durch die Bearbeitung des Rätsels hatte Cedric erkannt, dass es wichtiger war, Fehler einzugestehen, als ohne Wiedergutmachung davonzukommen. Julie hatte ihn zwar erst einmal etwas erschrocken angesehen, nachdem er ihr schweren Herzens eingestanden hatte, dass er Kakaoflecken in ihrem Tierbuch hinterlassen hatte. Doch schließlich sagte sie, „Weißt du was, Cedric? Auf dich wäre ich niemals gekommen. Ich hätte bestimmt jemand anderen zu Unrecht verdächtigt. Dass du das eingestanden hast, finde ich ganz toll. Du bist wirklich ein guter Freund.“

Cedric schossen unwillkürlich die Tränen in die Augen und er schaute sofort weg, damit niemand bemerkte, wie gerührt er war. Ja, er hatte wirkliche Freunde und darüber war er in diesem Moment sehr glücklich. Niemand der anderen hatte wirklich eine Ahnung, wie viel ihm Freunde bedeuteten.

Cedric lebte schon seit langer Zeit in einem Heim. Seine Familie hatte er schon sehr, sehr lange nicht mehr gesehen. Er hatte kaum noch eine Erinnerung an sie.

Die anderen Kinder im Heim bekamen manchmal Briefe von ihrer Mama oder ihrem Papa, manchmal gab es sogar kleine Pakete. Jedes Mal hoffte er, es möge auch für ihn etwas dabei sein. Doch er wurde immer enttäuscht.

Tagsüber lies er sich nie etwas anmerken, doch abends, wenn die anderen schon schliefen, stellte er sich seine Familie vor. Sein Papa war dann immer ein Kapitän auf einem großen Segelschiff. Seine Mama war die Köchin und arbeitete in der Kombüse. Seine drei Geschwister waren die Matrosen, die dem Papa halfen, das Schiff durch die Weltmeere zu navigieren. Er hatte es sich irgendwann so zurecht gelegt, warum seine Familie sich nie bei ihm meldete. Eines Tages, so stellte er es sich dann vor, würden sie alle vorbeikommen und ihn abholen. Nur: Er wusste nicht genau warum, doch mit jedem Jahr wurde es schwieriger für ihn, sich das Segelschiff vorzustellen …

Übung

Die Kinder überlegen sich eine Situation aus ihrem eigenen Leben, in der sie etwas falsch gemacht haben oder jemandem Unrecht getan haben. Auf diese Situation sollen sie die gelernte *Strategie der 4 E's* übertragen und anwenden. Diese Situationen und deren Lösung mit Hilfe der *4 E's* werden zunächst in der Großgruppe besprochen.

Die Strategie soll anschließend im Rollenspiel an mindestens einer Beispielsituation der Kinder praktisch eingeübt werden. Die Kinder werden vom Trainer in Vierergruppen eingeteilt. Es werden zwei Gruppen ausgewählt, die schauspielern werden, die anderen Gruppen sind die Zuschauer. Die Schauspielergruppen bekommen zehn Minuten Zeit, sich auf eine Situation zu einigen, die sie spielen wollen und das Rollenspiel vorzubereiten. Um den Text für das Rollenspiel vorzubereiten, füllen die Kinder jeweils für ihre Gruppe das Arbeitsblatt „Rollenspiel zu den 4 E's" aus. Die Situation wird vor der Gruppe gespielt (die Kärtchen vom Arbeitsblatt dienen dabei als Gedächstnisstütze) und kann zur gemeinsamen Reflexion auf Video aufgenommen werden. Sollte den Kindern keine Situation einfallen, wird die Lösung des Dilemmas „In Schwierigkeiten" im Rollenspiel eingeübt.

Arbeitsblatt: Rollenspiel zu den 4 E's (vgl. S. 202).

Anschließend wird mit den Kindern ihr Erleben im Rollenspiel (in der Rolle der Person, welche sich entschuldigt, sowie derjenigen Person, welche die Entschuldigung entgegennimmt) besprochen (vgl. Kap. 6, Die Selbstinstruktionskärtchen: „Die vier E's", S. 48–49).

Arbeitsblatt: Rollenspiel zu den 4 E's

Ich bin schuld. Was nun?

„Die 4 E's":

1. Eingestehen:

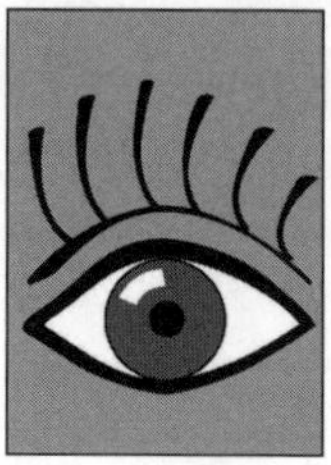

2. Erklären:

3. Entschuldigen:

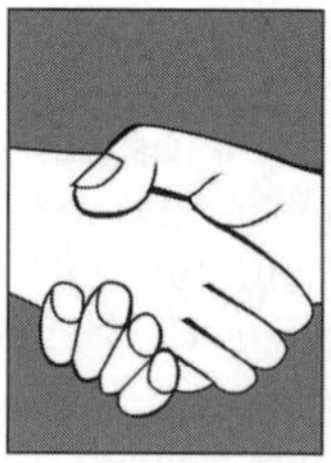

4. Entschädigen:

7.3.6 Vierundzwanzigste Trainingseinheit: Zivilcourage fördern I

Tabelle 30: Ziele, praktisches Vorgehen und Materialien der Trainingseinheit

Ziele	Praktisches Vorgehen	Material
		Projektmappen für jedes Kind
Motivierung der Kinder, Herstellung eines ruhigen Lernklimas	Gemeinsames Hören von „Abenteuer auf Duesternbrook“, Teil 24	– DVD-Player – DVD mit „Abenteuer auf Duesternbrook“, Teil 24 (Track 25 auf der DVD) – evtl. Videokamera
Zivilcourage fördern: lernen, sich angemessen für andere einzusetzen und anderen wenn nötig beizustehen	Dilemma allein bearbeiten; Dilemma in der Kleingruppe bearbeiten und diskutieren; gemeinsame Lösungsdiskussion; Lösungen auf eigene Beispiele übertragen; Rollenspiel	Arbeitsblätter: – Zivilcourage I, S. 207 und DVD
	Trainingsaufgabe: Werbeslogan und Werbesymbol für Zivilcourage entwerfen	– Zivilcourage II, S. 208 und DVD
Erkennen des Zusammenhangs von Verhalten und Konsequenzen	Beurteilung des Kinderverhaltens anhand zuvor vereinbarter Verhaltensziele	Verstärkerplan

Wiederholung der Inhalte aus der letzten Einheit und Besprechung der Hausaufgaben

Der Trainer wiederholt mit den Kindern in einem Unterrichtsdialog die Kerninformationen der vergangenen Einheit. Die Hausaufgaben werden besprochen. Danach hören die Kinder die nächste Hörspielsequenz.

Hörspiel: „Abenteuer auf Düsternbrook“, Teil 24

Zuerst hatte Cedric versucht, geheim zu halten, dass er im Heim lebte. Doch die Kinder hatten die Wahrheit schnell heraus gefunden. Deswegen war er häufig geärgert worden. Erst vor ein paar Tagen hatte er wieder etwas erlebt, dass ihn daran erinnert hatte, wie es manchmal Kindern erging, die im Heim lebten …

Er war gerade auf dem Weg in die Schule gewesen. Es waren so früh am Morgen kaum andere Menschen auf der Straße unterwegs. Mürrisch hatte Cedric vor sich auf den Boden gestarrt. Das Wetter ging ihm auf die Nerven und das Schlimmste war, dass er mit dem Bus in die Schule fahren musste, weil sein Fahrrad kaputt war.

Lautes Lachen riss Cedric aus seinen trüben Gedanken und ließ ihn aufschauen. Auf der gegenüberliegenden Straßenseite sah er eine Gruppe Jungen stehen. Er erkannte Max aus seinem Heim unter ihnen. Um Max herum standen drei Jungen, die in die fünfte Klasse ihrer Schule gingen. Cedric kannte die Jungen vom Sehen und wusste, dass sie gerne jüngere Schüler ärgerten und sie manchmal sogar verprügelten, wenn die nicht taten was sie von ihnen wollten. Die Jungen schienen etwas Gemeines zu Max gesagt zu haben, denn sie lachten laut, während Max so aussah, als wollte er so schnell wie möglich weg von ihnen.

Plötzlich schubste einer der Jungen Max, ließ ihn über sein aufgestelltes Bein stolpern und als er hinfiel, lachten die Drei schadenfroh. Max stand schnell wieder auf und versuchte, an ihnen vorbei zu gehen, wurde aber von einem der Jungen zurück in den Kreis geschubst. Ein anderer boxte ihm in den Bauch.

In diesem Moment kam der Bus angefahren. Cedric war schon spät dran und er wollte nicht schon wieder Ärger mit Frau Thill bekommen. Er wusste, dass er diesmal würde nachsitzen müssen, wenn er wieder zu spät kam. Er war völlig unentschlossen. Er dachte: ‚Soll ich Max helfen oder einfach so tun, als hätte ich nichts gesehen und in den Bus einsteigen, damit ich nicht zu spät komme?‘

„Cedric, hallo???“ Cedric wurde von Julie aus seinen Gedanken gerissen.

„Ich lese jetzt das nächste Rätsel vor. Was ist los mit dir?“ Julie schaute ihn fragend an.

„Schon gut, Leute. Bin wieder dabei.“

Julie begann, die nächste Rätselaufgabe vorzulesen:

> *„Wollt Ihr des Siegels Kammer finden,*
> *müsst Ihr dieses Rätsels Sinn entwinden.*
> *DER ERSTE UND DER DRITTE LETTER VOM HEUTIGEN LÖSUNGSWORT,*
> *DIE FOLGEN DEM N AN SEINEN ORT.*
>
> *Ein Mensch in Eile sieht ein Unrecht, ach oh Graus,*
> *drei ärgern einen anderen bis zum dort hinaus!*
> *‚Was soll ich nur tun?‘, denkt nun der Zeuge.*
> *‚BIN ICH STARKHERZIG, so dass ich dem Unrecht mich nicht beuge?‘*
> *ODER VERLÄSST DER MUT IHN PROMPT,*
> *damit er nicht zu spät ankommt?“*

Julie hatte zu Ende gelesen.

Cedric schrie: „Ich weiß es. Ich weiß es. Ich habe die Antwort!“ Und er erzählte den anderen die Geschichte von Max.

Übung: Lösung des Dilemmas anhand des PIP-Plans zur Problemlösung

Nachdem eventuelle Verständnisfragen besprochen wurden, sollen die Kinder zunächst allein (ca. fünf Minuten) den PIP-Plan mit den Fragen zur Geschichte bearbeiten (Arbeitsblatt „Zivilcourage I"). Anschließend werden sie in ihre Zweiergruppen aufgeteilt, um die Antworten auf die einzelnen Fragen miteinander zu besprechen (ca. fünf Minuten). Sie sollen versuchen, sich auf *eine* zufriedenstellende Lösung für das dargestellte Dilemma zu einigen. Im Anschluss daran teilen zwei bis drei Gruppen (freiwillig oder vom Trainer ausgewählt) ihre Lösungen der ganzen Gruppe mit. Es folgt eine angeleitete Abschlussdiskussion. Hier sollen die Kinder versuchen, den anderen darzustellen, was für ihre jeweilige Lösung spricht.

Arbeitsblatt: Zivilcourage I (vgl. S. 207).

Übung

Im Anschluss sollen die Kinder eigene Erlebnisse schildern, wo sie erlebt haben, dass jemand ausgeschlossen wurde/ungerecht behandelt wurde/Hilfe brauchte. Sie sollen versuchen, die oben gefundene Lösung auf ihre eigenen Erlebnisse zu übertragen. Abschließend sollen mit den Kindern ein bis zwei Situationen durchgespielt werden, damit sie üben können, sich für andere, die Hilfe brauchen, angemessen einzusetzen.

Die Kinder werden vom Trainer wieder in Vierergruppen eingeteilt. Es werden zwei Gruppen ausgewählt (andere als in der vorhergehenden Einheit), die schauspielern werden, die übrigen Gruppen sind die Zuschauer. Die Schauspielergruppen bekommen zehn Minuten Zeit, sich auf eine Situation zu einigen, die sie spielen wollen und das Rollenspiel vorzubereiten. Die Situation wird vor der Gruppe gespielt und kann zur gemeinsamen Reflexion auf Video aufgenommen werden.

Bestimmung des heutigen Lösungswortes und Vervollständigung des Zauberwortes

Der Trainer fordert die Kinder auf, ihr Arbeitsblatt „Des Siegels Kammer" aufzuschlagen. Im heutigen Hörspiel befand sich wieder ein Rätsel, das die vier Freunde lösen mussten.

Hinweis für die Kinder zum Finden des fünften Lösungswortes:
- Welche Frage stellt sich Cedric, als er sieht, dass die Jungen Max quälen?
  Antwort: Bin ich starkherzig, oder verlässt mich die Courage?

Lösungswort:

S	T	**A**	R	K	H	E	R	Z	I	G

Der erste und dritte Buchstabe des heutigen Lösungswortes „Starkherzig" sind S und A. Die Kinder malen den richtigen Weg auf der Karte ein und schreiben die korrekten Lösungsbuchstaben in das Zauberwort auf ihren Grundriss.

Zauberwort:

G	E	M	E	I	N	S	A	

Trainingsaufgabe

Mit den Kindern zusammen wird das Arbeitsblatt „Zivilcourage II" gelesen. Um den Kindern das Verständnis der Aufgabe zu erleichtern, sollen mit ihnen gemeinsam in der Gruppe praktische Beispiele für Zivilcourage gefunden werden.

Zum Abschluss des Trainings soll mit den Kindern ein Gruppenwettbewerb zum Thema: *Werbung für Zivilcourage* durchgeführt werden. Die Kinder sollen ein Werbeplakat zum Thema entwerfen. Zur Vorbereitung soll sich jedes Kind zu Hause einen Werbespruch und ein geeignetes Symbol oder Bild für ein solches Plakat überlegen. Ein Beispiel für ein solches Plakat, sowie für Werbesprüche findet sich in Kasten 6.

Arbeitsblatt: Zivilcourage II (vgl. S. 208).

Kasten 6: Plakatbeispiel

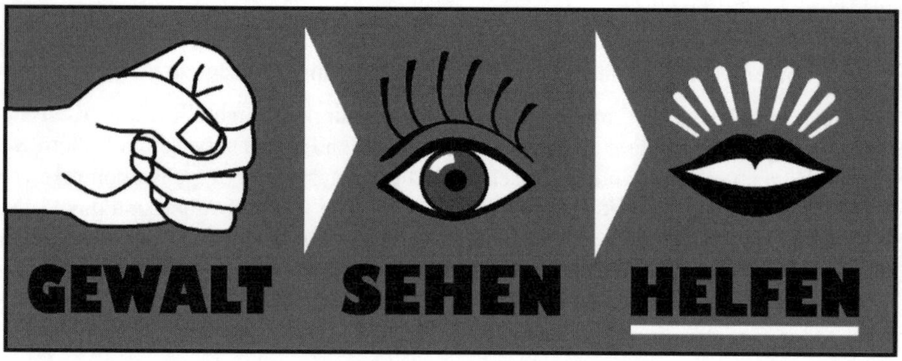

Beispiele für andere Werbeslogans:

- „Hinsehen hilft!"
- „Nicht weggucken – hinschauen!"
- „Helfen ist menschlich!"
- „Du bist wie ich!"
- „Helfen braucht Courage!"
- „Wegsehen kann jeder!"
- „Ich sehe hin!"
- „Einer für alle und alle für einen!"

Verstärkerplan

Der Trainer schätzt die Gruppen anhand der vereinbarten Verhaltensziele während der Trainingseinheit ein und trägt die erreichten Punkte auf dem Verstärkerplan ein, der im Gruppenraum aufgehängt ist.

Arbeitsblatt: Zivilcourage I

PIP-Plan zur Problemlösung

1. Problem verstehen
Welche Entscheidung muss Cedric treffen: Welches Problem hat er?

2. Ideen sammeln
Was könnte Cedric tun?
Was würdest du wollen, wenn du an Max's Stelle wärst?

3. Problem lösen
Welche Lösung wäre am gerechtesten/gerecht für alle?

Arbeitsblatt: Zivilcourage II

Zivilcourage = Mut im täglichen Leben
= Sich für jemand anderen einsetzen, der Hilfe braucht.

Ihr wollt ein Werbeplakat zum Thema ‚Zivilcourage' machen. Überlege dir einen Werbespruch, der deutlich macht, dass Zivilcourage im täglichen Umgang aller Menschen miteinander wichtig ist und warum dies so wichtig ist. Überlege dir auch ein geeignetes Bild oder ein Symbol, das deine Idee unterstützt.

7.3.7 Fünfundzwanzigste Trainingseinheit: Zivilcourage fördern II

Tabelle 31: Ziele, praktisches Vorgehen und Materialien der Trainingseinheit

Ziele	Praktisches Vorgehen	Material
		Projektmappe für jedes Kind
Motivierung der Kinder, Herstellung eines ruhigen Lernklimas	Gemeinsames Hören von „Abenteuer auf Duesternbrook", Teil 25	– DVD-Player – DVD mit „Abenteuer auf Duesternbrook", Teil 25 (Track 26 auf der DVD)
Zivilcourage fördern: eine vertiefende Auseinandersetzung mit dem Thema erreichen; Förderung der Kooperationsfähigkeit	Werbeplakate für Zivilcourage entwerfen und gestalten in Gruppen zu je drei bis vier Kindern	Arbeitsblätter: – Bunte Pappe im DIN A1 Format – Verschiedene Malfarben und Materialien zur Gestaltung der Plakate
Erkennen des Zusammenhangs von Verhalten und Konsequenzen	Beurteilung des Kinderverhaltens anhand zuvor vereinbarter Verhaltensziele	Verstärkerplan

Wiederholung der Inhalte aus der letzten Einheit

Der Trainer wiederholt mit den Kindern in einem geleiteten Dialog die Kerninformationen der vergangenen Einheit. Danach hören die Kinder die nächste Hörspielsequenz.

Hörspiel: „Abenteuer auf Duesternbrook", Teil 25

Nachdem die Lösung des Rätsels gefunden war, machten die Vier sich in den nächsten Raum mit den Buchstaben SA auf. Bevor sie sich an das nächste Rätsel machten, erzählte Cedric ihnen noch die Geschichte mit Max:

„Der Bus war schon fast an der Haltestelle. Ich musste mich entscheiden. Plötzlich fiel mir ein, was Mehmet gesagt hatte, warum er Paolo geholfen hatte:

„Wenn ich an seiner Stelle wäre, würde ich auch wollen, dass mir jemand hilft."

Also hab ich überlegt, wie ich mich wohl fühlen würde, wenn ich an Max Stelle wäre.

Was wäre, wenn diese Jungen mich so ärgern und quälen würden und mir niemand hilft? Bei dem Gedanken wurde mir ganz schlecht. In diesem Moment wusste ich, dass ich nicht einfach so tun konnte, als ob ich nichts gesehen hätte.

Der Bus hielt quietschend an der Haltestelle. Ich sprang in den Bus, erklärte der Busfahrerin schnell was los war und bat sie, Max zu helfen. Zuerst begriff die Fahrerin nicht, was ich von ihr wollte. Als sie dann aber verstanden hatte, sprang sie aus dem Bus, stürmte über die Straße und lief laut schimpfend auf die Jungen zu. Als die älteren Jungen sie kommen sahen, guckten sie erst nur erschrocken, dann flüchteten sie aber so schnell sie konnten.

Nachdem die Jungen weggelaufen waren, kam die Fahrerin mit Max zum Bus zurück gelaufen.

Sie schimpfte, „so ein feiges Gesindel, zu Dritt auf einen loszugehen, der viel kleiner ist als sie. *Du hast Glück gehabt, dass dieser Junge so gut reagiert hat und mich zur Hilfe gerufen hat.*“

Max guckte mich voll erstaunt an. Dann hat er gesagt, dass er mir total dankbar ist, dass ich ihm geholfen habe. Diese Typen versuchen ständig, ihn fertig zu machen und meistens schaffen sie das auch, *weil ihm nie jemand hilft und alle immer so tun, als würden sie es nicht sehen.*“

Nach Cedrics Bericht schwiegen die Freunde betroffen. Schließlich sprach Julie aus, was sie wohl alle dachten: „Es kann doch nicht sein, dass manche einfach wegschauen, wenn jemand anderer gequält wird und Hilfe braucht.“

Cedric blickte beschämt, fasste sich dann aber ein Herz und gestand: „Ich musste auch erst überlegen. Im ersten Moment hab ich daran gedacht, einfach so zu tun, als ob ich nichts gesehen hätte. Ich wollte einfach keinen Ärger haben und nicht zu spät zur Schule kommen.“

Mehmet nickte und sagte nachdenklich: „Ich glaube, das passiert total oft. Vor allem wenn man den noch nicht mal gut kennt. Dann denken die meisten sicher, das geht sie nichts an und halten sich lieber raus.“

Mehmet schaute in die Runde. „Ich möchte jetzt aber das nächste Rätsel hören. Sonst platze ich vor Spannung. Ich will die Siegelkammer finden!“

Die anderen stimmten zu. Mehmet las den anderen das heutige Rätsel vor:

> *„Wollt Ihr des Siegels Kammer finden,*
> *müsst Ihr dieses Rätsels Sinn entwinden.*
> *DER ERSTE LETTER VOM HEUTIGEN LÖSUNGSWORT,*
> *DER FOLGT DEM A AN SEINEN ORT.*
>
> *Zivilcourage, Starkherzigkeit und doppelter MUT,*
> *viel mehr davon täten den Menschen gut.*
> *Doch wie kann man solcherlei bekannter machen,*
> *der Menschen Eifer für das Gute entfachen?*
> *Findet nun das Zauberwort,*
> *dann kommt ihr an den richt'gen Ort.“*

Alle schwiegen. Plötzlich blickte Irina auf und meinte: „Wir sollen also etwas für mehr Mut, anderen zu helfen und gegen das Weggucken tun. Das finde ich gut. Alle sollten wissen, dass es feige ist, einfach wegzuschauen und dass es viel cooler ist, anderen zu helfen, wenn sie Probleme haben. Man selber will ja auch, dass einem jemand hilft, wenn man in Schwierigkeiten ist."

Julie nickte eifrig. „Ja genau, es gibt sogar ein Wort dafür, *sich für jemanden einzusetzen, der Hilfe braucht*. Das nennt man Zivilcourage."

„Wir müssen also anderen Schülern erklären, wie wichtig es ist, Zivilcourage zu zeigen?", fragte Mehmet zweifelnd.

„Genau", antwortete Irina, „damit Leute zum Beispiel nicht mehr fertig gemacht werden können wie der Max, ohne dass ihnen jemand hilft. Also, wie könnten wir das machen?"

Nachdenklich schwiegen die Freunde eine Weile.

„Ich hab's", rief Mehmet plötzlich. *„Wir malen große Poster mit coolen Sprüchen und Bildern drauf, die für Zivilcourage werben und hängen sie dann bei uns in der Schule auf.* Wenn wir unsere Lehrerinnen fragen, erlauben die das bestimmt."

„Au ja, das ist eine geniale Idee", stimmte Cedric zu. „Auf geht's."

In der Gruppe werden die Fragen zum Hörspiel beantwortet.

Fragen zum Hörspiel „Abenteuer auf Duesternbrook", Teil 25
Warum hat Cedric sich entschlossen, Max zu helfen? ____________________
Was hat Cedric getan, um Max zu helfen? ____________________
Warum war Max so erstaunt über Cedrics Hilfe? ____________________
Was bedeutet „Zivilcourage"? ____________________
Was wollen die Freunde tun, um für Zivilcourage zu werben? ____________________

Übung

Nach Bearbeitung der Fragen zum Hörspiel werden die Kinder in Vierer-Teams eingeteilt. Ihnen wird gesagt, dass sie sich heute Punkte durch gute Zusammenarbeit innerhalb ihrer Teams verdienen können. Dann wird ihnen der Wettbewerb um das beste Werbeplakat für Zivilcourage angekündigt. Sie haben eine Stunde Zeit, ihre Werbeplakate zu entwerfen und zu gestalten. Dazu sollen sie sich zunächst ihre gegenseitigen Vorschläge und Entwürfe zeigen und sich anschließend auf einen einigen, den sie dann gemeinsam umsetzen. Dabei sollen die Kinder darauf achten, dass sich alle Teammitglieder an der Entscheidungsfindung sowie der Umsetzung gleichermaßen beteiligen können.

Anschließend werden die Plakate im Gruppenzimmer oder außerhalb aufgehängt und es wird von allen das Beste ausgewählt. Dies kann in einer demokratischen Wahl (jedes Kind hat eine Stimme) geschehen. Dabei darf nicht für das eigene Plakat gestimmt werden. (Um dies sicherzustellen, können die Stimmzettel mit Namen versehen und von dem Trainer ausgewertet werden.) Das beste Plakat kann zur Belohnung im Gruppenzimmer hängen bleiben, alle anderen Plakate werden nach ein paar Tagen wieder abgehängt.

Erweiterungsvorschlag

Die Aktion wird in Absprache mit den anderen Trainern auf alle Gruppen des Jahrgangs erweitert. Jeder Trainer führt die Plakataktion mit entsprechender Einführung in das Thema „Zivilcourage" in seiner Gruppe durch.

Jede Gruppe wählt ihre besten Plakate aus und diese werden in der Schule im Rahmen eines abschließenden Elternabends (vgl. auch Kap. 5) oder einer öffentlichen Ausstellung, zu der die Eltern (und evtl. die lokale Presse) eingeladen werden, aufgehängt. Bei dieser Veranstaltung können die Kinder zudem ihren komponierten Rap vorführen. So kann ein Thementag gestaltet werden, in dessen Verlauf das beste/kreativste Plakat prämiert wird. Dafür kann entweder die Einrichtung einen Preis stiften oder die Trainer/Eltern suchen Sponsoren, welche einen angemessenen Preis für das beste Plakat stiften.

Tip: Die Motivation der Eltern, an einer Abschlussveranstaltung teilzunehmen, kann wieder dadurch erhöht werden, dass jedes Kind in der Gruppe eine persönliche Einladung zur Abschlussveranstaltung für seine Eltern gestaltet.

Bestimmung des heutigen Lösungswortes und Vervollständigung des Zauberwortes

Der Trainer fordert die Kinder auf, ihr Arbeitsblatt „Des Siegels Kammer" aufzuschlagen. Im heutigen Hörspiel befand sich wieder ein Rätsel, das die vier Freunde lösen mussten.

Hinweis für die Kinder zum Finden des sechsten Lösungswortes:
– Was braucht man, um zu helfen statt wegzuschauen, wenn jemand gequält wird? *Antwort:* Man braucht Mut.

Lösungswort:

M	U	T

Das heutige Lösungswort lautet „Mut“. Die Kinder malen den richtigen Weg auf der Karte ein und schreiben den korrekten Lösungsbuchstaben M in das Zauberwort auf ihren Grundriss.

Zauberwort:

G	E	M	E	I	N	S	A	M

Verstärkerplan

Der Trainer schätzt die Gruppen anhand der vereinbarten Verhaltensziele während der Trainingseinheit ein und trägt die erreichten Punkte auf dem Verstärkerplan ein, der in der Gruppe aufgehängt ist.

7.3.8 Sechsundzwanzigste Trainingseinheit: Abschlusseinheit

Tabelle 32: Ziele, praktisches Vorgehen und Materialien der Trainingseinheit

Ziele	Praktisches Vorgehen	Material
		Projektmappe für jedes Kind
Motivierung der Kinder, Herstellung eines ruhigen Lernklimas	Gemeinsames Hören von Abenteuer auf Duesternbrook", Teil 26	– DVD-Player – DVD mit „Abenteuer auf Duesternbrook", Teil 26 (Track 27 auf der DVD)
Erkennen des Zusammenhangs von Verhalten und Konsequenzen	Übergabe der Trainingsurkunden	Arbeitsblätter: – Ausgefüllte Urkunde für jedes Kind, S. 219 und DVD
Positiver Abschluss des Trainings	Dekoration basteln mit Kindern; Absprache mit Eltern	– Bastelmaterial
Planung und Organisation der Abschlussparty		

Wiederholung der Inhalte aus der letzten Einheit

Der Trainer wiederholt mit den Kindern in einem geleiteten Dialog die Kerninformationen der vergangenen Einheit. Danach hören die Kinder die letzte Hörspielsequenz.

Hörspiel: „Abenteuer auf Duesternbrook", Teil 26

Die Freunde hatten die letzte Aufgabe gelöst und viele Poster für ihre Schule gemalt, die sie dann im ganzen Schulgebäude aufhängen durften. Die Eltern und Lehrer waren sehr stolz auf die vier Freunde und ihren Einsatz für Zivilcourage, sogar Frau Thill hatte sie gelobt.

Heute Nachmittag sollte es endlich soweit sein: Die Vier hatten den letzten Buchstaben, ein M, und damit auch das Zauberwort *GEMEINSAM* gefunden. Nun würde dem Weg in die Siegelkammer nichts mehr im Wege stehen.

Nun standen sie vor der großen Tür des Zimmers mit dem Buchstaben M. Cedric öffnete sie vorsichtig. Sein Herz klopfte so laut, dass er fürchtete, die anderen könnten es hören. Beim Öffnen knarrte die große, schwere Tür unheimlich. Der Raum war stockfinster. Julie kramte sofort ihre Taschenlampe hervor und leuchtete in die Kammer. Drinnen sah es aus wie in einer großen Bibliothek. An den Wänden standen hohe, überfüllte Bücherregale.

Die Decke war mit wundervollen Bildern bemalt. In der Mitte standen in schöner verschnörkelter Schrift zwei Wörter:

„SOPHIA VITAE …", las Julie langsam vor.

„Das ist Latein, glaube ich. Latein ist eine alte Sprache, die heute gar keiner mehr spricht. Latein sprachen die alten Römer."

„Ha, kenne ich von Asterix her!", erwiderte Cedric altklug. „Miraculix, Idefix und so … Aber was bedeuten die Worte an der Decke?"

Julie überlegte: „Sie bedeuten die *„Weisheit des Lebens"*.

„Wie, die Weisheit des Lebens? Sophia ist doch ein Name. Vielleicht ist das der Vor- und Nachname einer Frau, die Sophia heißt, Sophia Vitae eben", schlug Irina vor. „Nein", nun meldete sich Mehmet zu Wort. „Ich glaube, Julie hat Recht. Ich glaube so etwas habe ich schon mal irgendwo gelesen."

Julie suchte mit der Taschenlampe den Raum nach einer Halterung für das Siegel ab. In der mit dunklem Holz getäfelten Wand fand sie eine runde Vertiefung. Da könnte das Siegel hineinpassen. Sie zeigte auf die Öffnung in der Wand.

„Ich versuche, es dort einzusetzen", sagte Julie.

Sie versuchte, das Siegel in die Vertiefung zu schieben. Es war nicht einfach. Zunächst drückte und schob sie ohne Erfolg. Doch auf einmal merkte sie, wie das Siegel sich in der Vertäfelung versenkte. Es wurde ihr wie in einem Sog aus den Händen gezogen.

„Es passt, hurra!", riefen alle durcheinander und tanzten vor Freude.

„Jippie, wir haben es geschafft!"

Zuerst strahlte das Siegel in vollem Glanz und erleuchtete den Raum taghell. Dann wurde es langsam wieder finster. Nun strömte violetter Nebel aus der Vertäfelung, in der das Siegel steckte. Nach und nach erfüllte der farbige Nebel den gesamten Raum. Plötzlich hörten sie eine tiefe männliche Stimme:

> *„Das Siegel hat nun nach Jahrhunderten wieder an seinen Bestimmungsort zurückgefunden. Duesternbrook, das bedeutet all die Irrungen und Wirrungen des Lebens, all die schwierigen Aufgaben, die es zu bewältigen gilt, Rätsel, die es zu lösen gibt – bis – ja, bis man schließlich eine Klugheit erreicht, mit der man alle Hindernisse, die einem begegnen, überwinden kann. Das ist die Weisheit des Lebens.*

Ihr habt gezeigt, wie man in Frieden leben könnte. Ihr habt alle Rätsel gelöst. NUN IST ES AN EUCH, DIE LÖSUNGEN UND ANTWORTEN HINAUS IN DIE WELT ZU TRAGEN UND SIE WIEDER UND WIEDER ANZUWENDEN.

Dann wird die Weisheit des Lebens eines Tages auf euch übergehen. SO GEHT DENN HIN UND WERDET BOTSCHAFTER VON DUESTERNBROOK!"

Die Stimme verstummte und auch der violette Nebel verschwand. Erst wurde es stockfinster und dann taghell in dem Zimmer.

Sie schauten sich um und trauten ihren Augen nicht. Die Bibliothek war verschwunden, alles war verschwunden, auch die Deckenmalereien, die Bücher. Nur das Siegel prangte vor ihnen in seiner Wandhalterung.

„Boa, ist das geheimnisvoll! Habe ich gerade geträumt, oder war hier eben noch eine Bibliothek?", fragte Cedric die anderen.

„Nein, Du hast nicht geträumt. Hier spukt es wirklich!" Irina schaute um sich. „Das glaubt uns kein Mensch, wenn wir das erzählen."

„Stimmt, aber was wir auf Duesternbrook gelernt haben, könnten wir wirklich beibehalten und es an andere weitergeben, oder? Ich möchte gern Duesternbrook-Botschafter werden!"

Mehmet schaute, was die anderen dazu meinten. Die stimmten zu und alle fühlten, dass sie nun eine besondere Aufgabe übernommen hatten. Sie waren schon ein wenig stolz auf sich …

„Seht mal, da steht wieder so eine Truhe herum. Wollen wir einmal schauen, was da drin ist?"

Sie liefen zur Truhe und öffneten sie. Es waren *uralte mittelalterliche Burgkostüme* darin. Sie sahen wunderbar aus und waren aus den feinsten Stoffen gefertigt.

„Hey", Julie kramte in den vielen Kostümen herum. „Wir verkleiden uns und machen eine Burgparty! Das haben wir uns verdient, oder?"

Da musste sie die anderen nicht lange bitten. Sie verkleideten sich und feierten ein schönes Burgfest noch bis in den Abend hinein. Doch das Wichtigste war, dass die vier Freunde alle gemeinsam das tollste Abenteuer ihres Lebens erlebt hatten, wovon sie bestimmt noch ihren Enkeln erzählen würden.

ENDE

In der Gruppe werden die Fragen zum Hörspiel beantwortet.

Fragen zum Hörspiel „Abenteuer auf Duesternbrook", Teil 26
Wie lautet das Lösungswort? ____
Was bedeutet die Inschrift an der Decke des Raumes? ____
Welche Aufgabe stellt die Stimme den Freunden zum Abschluss? ____
Was finden die Freunde in der geheimnisvollen Truhe? ____

Absprachen für die Zukunft

Die Kinder werden gefragt, welche Regeln des Trainings ihnen geholfen haben, bzw. welche gut für die Stimmung und die Zusammenarbeit in der Gruppe waren. Anschließend wird gemeinsam entschieden, welche Regeln weiterhin gelten sollen, bzw. ob neue Regeln ergänzt werden müssen, damit die Kinder auch in Zukunft gute „Botschafter von Duesternbrook" sein können. Diese werden in einem *Gruppenvertrag* festgehalten, von jedem Kind unterzeichnet und sichtbar im Gruppenraum aufgehängt.

Verleihung der Urkunden

Vor der Einheit sollte der Trainer die im Verstärkerplan erreichten Punkte für jedes Kind zusammenzählen und jedem Kind eine persönliche Urkunde ausstellen.

Nach der letzten Übung werden den Kindern die Urkunden verliehen. Die Kinder, die am besten mitgemacht haben und die meisten Punkte erreicht haben, werden dabei besonders hervorgehoben (z. B. als erste zur Verleihung aufgerufen) und beglückwünscht.

Urkunde „Abenteuer auf Duesternbrook (vgl. S. 219).

Planung der Abschlussparty

Die Abschlussparty sollte, wenn möglich, am Nachmittag oder in der letzten Schulstunde stattfinden, da die Kinder danach Schwierigkeiten haben würden, sich wieder auf den Unterricht zu konzentrieren. Auch andere Örtlichkeiten sollten für die Abschlussfeier in Betracht gezogen werden (z. B. Jugendfreizeithaus, Landschulheim, Turnhalle).

Um die Atmosphäre einer Burgparty zu kreieren, wird vorher das Partyzimmer mit den Kindern entsprechend geschmückt. Ihrer Fantasie sind diesbezüglich keine Grenzen gesetzt.

Die Kinder können sich für die Party verkleiden (zum Beispiel als Burgfräulein oder Ritter, vgl. Abb. 10). Mit den Eltern, beziehungsweise in Zusammenarbeit mit den Elternvertretern sollten Essen und Getränke für die Party im Vorfeld organisiert werden.

Abbildung 10: Verkleidungsbeispiele – Ritter und Burgfräulein

Abenteuer auf Duesternbrook

Urkunde

____

(Name)

hat große Abenteuer erlebt und viele Rätsel gelöst.

Dabei gab es viel zu lernen:

- sich in andere einfühlen
- eigene Gefühlslevels einschätzen
- Wut kontrollieren
- vorausschauend denken, Lösungen für Probleme finden,
- andere fair behandeln
- Fehler eingestehen und nach den vier „E's" handeln
- nicht wegsehen, sondern anderen beistehen wenn sie Hilfe brauchen (Zivilcourage)

____

(Name)

hat für die Mitarbeit im Kurs

insgesamt ____________ Punkte gesammelt.

8 Festigung und längerfristige Stabilisierung der Trainingseffekte

Verschiedene Studien haben gezeigt, dass sogenannte Booster-Sitzungen, das heißt Verstärker- oder Wiederholungssitzungen, die Effektivität von Trainingsprogrammen wie dem *Verhaltenstraining in der Grundschule*, deutlich erhöhen (Nelson, Westhues & MacLeod, 2003). Um die im Training gelernten Inhalte langfristig bei den Kindern zu verfestigen, sollten einzelne Elemente des Trainings regelmäßig wiederholt und aufgefrischt werden bzw. weiterhin Bestand haben. Trainingsmaterialien (z. B. die Gruppenregeln) sollten möglichst so lange im Gruppenzimmer hängen bleiben, bis die Kinder sie wirklich gelernt haben. Dies ermöglicht auch, bei Bedarf immer wieder auf sie zu verweisen und die Kinder wichtige Elemente wiederholen zu lassen.

Ein sinnvoller Zeitabstand zwischen Trainingsabschluss und einer darauf folgenden Auffrischungssitzung bzw. zwischen zwei Auffrischungseinheiten wäre etwa ein Monat. Einzelne Trainingseinheiten sollten jedoch auch flexibel, so wie es notwendig erscheint und angebracht ist (z. B. in problematischen Situationen zwischen Kindern oder während des Unterrichts), in den Unterricht eingebunden werden. Thematische Empfehlungen für mögliche Auffrischungssitzungen finden Sie in Tabelle 33.

Die Wirksamkeit des Verhaltenstrainings wird aktuell an verschiedenen Bremer Grundschulen untersucht. Publikationen zu ersten empirischen Ergebnisse erscheinen voraussichtlich im Jahr 2008.

Tabelle 33: Empfehlungen für thematische Auffrischungssitzungen

Thema/Problem	Inhalt der Sitzung
Sensibilisierung für Emotionswahrnehmung und -benennung	Wiederholung der Gefühlskegel aus Sitzung 4 und 5: Die Kinder füllen die Gefühlskegel (z. B. für die Emotionen Trauer und Angst) jeder für sich aus. Dabei sollen sie versuchen, eigene Erlebnisse der vergangenen Tage und die dabei erlebten Gefühle den jeweiligen Kegeln und Levels zuzuordnen. Anschließend werden die Ergebnisse im Sitzkreis besprochen.
Wut- und Ärgermanagement	Wiederholung des Wutkontrollplans aus Sitzung 8: Die Kinder sollen sich Ihren jeweiligen Wutkontrollplan vornehmen, sich Beispiele aus ihrem Alltag überlegen und notieren, wo und wann sie einen Wutstopper erfolgreich angewendet haben und wann nicht. Anschließend werden die Beispiele im Sitzkreis besprochen. Bei den misslungenen Wutstoppern soll gemeinsam überlegt werden, welche Strategie besser geholfen hätte. Die verbesserten Strategien werden von dem betroffenen Kind in dessen Wutkontrollplan aufgenommen.
Aggressiver Konflikt zwischen (zwei) Kindern	Gemeinsame Bearbeitung des Konfliktes anhand des PIP-Plans zur Problemlösung: Die Kinder sollen zunächst in Zweierteams den Konflikt nach dem PIP-Plan genau bearbeiten. Anschließend werden die gefundenen Lösungen gemeinsam besprochen, deren Vor- und Nachteile diskutiert und die beste ausgesucht. Wenn möglich, sollte der Konflikt mit der gefundenen Lösung (von den am Konflikt beteiligten Kindern) im Rollenspiel einmal durchgespielt werden.
Ungerechter Umgang der Kinder miteinander	Wiederholung der „goldenen Regel" aus Sitzung 20 und gemeinsame Bearbeitung des Problems anhand des PIP-Plans zur Problemlösung: Die Kinder sollen zunächst in Zweierteams das Problem nach dem PIP-Plan bearbeiten. Anschließend werden die gefundenen Lösungen gemeinsam besprochen, deren Vor- und Nachteile diskutiert und die beste ausgesucht. Wenn möglich, sollte der Konflikt mit der gefundenen Lösung (von den am Konflikt beteiligten Kindern) im Rollenspiel einmal durchgespielt werden.
Ein Kind verschuldet den Schaden eines anderen Kindes.	Bearbeitung der Situation nach der in Sitzung 22 beschriebenen Strategie der „4 E's": Das „schuldige" Kind bekommt die Gelegenheit, sich in Ruhe eine Lösung zu überlegen und zu notieren. Dabei muss jedes ‚E' (Eingestehen, Erklären, Entschuldigen, Entschädigen) beachtet werden. Anschließend bekommt das Kind die Aufgabe, sich in Anwesenheit des Trainers bei dem Geschädigten nach den 4 E's zu entschuldigen.

Literatur

Appleyard, K., Egeland, B., van Dulmen, M. H. M. & Sroufe, L. A. (2005). When more is not better: The role of cumulative risk in child behavior outcomes. *Journal of Child Psychology and Psychiatry, 46,* 235–245.

Arsenio, W. F. & Lemerise, E. A. (2004). Aggression and moral development: Integrating social information processing and moral domain models. *Child Development, 75,* 987–1002.

Bandura, A. (2004). Selective exercise of moral agency. In T. A. Thorkildsen & H. J. Walberg (Eds.), *Nurturing morality* (pp. 37–57). New York: Springer.

Beelmann, A. (2004). Förderung sozialer Kompetenzen im Kindergarten: Evaluation eines sozialen Problemlösetrainings zur universellen Prävention dissozialer Verhaltensprobleme. *Kindheit und Entwicklung, 13,* 113–121.

Binfet, T. (2004). It's all in their heads: Reflective abstraction as an alternative to the moral discussion group. *Merrill-Palmer Quarterly, 50,* 181–201.

Bohnert, A. M., Crnic, K. A. & Linn, K. G. (2003) Emotional competence and aggressive behavior in school-age children. *Journal of Abnormal Child Psychology, 31,* 79–91.

Burks, V. S., Laird, R. D., Dodge, K. A., Pettit, G. S. & Bates, J. E. (1999). Knowledge structures, social information processing, and children's aggressive behavior. *Social Development, 8,* 220–236.

Caldarella, P. & Merrel, K. W. (1997). Common dimensions of social skills of children and adolescents: A taxonomy of positive behaviors. *School Psychology Review, 26,* 264–279.

Calkins, S. & Dedmon, S. (2000). Physiological and behavioral regulation in two-year-old children with aggressive/destructive behavior problems. *Journal of Abnormal Child Psychology, 28,* 103–118.

Cicchetti, D. & Hinshaw, S. P. (2002). Prevention and intervention science: Contributions to developmental theory. *Development and Psychopathology, 14,* 667–671.

Coie, J. D. & Dodge, K. A. (1998). Aggression and antisocial behavior. In W. Damon & N. Eisenberg (Eds.), *Handbook of child psychology, Volume 3. Social, emotional, and personality development* (5th ed., pp. 779–862). New York: Wiley.

Coy, K., Speltz, M. L., Deklyen, M. & Jones, K. (2001). Social-cognitive processes in preschool boys with and without oppositional defiant disorder. *Journal of Abnormal Child Psychology, 29,* 107–119.

Crick, N. R. & Dodge, K. A. (1994). A review and reformulation of social information-processing mechanisms in children's social adjustment. *Psychological Bulletin, 115,* 74–101.

Dalgleish, T. & Power, M. J. (1999). *Handbook of cognition and emotion.* New York: Wiley.

Damon, W. & Phelps, E. (1989). Strategic uses of peer learning in children's education. In T. Berndt & G. Ladd (Eds.), *Peer relationships in child development* (pp. 135–156). New York: Wiley.

Deater-Deckard, K., Dodge, K. A., Bates, J. E. & Pettit, G. S. (1998). Multiple risk factors in the development of externalizing behaviors problems: Group and individual differences. *Development and Psychopathology, 10,* 469–493.

Denham, S. A. (1998). *Emotional development in young children.* New York: Guilford.

De Wied, M., Goudena, P. P & Matthys, W. (2005). Empathy in boys with disruptive behavior disorders. *Journal of Child Psychology and Psychiatry, 46,* 867–880.

Dishion, T. J., Kavanagh, K., Schneiger, A., Nelson, S. & Kaufmann, N. K. (2002). Preventing early adolescent substance use: A family-centered strategy for the public middle school. *Prevention Science, 3,* 191–201.

Dodge, K. A., Laird, R., Lochman, J. E. & Zelli, A. (2002). Multidimensional latent-construct analysis of children's social information processing patterns: correlations with aggressive behavior problems. *Psychological Assessment, 14,* 60–73.

Dodge, K. A., Lansford, J. E., Burks, V. S., Bates, J. E., Pettitt, G. S., Fontaine, R. & Price, J. M. (2003). Peer rejection and social information-processing factors in the development of aggressive behavior problems in children. *Child Development, 74,* 374–393.

Dodge, K. A. & Rabiner, D. L. (2004). Returning to the roots: On social information processing and moral development. *Child Development, 75,* 1003–1008.

Durlak, J. A. & Wells, A. M. (1997). Primary prevention mental health programs for children and adolescents: A meta-analytic review. *American Journal of Community Psychology, 25,* 115–152.

Eisenberg, N. (2000). Emotion, regulation, and moral development. *Annual Review of Psychology, 51,* 665–697.

Eisenberg, N. & Morris, A. S. (2001). The origins and social significance of empathy-related responding. A review of empathy and moral development: Implications for caring and justice. *Social Justice Research, 14,* 95–120.

Eisenberg, N., Smith, C. L., Sadovsky, A. & Spinrad, T. L. (2004). Effortful control: Relations with emotion regulation, adjustment, and sozialisation in childhood. In R. F. Baumeister & K. D. Vohs (Eds.), *Handbook of self-regulation* (pp. 259–282). New York: Guilford.

Eisenberg, N., Sadovsky, A., Spinrad, T. L., Fabes, R. A., Losoya, S. H., Valiente, C., Reiser, M., Cumberland, A. & Shepard, S. A. (2005a). The relations of problem behavior status to children's negative emotionality, effortful control, and impulsivity: Concurrent relations and prediction of change. *Developmental Psychology, 41,* 193–211.

Eisenberg, N. & Spinrad, T. L. (2004). Emotion-related regulation: Sharpening the definition. *Child Development, 75,* 334–339.

Eisenberg, N., Zhou, Q., Spinrad, T. L., Valiente, C., Fabes, R. A. & Liew, J. (2005b). Relations among positive parenting, children's effortful control, and externalizing problems: a three wave longitudinal study. *Child Development, 76,* 1055–1071.

Fox, C. L. & Boulton, M. J. (2006). The social skills problems of victims of bullying: Self, peer and teacher perceptions. *British Journal of Educational Psychology, 75,* 313–328.

Gert, B. (2005). The definition of morality. *The Stanford Encyclopedia of Philosophy* (Fall Edition). Retrieved, 07. 07. 2006, from the World Wide Web: http://plato.stanford.edu/archives/fall2005/entries/morality-definition/.

Gibbs, J. C., Potter, G. B., Barriga, A. Q. & Liau, A. K. (1996). Developing the helping skills and prosocial motivation of aggressive adolescents in peer group programs. *Aggression and Violent Behavior, 1,* 283–305.

Hastings, P. D. & Zahn-Wechsler, C. (1998). *Psychophysiological and socialization predictors of empathy and externalizing problems in middle childhood.* San Francisco: Paper presented at the Annual Conference of the American Psychological Association, August 1998.

Hoeksma, J. B., Oosterlaan, J. & Schipper, E. M. (2004). Emotion regulation and the dynamics of feelings: a conceptual and methodological framework. *Child Development, 75,* 354–360.

Hoffman, M. L. (2000). *Empathy and moral development: Implications for caring and justice.* Cambridge, UK: Cambridge University Press.

Holmes, S. E., Slaughter, J. R. & Kashani, J. (2001). Risk factors in childhood that lead to the development of conduct disorder and antisocial personality disorder. *Child Psychiatry and Human Development, 31,* 183–193.

Kadzin, A. E. (2005). *Parent management training. Treatment for oppositional, aggressive, and antisocial behavior in children and adolescents.* Oxford: Oxford University Press.

Kaukiainen, A., Björkqvist, K., Lagerspetz, K., Österman, K., Salmivalli, C., Rothberg, S. & Ahlbom, A. (1999). The relationships between social intelligence, empathy, and three types of aggression. *Aggressive Behavior, 25,* 81–89.

Koglin, U. & Petermann, F. (2006). *Verhaltenstraining im Kindergarten. Ein Programm zur Förderung sozial-emotionaler Kompetenz.* Göttingen: Hogrefe.

Kohlberg, L. (1996). *Die Psychologie der Moralentwicklung* (2nd ed.). Frankfurt a. M.: Suhrkamp.

Lewis, M., Sullivan, M. W., Stanger, C. & Weiss, M. (1989). Self-development and self-conscious emotions. *Child Development, 60,* 146–156.

Lochman, J. E. & Dodge, K. A. (1998). Distorted perceptions in dyadic interactions of aggressive and nonaggressive boys: Effects of prior expectations, context, and boys' age. *Development and Psychopathology, 10,* 495–512.

Loeber, R., Green, S. M., Lahey, B. B., Frick, P. J. & McBurnett, K. (2000). Findings on disruptive behavior disordes from the first decade of the developmental trends study. *Clinical Child and Familiy Psychological Review, 3,* 37–60.

Mannuzza, S., Klein, R. G., Abikoff, H. & Moulton, J. L. (2004). Significance of childhood conduct problems to later development of conduct disorder among children with ADHD: A prospective follow-up study. *Journal of Abnormal Child Psychology, 32,* 565–573.

Minke, K. M. (2006). Parent-teacher relationships. In G. G. Bear & K. M. Minke (Eds.), *Children's needs III: Development, prevention, and intervention* (pp. 73–85). Washington: National Association of School Psychologists.

Mrazek, P. J. & Hagerty, R. J. (Eds.) (1994). *Reducing risks for mental disorders: Frontiers for preventive intervention research.* Washington, DC: National Academy Press.

Nelson, G., Westhues, A. & MacLeod, J. (2003). A meta-analysis of longitudinal research on preschool prevention programs for children. *Prevention and Treatment, 6,* Article 31.

Nucci, L. (2001). *Education in the moral domain.* New York: Cambridge University Press.

Olweus, D. (2006). *Gewalt in der Schule. Was Lehrer und Eltern wissen sollten – und tun können* (4. Aufl.). Bern: Huber.

Petermann, F. (Hrsg.) (2002). *Lehrbuch der Klinischen Kinderpsychologie und -psychotherapie* (5., korr. Aufl.). Göttingen: Hogrefe.

Petermann, F. (2005). Zur Epidemiologie psychischer Störungen im Kindes- und Jugendalter. Ein Bestandsaufnahme. *Kindheit und Entwicklung, 14,* 48–57.

Petermann, F., Natzke, H., Gerken, N. & Walter, H.-J. (2006). *Verhaltenstraining für Schulanfänger. Ein Programm zur Förderung sozial-emotionaler Kompetenz* (2., überarb. Aufl.). Göttingen: Hogrefe.

Petermann, F. & Petermann, U. (2005). *Training mit aggressiven Kindern* (11., völlig überarb. Aufl.). Weinheim: Beltz/PVU.

Petermann, F. & Petermann, U. (2006). Lernpsychologische Grundlagen. In F. Petermann (Hrsg.), *Kinderverhaltenstherapie* (3., völlig überarb. Aufl., S. 15–66). Baltmannsweiler: Schneider Verlag Hohengehren.

Petermann, F. & Wiedebusch, S. (2003). *Emotionale Kompetenz bei Kindern.* Göttingen: Hogrefe.

Posner, M. I. & Rothbart, M. K. (2000). Developing mechanism of self-regulation. *Development and Psychopathology, 12,* 427–441.

Reinecker, H. & Petermann, F. (2005). Prävention psychischer Störrungen. In F. Petermann & H. Reinecker (Hrsg.), *Handbuch der Klinischen Psychologie und Psychotherapie* (S. 263–270). Göttingen: Hogrefe.

Rose-Krasnor, L. (1997). The nature of social competence: A theoretical review. *Social Development, 6,* 111–135.

Rothbart, M. K., Ziaie, H. & O'Boyle, C. G. (1992). Self regulation and emotion in infancy. *New Directions for Child Development, 55,* 7–23.

Saarni, C. (1999). *The development of emotional competence*. New York: Guilford.

Saarni, C. (2002). Die Entwicklung von emotionaler Kompetenz in Beziehungen. In M. von Salisch (Hrsg.), *Emotionale Kompetenz entwickeln* (S. 3–30). Stuttgart: Kohlhammer.

Scheithauer, H. & Petermann, F. (2002). Aggression. In F. Petermann (Hrsg.), *Lehrbuch der Klinischen Kinderpsychologie und -psychotherapie* (5. korr. Aufl.; S. 187–226). Göttingen: Hogrefe.

Southam-Gerow, M. A. & Kendall, P. C. (2000). A preliminary study of the emotion understanding of youths referred for treatment of anxiety disorders. *Journal of Clinical Child Psychology, 29,* 319–327.

Strayer, J. & Roberts, W. (2004). Empathy and observed anger and aggression in five-year-olds. *Social Development, 13,* 1–10.

Suveg, C. & Zeman, J. (2004). Emotion regulation in children with anxiety disorders. *Journal of Clinical Child and Adolescent Psychology, 33,* 750–759.

Tangney, J. P. (1998). How does guilt differ from shame? In J. Bybee (Ed.), *Guilt and children* (pp. 1–17). San Diego: Academic Press.

Turiel, E. (1998). The development of morality. In W. Damon & N. Eisenberg (Eds.), *Handbook of child psychology: Social, emotional, and personality development* (5th ed., pp. 863–932). New York: Wiley.

Walker, L. J. (2004). Progress and prospects in the psychology of moral development. *Merril-Palmer Quarterly, 50,* 546–557.

Webster-Stratton, C. & Lindsay, D. W. (1999). Social competence and conduct problems in young children: Issues in assessment. *Journal of Clinical Child Psychology, 28,* 25–43.

Webster-Stratton, C. & Taylor, T. (2001). Nipping early risk factors in the bud: Preventing substance abuse, delinquency, and violence in adolescense through interventions targeted at young children (0–8 years). *Prevention Science, 2,* 165–192.

Zins, J. E. & Elias, M. J. (2006). Social and emotional learning. In G. G. Bear & K. M. Minke (Eds.), *Children's needs III: Development, prevention and intervention* (pp. 1–13). Washington, DC: National Association of School Psychologists.

Anhang

„Gemeinsam sind wir stark!" – Mitmach-Plan beim Duesternbrook-Training			
Name	3. Trainingseinheit	4. Trainingseinheit	5. Trainingseinheit
1			
2			
3			
4			
5			
6			
7			
8			
9			
10			

11			
12			
13			
14			
15			
16			
17			
18			
19			
20			

„Gemeinsam sind wir stark!" - Mitmach-Plan beim Duesternbrook-Training				
6. Trainingseinheit	7. Trainingseinheit	8. Trainingseinheit	9. Trainingseinheit	10. Trainingseinheit
1				
2				
3				
4				
5				
6				
7				
8				
9				
10				

11				
12				
13				
14				
15				
16				
17				
18				
19				
20				

„Gemeinsam sind wir stark!" – Mitmach-Plan beim Duesternbrook-Training										
	1	2	3	4	5	6	7	8	9	10
11. Trainingseinheit										
12. Trainingseinheit										
13. Trainingseinheit										
14. Trainingseinheit										
15. Trainingseinheit										

11				
12				
13				
14				
15				
16				
17				
18				
19				
20				

„Gemeinsam sind wir stark!" – Mitmach-Plan beim Duesternbrook-Training				
16. Trainingseinheit	17. Trainingseinheit	18. Trainingseinheit	19. Trainingseinheit	20. Trainingseinheit
1				
2				
3				
4				
5				
6				
7				
8				
9				
10				

11				
12				
13				
14				
15				
16				
17				
18				
19				
20				

„Gemeinsam sind wir stark!“ – Mitmach-Plan beim Duesternbrook-Training				
21. Trainingseinheit	22. Trainingseinheit	23. Trainingseinheit	24. Trainingseinheit	25. Trainingseinheit
1				
2				
3				
4				
5				
6				
7				
8				
9				
10				

11				
12				
13				
14				
15				
16				
17				
18				
19				
20				

Materialien auf der DVD

Im Folgenden finden Sie eine Übersicht zum Aufbau der dem Buch beiliegenden DVD und der dort enthaltenen Materialien. Die Dateien im PDF-Format können mit dem Programm Acrobat® Reader (eine kostenlose Version ist unter www.adobe.com/products/ acrobat erhältlich) gelesen und ausgedruckt werden. Die Audiodateien können mit einem DVD-Player oder auf dem PC (z. B. mit dem Windows Media™ Player) abgespielt werden.

Audiodateien	
Track-Nummer	**Hörspiel**
Track 1	Abenteuer auf Duesternbrook, Teil 1a
Track 2	Abenteuer auf Duesternbrook, Teil 1b
Track 3	Abenteuer auf Duesternbrook, Teil 2
Track 4	Abenteuer auf Duesternbrook, Teil 3
Track 5	Abenteuer auf Duesternbrook, Teil 4
Track 6	Abenteuer auf Duesternbrook, Teil 5
Track 7	Abenteuer auf Duesternbrook, Teil 6
Track 8	Abenteuer auf Duesternbrook, Teil 7
Track 9	Abenteuer auf Duesternbrook, Teil 8
Track 10	Abenteuer auf Duesternbrook, Teil 9
Track 11	Abenteuer auf Duesternbrook, Teil 10
Track 12	Abenteuer auf Duesternbrook, Teil 11
Track 13	Abenteuer auf Duesternbrook, Teil 12
Track 14	Abenteuer auf Duesternbrook, Teil 13
Track 15	Abenteuer auf Duesternbrook, Teil 14
Track 16	Abenteuer auf Duesternbrook, Teil 15
Track 17	Abenteuer auf Duesternbrook, Teil 16
Track 18	Abenteuer auf Duesternbrook, Teil 17
Track 19	Abenteuer auf Duesternbrook, Teil 18
Track 20	Abenteuer auf Duesternbrook, Teil 19
Track 21	Abenteuer auf Duesternbrook, Teil 20
Track 22	Abenteuer auf Duesternbrook, Teil 21
Track 23	Abenteuer auf Duesternbrook, Teil 22
Track 24	Abenteuer auf Duesternbrook, Teil 23
Track 25	Abenteuer auf Duesternbrook, Teil 24
Track 26	Abenteuer auf Duesternbrook, Teil 25
Track 27	Abenteuer auf Duesternbrook, Teil 26
Track 28	Rap-Song
Track 29	Rap-Song

PDF-Dateien	
Einheit	**Materialien**
Einheit 01	– Arbeitsblatt: Fragen zum Hörspiel, Teil 1a – Arbeitsblatt: Fragen zum Hörspiel, Teil 1b – Starschnitt Cedric – Starschnitt Irina – Starschnitt Julie – Starschnitt Mehmet
Einheit 02	– Arbeitsblatt: Fragen zum Hörspiel, Teil 2 – Arbeitsregeln „Gemeinsam sind wir stark!“ – Vorlage: Verstärkerplan – Bild: Burg Duesternbrook
Einheit 03	– Arbeitsblatt: Fragen zum Hörspiel, Teil 3 – Vorlage: Arbeitskärtchen
Einheit 04	– Arbeitsblatt: Fragen zum Hörspiel, Teil 4 – Arbeitsblatt: Gefühlslevels I – Arbeitsblatt: Beispielworte – Arbeitsblatt: Gefühlslevels II
Einheit 05	– Arbeitsblatt: Fragen zum Hörspiel, Teil 5 – Arbeitsblatt: Beispielworte – Arbeitsblatt: Gefühlslevels III
Einheit 06	– Arbeitsblatt: Fragen zum Hörspiel, Teil 6
Einheit 07	– Arbeitsblatt: Fragen zum Hörspiel, Teil 7 – Arbeitsblatt: Wutstarter – Arbeitsblatt: Wutstopper
Einheit 08	– Arbeitsblatt: Fragen zum Hörspiel, Teil 8 – Arbeitsblatt: Mein Wutkontrollplan
Einheit 09	– Arbeitsblatt: Woran ich merke, dass ich wütend bin und auf Level gelb komme!
Einheit 10	– Arbeitsblatt: Drehplan – Arbeitsblatt: Ich übe meinen Wutkontrollplan – Vorlage: Schauspieler-Regeln – Vorlage: Zuschauer-Regeln
Einheit 11	– Arbeitsblatt: Julie weint – Arbeitsblatt: Irina ist wütend I
Einheit 12	– Arbeitsblatt: PIP-Plan
Einheit 13	– Arbeitsblatt: Irina ist wütend II

PDF-Dateien	
Einheit	**Materialien**
Einheit 14	– Arbeitsblatt: Streit um den Sitzplatz – Arbeitsblatt: Zerbrochenes Siegel
Einheit 15	– Arbeitsblatt: Philipp möchte das Buch – Arbeitsblatt: Streit um ein Seil
Einheit 16	– Arbeitsblatt: Streit um ein Holzpferd – Arbeitsblatt: Maria tritt Philipp – Arbeitsblatt: Was passiert, wenn
Einheit 17	– Arbeitsblatt: Kaputte Vase – Arbeitsblatt: Was passiert dann?
Einheit 18	– Arbeitsblatt: Wir lösen ein Problem
Einheit 19	– Arbeitsblatt: Des Siegels Kammer – Arbeitsblatt: Elterninterview – Arbeitsblatt: Spielideen
Einheit 20	– Arbeitsblatt: Fairness – Arbeitsblatt: Rap
Einheit 21	Keine Materialien
Einheit 22	– Arbeitsblatt: Eigenverantwortung – Arbeitsblatt: Die 4 E's I – Arbeitsblatt: Die 4 E's II
Einheit 23	– Arbeitsblatt: Rollenspiel zu den 4 E's
Einheit 24	– Arbeitsblatt: Zivilcourage I – Arbeitsblatt: Zivilcourage II
Einheit 25	Keine Materialien
Einheit 26	– Urkunde

Ute Koglin
Franz Petermann

Verhaltenstraining im Kindergarten

Ein Programm zur Förderung sozial-emotionaler Kompetenz

2006, 143 Seiten, inkl. CD-ROM,
€ 29,95 / sFr. 48,90
ISBN 978-3-8017-2004-9

Das Verhaltenstraining im Kindergarten stellt ein universelles Präventionsprogramm zur Förderung der sozial-emotionalen Kompetenz dar. Es richtet sich an Kinder im Alter von drei bis sechs Jahren. Die Kinder lernen im Spiel, Gefühle bei sich und bei anderen zu entdecken und Konflikte im Alltag besser zu bewältigen. Sie bearbeiten typische Konflikte aus dem Kindergartenalltag, erproben positives Verhalten in Rollenspielen und erweitern so ihre Kompetenzen in sozialen Situationen. Bildmaterialien und Arbeitsblätter für die Durchführung des Trainings können von der beiliegenden CD-ROM direkt ausgedruckt werden. Zusätzlich zum Buch sind Spielmaterialien über die Testzentrale lieferbar (www.testzentrale.de).

Die Spielmaterialien zum »Verhaltenstraining im Kindergarten«

Ute Koglin / Franz Petermann

Verhaltenstraining im Kindergarten Spielmaterialien

Die Kiste mit Spielmaterialien besteht aus:
Handpuppe Delfin, 60 Meerbilder mit Aufklebern, Spielplan »Gefühlsspirale«, 13 Spielkärtchen »Gefühlsspirale«, 60 Regelkarten »Mädchen/Jungen«, 16 Karten »Gefühlspuzzle« und 50 Muscheln

Bestellnummer: 01 338 01 · Preis: € 259,–

Franz Petermann / Heike Natzke
Nicole Gerken / Hans-Jörg Walter

Verhaltenstraining für Schulanfänger

Ein Programm zur Förderung sozialer und emotionaler Kompetenzen

2., veränderte und erweiterte Auflage 2006, 274 Seiten,
inkl. CD-ROM,
€ 32,95 / sFr. 53,–
ISBN 978-3-8017-2011-7

Das Verhaltenstraining ist ein Gruppenprogramm zur gezielten Förderung sozialer und emotionaler Kompetenzen von Schülern. Es hat sich sowohl in der Schule in der ersten und zweiten Klasse als auch in außerschulischen Einrichtungen wie Kinderhorten gut bewährt und liegt nun in einer veränderten und erweiterten Auflage vor. Das Training wurde speziell für Kinder in der Schuleingangsphase entwickelt. Es trägt dazu bei, frühzeitig oppositionellem und aggressivem Verhalten vorzubeugen. Das Trainerhandbuch enthält detaillierte Beschreibungen der einzelnen Trainingssitzungen, einschließlich aller Trainingsmaterialien.

Das Arbeitsheft zum »Verhaltenstraining für Schulanfänger«

Franz Petermann / Heike Natzke
Nicole Gerken / Hans-Jörg Walter

Auf Schatzsuche

Ein Abenteuer mit Ferdi und seinen Freunden. Das Arbeitsheft für Kinder zum »Verhaltenstraining für Schulanfänger«

2., veränderte Auflage 2006,
48 Seiten, Großformat,
€ 7,95 / sFr. 12,90
ISBN 978-3-8017-2027-8

Das Arbeitsheft wurde speziell zur Unterstützung des »Verhaltenstrainings für Schulanfänger« entwickelt. Es enthält alle notwendigen Arbeitsmaterialien für die Schüler.

www.hogrefe.de

HOGREFE

Hogrefe Verlag GmbH & Co. KG
Rohnsweg 25 · 37085 Göttingen · Tel: (0551) 49609-0 · Fax: -88
E-Mail: verlag@hogrefe.de · Internet: www.hogrefe.de

Mario Gollwitzer · Jan Pfetsch
Vera Schneider · André Schulz
Tabea Steffke · Christiane Ulrich
(Hrsg.)

Gewaltprävention bei Kindern und Jugendlichen

Aktuelle Erkenntnisse aus Forschung und Praxis

2007, 281 Seiten,
€ 26,95 / sFr. 43,50
ISBN 978-3-8017-2049-0

Der Band behandelt zunächst ausgewählte Themen, Theorien und empirische Erkenntnisse zur Frage, wie Aggression und Gewalt unter Kindern und Jugendlichen zu erklären sind. Weitere Beiträge diskutieren Möglichkeiten zur Eindämmung von Aggression und Gewalt unter Kindern und Jugendlichen, wobei insbesondere auf die Frage nach empirischen Erkenntnissen zu ihrer Wirksamkeit Wert gelegt wird. Abschließend informieren mehrere Beiträge über konkrete Erfahrungen mit der Umsetzung sowie der Wirksamkeit spezifischer Interventions- und Präventionsprogramme.

Gerhard W. Lauth
Bernd Heubeck

Kompetenztraining für Eltern sozial auffälliger Kinder (KES)

(Reihe: »Therapeutische Praxis«)
2006, 190 Seiten, Großformat,
€ 34,95 / sFr. 56,–
ISBN 978-3-8017-1829-9

Bei diesem ressourcenorientierten Gruppentraining lernen Eltern von sozial auffälligen Kindern, belastende Alltagssituationen in der Familie zu identifizieren und ihre eigenen Stärken zu erkennen, um anschließend das Lösen der bestehenden Schwierigkeiten zu üben. Das Buch schildert den theoretischen Hintergrund des Konzeptes, gibt eine genaue Anleitung zum Training und enthält alle Materialien.

Kai J. Jonas · Margarete Boos
Veronika Brandstätter (Hrsg.)

Zivilcourage trainieren!

Theorie und Praxis

2007, 366 Seiten,
€ 29,95 / sFr. 48,90
ISBN 978-3-8017-1826-8

Das Buch stellt vier Trainings für Kinder, Jugendliche und Erwachsene anwenderorientiert vor, sodass eine unmittelbare Umsetzung der Trainings möglich ist. Aktuelle Anwendungsbereiche von Zivilcourage, z.B. Rechtsradikalismus, Mobbing oder Bullying werden aufgezeigt. Abgerundet wird das Buch durch einen umfassenden Materialanhang und eine Sammlung von Institutionen und Organisationen, die im Bereich von Zivilcourage tätig sind. Insgesamt erhalten Praktiker und Forscher einen detailreichen Überblick über Trainings, deren Durchführung und Anwendungsbereiche.

Julia Plück · Elke Wieczorrek
Tanja Wolff Metternich
Manfred Döpfner

Präventionsprogramm für Expansives Problemverhalten (PEP)

Ein Manual für Eltern- und Erziehergruppen

(Reihe: »Therapeutische Praxis«)
2006, 221 Seiten, Großformat,
inkl. CD-ROM, € 59,95 / sFr. 95,–
ISBN 978-3-8017-1894-7

Das Präventionsprogramm »PEP« besteht aus einem Eltern- und einem Erzieherprogramm. Es macht mit den wichtigsten Methoden der Verhaltensänderung vertraut. Ziel des Programmes ist die Stärkung der Erziehenden selbst, die Stärkung der positiven Eltern/Erzieher-Kind-Interaktion sowie die Stärkung der konstruktiven Eltern-Erzieher-Interaktion. Die beiliegende CD-ROM enthält das umfangreiche didaktische Material für alle Sitzungen und darüber hinaus alle Arbeitsblätter, die an die Teilnehmer verteilt werden können.

www.hogrefe.de

HOGREFE

Hogrefe Verlag GmbH & Co. KG
Rohnsweg 25 · 37085 Göttingen · Tel: (0551) 49609-0 · Fax: -88
E-Mail: verlag@hogrefe.de · Internet: www.hogrefe.de